国家社会科学基金“十四五”规划2021年度教育学青年课题
“新时代学科治理现代化的要义证成与实现机制研究”
（项目编号：CIA210269）的最终研究成果

学科治理现代化

知识制度的时代变革

陈亮 著

中国社会科学出版社

图书在版编目（CIP）数据

学科治理现代化：知识制度的时代变革／陈亮著．—北京：中国社会科学出版社，2024.7

ISBN 978－7－5227－3566－5

Ⅰ.①学…　Ⅱ.①陈…　Ⅲ.①学科建设—研究—中国　Ⅳ.①G423

中国国家版本馆 CIP 数据核字(2024)第 100053 号

出 版 人　赵剑英
责任编辑　赵　丽
责任校对　王　晗
责任印制　张雪娇

出　　版　中国社会科学出版社
社　　址　北京鼓楼西大街甲 158 号
邮　　编　100720
网　　址　http://www.csspw.cn
发 行 部　010－84083685
门 市 部　010－84029450
经　　销　新华书店及其他书店

印　　刷　北京君升印刷有限公司
装　　订　廊坊市广阳区广增装订厂
版　　次　2024 年 7 月第 1 版
印　　次　2024 年 7 月第 1 次印刷

开　　本　710×1000　1/16
印　　张　16.5
插　　页　2
字　　数　260 千字
定　　价　98.00 元

序　　言

人类社会正面临新时代的种种挑战，技术变迁、社会风险、气候危机、贫困加剧以及国际冲突。联合国教科文组织在《教育——财富蕴藏其中》一书中给予了“教育”高度的重视，并明确教育在解决这些问题中具有重要地位。它提出人一生中的知识支柱是由“学会认知”“学会做事”“学会共同生活”以及“学会生存”构成的，这四类知识共同构成人的知识基础和生存能力。显然，传统意义上的“学科”指向的是“学会认知”这个在正规教育、学校教育中存在的知识范畴，通常我们将这种知识类别称为“学科知识”或者“精英知识”。另外三种知识可视为“一般知识”，被学校教育和学科体系长期排除在人才培养、知识创新、学术研究、科研评价之外。

面向机器智能时代，技术推动知识呈现指数化增长，知识过载让人们仅凭人生初期十几年在学校积累的“学科知识”就可以适用一生的情况，正在新的时代变局中发生变化。埃德·伯恩和查尔斯·克拉克两位高等教育领域的研究者和实践者清晰地分析了大学面临的世界变局，涉及工作结构、通信旅行、家庭与社会结构、健康状况、艺术文化和饮食、贫困问题、气候变化与能源利用以及全球政治与冲突。而每一种变局都对大学应培育出掌握何种知识和能力的人提出了明确要求和现实挑战。譬如，人们逐步从单位人变成了个体人，很多人不再属于某一个固定单位（企业），社会对一个人的画像逐渐不再以职业背景为画笔，而是完全依赖个人在工作中的专业程度来评价（例如，平台评分等）。这正是《风险社会》中乌尔里希·贝克提及的个体化现象。今天，技术推动了各种各样的“零工经济”出现，各种上门服务、平台接单等自由职业兴起，个体可以是单位人、外卖员、网约车司机、特约设计师等身份的组合。这是技术变化推动职业性质变化，进而引发人的生存和发展方式的变化。显然，这种变化需要大学培养出“学会做事”的人，而个体化的社会趋势又必须加强合作与联系，避免冲突、达成共识以“学会共同生活”“学会生存”则是前面三个方面知识和能力自然生成的结果。

葛兆光先生从了解真实的历史的视角，提出探索一个时代最真实的样态要在那些普通大众掌握的“一般知识”中去勾勒。当我们回顾历史的时候会发现，我们从学科教育中识读的灿烂文明和时代形象是从“经典”典籍中形成的，是一个“精英化”的历史认知。但真实的情况是，那些普通大众掌握的农耕、工商、手工甚至民俗文化等一般知识才是那个时代最真实的反映。同样的，今天我们在学校教育和学科知识教育中了解的世界和社会是精英化的，我们倾向于记录和宣传那些宏大叙事和重大影响的知识和人物。由此，历史形成的精英化的知识传授和生产制度延续至今，并推进了文明发展与繁荣。但学科体系内的精英知识只是历史和世界中的一道光芒，无论这道光芒如何耀眼，也无法照亮整个宇宙。经典的、精英的、写入典籍的那些精英知识远离了光芒覆盖之外的平凡世界，远离了一般知识。知识教育远离了劳动、社会和实践，远离了“做事”“合作”“生存”这些一般知识。然而，一般知识是一个时代最真实、最普遍、最实用的知识，如果精英知识考虑的是人的精神和人类文明层面的生命安顿，那么这些在学科体系以外的知识则决定了人的生命存续。后者是前者存在的基础，未经历一般知识洗礼和锻炼的青年，往往无法在逆境和挫折中合理地安顿自己的精神生命，继而导致对肉体生命的轻视与自绝，这种悲剧几乎天天都在上演。

教育不必培养完人，但必须培养全人。完人即精英知识、学科知识的广博与融通。正如英国教育家怀特海提出的两条教育的“戒律”：“一是不要教授太多的学科；二是不教则已，教必透彻。”学科现代化并非意味着全盘否定和批判学科专业教育，转而提倡通才教育。这在知识爆炸和加速变化的社会系统中并不现实。从某种意义来讲，今天我们在传统学科的分科体系中讲究多学科和跨学科实践必须遵循知识和教育的内在规律。全人的培养则需要专业教育（学会认知）、实践教育（学会做事）、社会教育（学会共同生活）、生命教育（学会生存）的协同与全面建构。

因此，高等教育现代化首要是培养现代的全人，关键要正确对待和妥善治理这些松散的、不被待见的“一般知识”。长期以来学科和专业已经成为精英知识的代名词，学科治理的现代化进程必须突破精英知识传授和生产的思想藩篱和制度壁垒，重新认知学科的新内涵和新格局。显然，作者将矛盾的关键指向了知识与制度的关系问题，思索知识本性与制度理性在时代变局下如何建立起适应性关系。认为迈向知识制度的学科治理能够解决精英知识与一般知识在人才培养中的失衡现实，从人的生存和发展需要出发，揭示知识和制度的互动逻辑，勾勒出学科治理现代化的知识制度图景，提出超学科的治理理念。这是新时代学科治理在变化中掌握主动权、投身到社会的批判之中辩证自强的根本途径，也是大学真正培养现实人、未来人、创新人和集体人的制度理想。

前　言

知识与制度的结合生成社会文明的核心系统——知识制度，它决定社会文明的性质、进程与方向。要明确知识制度这个概念，必须深入理解知识与制度结合的缘由。柏拉图认为知识必须满足三个条件，即被验证过的，正确的，以及被人们相信的。换言之，判定“知识”的三大要素是信念、真理、确证。① 知识的这三大要素指向知识的“求真”本质，“真”意味着真理，而“求”则意味着真理是需要理解（而非视听）的更高阶的认知，必须通过一定的方法去探索验证。如果知识的真理属性是内在恒定的，那么求真的过程则是显在和不确定的。尤其高深知识的真理往往埋藏在众多复杂的环境变量之中，这让求真的过程充满“未知”，当历史的进程停滞于那些经验累积的常识性知识时，“高深知识”的生产需要一个更加有生产力的“求证”方式。而制度则可以高效地配置资源，减少环境变量，增加确定性，削弱“求真”的阻力。更重要的是，知识必然要被人所信服，制度对知识活动的规范可以最大限度构筑起社会（人与人）的共识，从而建立起基于共同信念的和谐的社会秩序。由此可见，知识与制度的结合具有内在的合理性，二者联通的中介是“求”的过程和方法，也就是知识的生产过程和生产方式。因此，知识制度本质上是知识的生产制度，即以什么样的方式来组织知识的生产。从制度哲学的观点来看，制度具有三个重要的本质特征，即历史性、关系性和规范性。② 据此，知识制度本质上也应具有这三个范畴的内涵：

---

① 陈嘉明、郑伟平：《当代知识论的中国话语——访陈嘉明教授》，《哲学分析》2022 年第 1 期。

② 辛鸣：《制度论：关于制度哲学的理论建构》，人民出版社 2005 年版，第 10 页。

一是知识制度属于历史范畴，决定了知识制度并不能独立于历史进程和社会经济基础而存在。原始社会的知识生产方式来源于生存需要和劳动生活中的直观经验，知识还停留在直观层面，物质生产等同于知识生产，由于物质生产的制度化（农业制度、工商业制度等）尚未建立，知识生产的制度进程还未萌芽。奴隶社会和封建社会，技术和工具进一步发展，农业、手工业等物质生产制度逐步形成和发展，脑力劳动和体力劳动开始分化，知识生产开始走向制度化。譬如，古希腊各种学园建立、中国古代的官学和私学兴起以及中世纪的大学产生。伴随这些学术组织对知识的规范化探索，一批专门从事学术职业的学者和教师出现。这个时期的知识制度化进程推动了社会以"知识劳动"和"物质劳动"为界限的分层结构，但受物质生产能力局限，知识的生产还停留在对自然表象的解释和思辨性的猜测。① 知识的初步制度化结构（学校）的主要功能仍是推进知识积累和传播。资本主义社会，自由市场经济制度作为整个社会的物质生产基本制度，对技术创造和发明的依赖空前加剧。这一时期西方分析哲学主导的知识生产更加注重实证和客观规律的探索，知识生产的组织方式更加科学和系统化。尤其 19 世纪初洪堡建立现代大学以来，大学作为核心的知识生产场域，学科日益成为领导知识生产的核心制度。然而，历史并没有终结，进入 21 世纪人类面临技术环境和经济社会环境的急剧变化，知识的生产方式正在从因到果的线性模式转变到复杂的多元模式共存的时代，譬如，由果到因的逆向模式、相关模式、螺旋模式②等。知识生产制度又面临新的变革挑战。

二是知识制度属于关系范畴，决定了知识制度是知识生产者之间的共同契约和交往原则。实际上，知识生产者不仅仅"探求"新知，也充当知识传播者的角色。教师既是教育者也是学者，既传授知识也求索新知，很难区分教学与研究之间的清晰界限。因此，最初的知识制度往往是通过教育制度来体现的，譬如学院制将学生与老师聚集在一起，柏林大学的讲座制度和研究所制度以及美国的学系制度和研究生院制度等，

① 高儒：《论知识生产的特点和规律》，《衡阳师专学报》（社会科学）1985 年第 3 期。

② ［日］竹内弘高、［日］野中郁次郎：《知识创造的螺旋：知识管理理论与案例研究》，李萌译，知识产权出版社 2006 年版，第 63 页。

这些教学制度与研究制度同属教育制度，成为核心的知识生产制度。而大学和学科是最重要的知识制度载体。这些知识活动聚集了学者、教授、学生、教育管理者等众多知识主体，知识制度作为整合这些主体关系的中介而存在。每一个主体内部以及不同主体之间的契约关系都是知识制度体系的构成部分，譬如，教育管理与被管理者的权力关系、师生之间的伦理关系、学者之间的学术关系等。其中直接关系知识生产的是学者之间的学术交往关系。托尼・比彻和保罗・特罗勒尔在《学术部落及其领地》一书中从知识论的角度，认为基于知识的不同特点（软知识/硬知识）会形成不同的知识领地，进而产生学科（制度）。而同一个知识领地（学科）的学者将会形成一个具有共同学术框架和知识累积方式的学术群体，即“学术部落”。可见，学科制度是关于知识生产的核心制度（教学制度、学生管理制度、教育方针等都是围绕学科制度设计的）。它既建立起学术部落内部与部落之间的交往原则与规范，同时也确立了学者与社会的权力关系（譬如学科声誉、学者声誉形成的权力对社会的影响）。正如伯恩斯坦所言“权力原则与社会控制原则通过学科制度实现，并通过这些制度，它们进入人们的意识，形成人们的意识”①。

三是知识制度属于规范范畴，决定了知识制度是通过强制性约束规范人的知识活动而形成稳定的学术秩序。知识制度的关系性决定了知识制度本质上反映了知识主体之间的关系，但这句话不能反过来讲，即知识主体之间的关系绝不等同于知识制度。因为学者之间的关系内容很丰富，“只有其中具有规范意义的关系才构成制度”②，而这种规范意味着通常的载体形式是通过大学组织、大学的系院组织以及更为基层的学术共同组织来呈现的。因此，知识制度的规范性通常能够通过可视的、物质层面的载体来呈现，也就是我们通常所说的“大学制度”“学科制度”“研究生院制度”等组织。新制度经济学派甚至把“组织”视为“制度”，因为组织本身就是由一系列的制度构建而成的关系结构，更能体现系统的治理思维。知识制度的设计初衷就是要避免知识生产活动的失范

---

① ［英］托尼・比彻、［英］保罗・特罗勒尔：《学术部落及其领地：知识探索与学科文化》（重译本），唐跃勤等译，北京大学出版社2008年版，第40页。

② 辛鸣：《制度论：关于制度哲学的理论建构》，人民出版社2005年版，第53页。

风险，公平公正的学术秩序是社会进步的重要保障。当一个社会的知识生产秩序是失范的，意味着知识主体之间的交往缺乏合理性和信任基础（共同道德），学术交流与合作则无法开展。[①] 知识制度也就无法引领社会文明的进步，因为学术失范的本质是违背了知识生产的内在规律，违背知识的真理本性，这就直接抑制了科学的发展和文明的进程。尤其是那些具有首创性、独创性和变革性的知识生产，在时间和环境上需要更加宽容和科学的制度保障，一旦知识制度无法保障真理性和高深学问产生的基本需求，那么社会的文明进程要么停滞、要么失范，要么平庸、要么腐败。知识生产直接影响知识累积，知识累积决定知识传授的内容和质量，这些连带的知识活动将受到影响。求真、求实的知识活动原则也会受到挑战。可见，知识制度的规范性具有重要的价值。

简言之，知识制度就是一种匹配知识本性的理性制度，二者通过“求”知（知识生产）的过程和方法关联。而学科本身作为一种知识分类制度和知识生产制度，同时也是规定着知识传授的制度，是一种最突出、最核心、最关键的知识制度。我们谈论学科治理，必然要掌握学科（制度）的“知识”与“制度”两个维度，具体在历史范畴、关系范畴和规范范畴是否都建立起了适应知识本性的结构（组织）和文化（精神），即一种怎样的制度才能确保生产出创造性的知识。谈论学科治理本质上就是知识和制度的匹配度问题，即知识本性与制度理性之间究竟应该在时代变局下如何建立起适应性关系。因此，本书所指的知识制度将聚焦到学科制度，又要超越学科制度。

① 陈亮：《法理与学理——大学学术不端行为问责研究》，西南师范大学出版社 2021 年版，第 78 页。

目　　录

导　　论

知识生产与学科制度的关系阐释与变革导向

既然学科是一种知识制度，那么学科必然具有两大核心的内涵，一是知识内涵，一是制度内涵。“所谓学科是指人们在认识客体的过程中形成的一套系统有序的知识体系。这套知识体系被系统地继承、传授并创新发展以后，学科就表现为一种学术制度、学术组织、教学科目或表现为一种活动形态。”① 这说明学科绝不仅仅是知识本身，也不仅仅是知识生产，它还包括知识传授等关涉知识的活动和制度。从这个意义上说，今天大学的教学与研究两大核心知识活动都在学科制度的治理范畴之中，因此学科治理往往成为教育现代化和现代大学建设的核心关切。回到学科的两大核心内涵，高等教育面临的问题和挑战几乎都可以归结为知识与制度的冲突问题。现代化的高等教育和大学组织，始终要将改革的突破点聚焦到不断解决二者的冲突上来，之所以是“不断”，因为这个冲突在新的时代变局下，将变得更加不确定。

第一节　学科的知识本性与制度理性解读

如果学科治理的本质是知识与制度的适应性改革，那么学科治理的内容则应该包含知识生产和知识传授两大内容，但根本上还是知识生产，

---

① 周光礼、武建鑫：《什么是世界一流学科》，《中国高教研究》2016 年第 1 期。

因为知识生产的方式往往决定了知识传授的方式。譬如，工业社会的知识生产遵循模式 I 的方式（科学实验和因果逻辑），由此决定了工业社会的教育模式采用确定性和标准化的班级授课。可见，教育改革根本上要从学科的知识生产模式改革开始，知识生产方式与学科制度的适应性问题始终是学科治理现代化要抓牢的“牛鼻子”。随着技术环境变迁，信息社会和知识社会双向互促，推动知识生产的方式已然呈现出模式 II 的转变。譬如，知识的个性化需求、情境化需求以及应用性需求加大，因果推理和牛顿经典思维主导下的知识生产已然无法满足这些需求，最大的冲突是模式 I 让学科知识的疆界清晰明了，而模式 II 恰好需要学科从分化走向聚合。[①] 现存的学术制度、教学制度、评价制度、系科组织等在沿袭了 200 多年的现代大学制度的历史积累中形成了“路径依赖”，尽管出现了制度的失灵和僵化，但仍然难以撼动。学科治理现代化即学科要实现一流和卓越的学术品性和制度理性，必然要深层次剖析这种冲突的本质和缘由，找准学科治理“病因”，仍然要回到知识本性和制度理性来思索。

一　知识自为：现代学科治理的本真之义

学科治理是对知识活动的治理，尤其是知识生产活动。厘清知识本质是学科治理的基本前提。黑格尔认为“自为存在”就是“本质”，是一种理念，是一种终极[②]。知识作为学科的精神内核，是人们改造和认识世界的中介，也是知识累积的中介，人类探索真理、发现奥秘、与世界和谐相处必然要经历这个“中介过程”，即“存在或直接性，通过自身否定，以自身为中介，与自己本身相联系”，且“在这一过程里，存在和直接性又扬弃其自身联系或直接性，这就是本质”。[③] 可见，知识自为不仅仅是知识生产的过程，而是知识本身的辩证否定过程，更是潜在知识本性的发现过程。学科治理需要建构起知识与制度的匹配关系，其目的是

① 陈亮、倪静：《从分化到聚合：应用学科建设的社会逻辑》，《大学教育科学》2022 年第 3 期。

② 王曦：《“自在概念”和“自为概念”作为分析黑格尔法哲学的概念工具》，《私法》2018 年第 2 期。

③ ［德］黑格尔：《小逻辑》，贺麟译，上海人民出版社 2009 年版，第 111 页。

推动高深知识的生成与应用，在知识生产的模式Ⅱ背景下，知识从“是什么”的经验知识上升到“为什么”的理性知识，从“怎么做”的应用知识拓展到“在哪里”的已有知识集成。一切的关键在于，现有的学科制度体系（结构）是否尊重知识限度、具备知识反思、把握知识关联，这是学科走向“知识自为”的核心要义，也是现代化的学科治理最根本的遵循。

（一）知识分化蕴含知识本身的规定性

现代化的学科治理的确要突破已有的知识疆界，寻求不同类知识的融合，但这必须建立在尊重知识规定性的基础之上，否则学科治理将会走向形式聚合的无效和失灵境况。知识从原初哲学统揽全域的混沌整体不断细分，深化了人类的知识领域，推动了科学的繁荣与社会的发展，这种分化既是人类“有序认识”的理性产物，也应遵循知识本身的限度，这是知识自为存在的基础。黑格尔把“自在存在”的“变易”（Das Werden）[①] 看作是对“自在存在”进行有界规定的过程，即从抽象到具体的过程。“同时就规定性被设定为否定性而言，它就是一种限度、界限”[②]。知识自在于宇宙原初，本身并无界限和规定，对处于蒙昧阶段的人类而言，知识是一种“空虚的无”，让“空虚的无”变为“具体的有”，是知识“具体可识”的开始，也是知识分化的开始，更是对知识进行规定（学科制度）的开始。因此，人类对知识的规定性需要，就是学科制度存在的合理性基础。这一规定性服从于人类认识世界、改造世界的基本规律，是一种由简到繁、由小到大、由易到难的认知规律，马克思把这种规律概括为从感性认识到理性认识的飞跃。从学科制度的历史嬗变可以发现，知识的规定性跃升是知识走向“自为”的根本基础。西方知识分类从“三艺”“四科”的“自由七艺”发展到更加精细的现代学科制度，“古中国的学术分类经历了‘六艺分科’到‘四部分类’再到‘七科分

① 黑格尔认为纯概念是无界限的，而要实现抽象到具体化，必须通过“变易”圈定界限，因此“变易是一个具体思想，因而也是一个概念，反之，有与无只是空虚的抽象。所以当我们说到有的概念时，我们所有的有，也只能是指变易”。参见黑格尔《小逻辑》，贺麟译，上海人民出版社2009年版，第193页。

② ［德］黑格尔：《小逻辑》，贺麟译，上海人民出版社2009年版，第197页。

学’的发展历程”[1]，最后并入西方工业社会的现代学科制度。这些知识分类规定是在人类认识的深化细化中不断修正前行，本身就是在否定中发展的辩证过程。这种否定并非全盘否认，而是知识分类制度“变易”中的发展与拓展。正因如此，知识不断分化构成了一幅精深博大的知识谱系（知识规定更加复杂），让学科知识变得更加具体、可视。与此同时，知识分化（具体化）成为学科知识，学科制度也必须符合具体的学科知识限度。尽管客观世界是一个整体，但并不是处处关联、时时关照，在特定的阶段和领域，学科知识必定存在一个共同的研究范式或问题域，学科制度不能停留在“无限规定”中去关联学科知识（具体知识）的“有限规定”。尤其在知识社会走向信息化和智能化的社会转型背景下，我们需要跨学科思维，但需要在学科知识本身的规定限度中去进行跨学科制度的实践，否则盲目地超越学科论调，就只能产生“跨而无用”的形式化制度或组织。

充分尊重学科知识限度，意味着学科治理要尊重学科知识的“可能”与“不能”。托尼·比彻和保罗·特罗勒尔从知识论本身来对学科进行了分类，即纯软学科和纯硬学科，以及应用软学科和应用硬学科。国内学者陈洪捷对硬学科和软学科做了解读，二者的区别在于知识的严密程度，前者属于严密知识而后者属于非严密知识。严密知识是知识的因果线性的积累而成，在长期的知识生产中形成了共同的研究范式，新的知识产生并不需要大量的解释。而非严密知识的理论结构不固定，问题领域宽泛，知识之间的界限模糊。如果软学科属于应用类，那么还受到外部实践的逻辑影响。可见，硬学科知识的学术疆界更加明晰，学科治理要尊重软硬学科的知识特点以及知识生产规律，尽管有研究团队提出在新的时代背景下，我们要从传统的牛顿思维（机械、确定、因果推理）主导的知识活动转向量子思维（不确定、非定域可相联、关联集成）主导的知识活动。[2] 但在具体的操作和实践层面，在学科合作、学科群建设以及跨学科组织甚至大学联盟等制度设计的过程中仍然要从具体的知识特点和规律出发，分类分层探索现代化的知识融合制度。只有对知识分类的

① 张庆玲：《重审学科分类及其建设》，《学位与研究生教育》2021 年第 5 期。

② 华东师范大学量子思维项目组：《量子思维宣言》，《哲学分析》2021 年第 5 期。

本性足够了解，才能把握住知识融合的脉络。譬如，人文学科与自然学科分属软学科和硬学科两类知识，学科的现代化治理的确需要两种不同研究范式和问题领域的知识聚合，这是原创性知识的重要来源。但文理知识的融通要划分应用层、技术层和原理层，知识的不同层次融合要导向不同的应用和实践需要。总之，高等教育的研究者和管理者需要把学科治理现代化的内涵从文件和学理的宏观视角、理念视角，聚焦和细化到行动视角，多一些“小设计”，少一些“大设计”，才能避免学科治理的制度失灵或失效。如果交叉融合理念是学科治理现代化的重要内涵，那么实践中“学科联盟”“联合培养”“双学位”等各种学科聚合探索并未有效实现“突破常规、突破约束、突破壁垒”的制度初衷。学科“聚而不合”，意味着“很多被认为是学科间或者跨学科的知识活动，事实上都仅仅是多个学科所提供的知识积累”①。现代学科治理在应对时代变局对学科交叉融合的客观需求时，要充分尊重知识分类的合理性基础，制度设计和理解要充分把握知识限度，才能真正促成知识的创造性融合。

（二）知识传授内含知识本身的反思性

艾尔弗雷德·诺思·怀特海曾言：“通往智慧的唯一道路是在知识面前享有自由。”② 而享有知识自由的基础是知识的积累，它离不开知识被充满“想象”地传授。怀特海所谓的“充满想象”的知识传授，绝不是直接经验的简单重复。具体而言，动物的知识传授无法穿越时空，只能是直接同时空的面对面传授，人却可以跨越时空的界限进行知识的间接传授和积累。其根本原因在于人具有一种“否定的自身联系”思维，即反思性，这是黑格尔用以区分人与动物的根本区别。换言之，知识主体的反思本性实质是知识本体的“人性化”，没有这种人性特征，知识永远是一种“自在存在”，知识传授就是动物间的本能模仿。因此，我们也可以说人性的“知识”具有“反思本性”，推动知识在批判中发展。这种发展一方面让知识在传播中不断辩证自新，用黑格尔的话来说是一种“否

① ［英］迈克尔·吉本斯等主编：《知识生产的新模式：当代社会科学与研究的动力学》，陈洪捷等译，北京大学出版社 2011 年版，第 28 页。

② ［英］怀特海：《教育的目的》，徐汝舟译，生活·读书·新知三联书店 2014 年版，第 43—44 页。

定之否定的辩证”发展，让知识活动内含批判与继承的统一；另一方面，正是人对知识的能动传播，创生各种媒介和符号，让知识分化和演进得以跨越时空不断积累进而形成宏阔的知识体系。而浩瀚的知识体系意味着人不可能全息透视，更不可能全景掌握知识的全部，这又进一步确立了知识反思本性的合法性基础。

因此，知识的发展丰富是在不断的否定中进行的，历史上各种学派论战、学术辩论、百家争鸣的背后都蕴含一个灿烂的人类文明时代。德国存在主义哲学家卡尔·雅思贝尔斯在他的《历史的起源与目标》一书中，把前800年到前200年间，同时出现在中国、印度、波斯、巴勒斯坦和希腊等地区的人类文化突破现象称之为轴心时代，而这个时代的知识发展无不透漏出争鸣与批判的印记。在古希腊，亚里士多德反对柏拉图的“理念论”，用“吾爱吾师，吾更爱真理”的立场与自己的老师柏拉图展开学术辩论。到了中世纪，一大批敢于为知识真理挑战强权和教会的学者受到迫害甚至献出生命，哥白尼因为“日心说”遭到教会迫害，布鲁诺在罗马鲜花广场被活活烧死，科学家帕利西因提出化石是动物的遗体而不是“造物主的游戏”，被“宗教裁判所”判处死刑。这些为科学和真理的斗争最终推动了西方科技和文化的空前繁荣。在中国，百家争鸣格局形成，“儒家主张‘仁者爱人’‘克己复礼’，道家主张‘无为’，法家主张‘以法治国’，墨家主张‘兼爱’‘非攻’……各学派间既针锋相对又取长补短，逐渐形成兼容并包、宽容开放的中国文化”。[①] “轴心时代”之所以成为历史与文明的真正起源，根本在于允许学术异见存在，一个学术争鸣极其丰富的时代，恰恰是经济社会政治等全面繁荣与发展的时代。相反，当不允许学术多样化存在，追求知识唯一和确定的时代，往往是各方面都停滞的时代。譬如，欧洲黑暗的中世纪。

尊重知识的反思本性，就是要尊重学术批判、允许学术争鸣。学科治理并不因为“现代化”，就可以摒弃“轴心时代”批判反思传统。相反，今天的学科治理要实现“双一流”的卓越发展，更需要鼓励学术商榷与争鸣，更需要保障知识主体追求知识真理的活跃氛围。即“一流的学科必然是以一流的科研成果为标识的，其科研成果不仅要能够创造学

① 宋乃庆：《学术争鸣 春色满园》，《中国教育学刊》2014年第8期。

科‘高原’现象而且要能够创造像诺贝尔奖级的学科‘高峰’现象”[①]，通往这些知识“高原”和“高峰”的唯一津梁是科学，而非权力。[②] 所谓科学“更深一步的特点是它（知识）的论点随时准备接受任何批评”，且“谁回避批评，谁就是在根本上不想求知”。[③] 这充分说明，知识生产需要在否定和批判中去接近真理和实效，而这种否定和批判源于知识的传授，倘若没有知识的传播过程，知识便无法被人认知和理解，更遑论批判与反思。因此，知识的反思本性恰恰蕴含在知识传授的过程中而形成，知识一旦传播出去，就必然有信服与质疑。即便当下没有质疑，但由于知识制度具有历史性，随着时间与空间差异变迁，这种质疑也必将出现，可见知识的反思本性即知识的不确定性。没有始终客观、准确的知识，决定了现代化的学科制度供给要充分理解知识的反思本性，把知识的不确定性贯穿制度设计、理解和执行的全过程。赋予学者批判的权利与义务，才能生成更加兼容与开放的学术文化生态。

（三）知识集成源于知识本身的社会性

知识集成是以“活的问题”出发解决社会实际问题的知识生产方式，具有实用性，是一种新的知识生产方式，具备高度的社会性。如果知识没有社会属性，那么知识就只是一种信息，一种缺乏主观信念的客观存在。“知识与信念和投入密切相关，知识所反映的是一种特定的立场、视角或意图”，[④] 正如前述知识的三大要素，除了真理和确证两个方面以外，还应被人所信服，即具有主观（人）的信念。马克思和恩格斯在《德意志意识形态》中阐明了“现实的人”是一切历史活动的前提。“现实的人”与费尔巴哈所设定的“一般人”的区别在于，“现实的人”需要必须能够生存和生活，他们离不开吃喝住穿，因此人类“第一个历史活动就是生产满足这些需要（吃喝住穿）的资料，即生产物质生活本身”[⑤]。

---

① 周光礼、武建鑫：《什么是世界一流学科》，《中国高教研究》2016 年第 1 期。

② 王洪才：《“双一流”建设的重心在学科》，《重庆高教研究》2016 年第 1 期。

③ ［德］卡尔·雅思贝尔斯：《大学之理念》，邱立波译，上海人民出版社 2007 年版，第 49 页。

④ ［日］竹内弘高、［日］野中郁次郎：《知识创造的螺旋：知识管理理论与案例研究》，李萌译，知识产权出版社 2006 年版，第 47 页。

⑤ 《马克思恩格斯选集》（第一卷），人民出版社 1995 年版，第 79 页。

物质生产往往与知识生产高度伴随，同向发展。在物质文明丰富和繁荣的时期，精神文明也通过知识繁荣得到了发展。物质生产与知识生产的相互促进，表明了在历史和社会演进的过程中往往是“物质知识化”和“知识物质化”的不断转化过程，这种转化过程恰恰是知识生产的社会逻辑。知识的社会本性表现在人的现实性（物质生活）与知识的主观信念必然是“现实的人”的信念，而“现实的人”即社会人。知识必然为社会人所信服，故知识具有社会本性。

知识的社会性决定了知识不仅要满足现实的社会需求，还要形成引领人类社会需求的理性。“知识有一股超越其具体表现的，社会结构、认知结构和文化结构之外的‘想象的’社会力量。”① 即便是知识的“自在存在”，它也是人类生产生活的理性产物，毋宁说知识在发展中要走向“自为”。这又决定了社会性的知识不仅要具备实用的功能，更要在实用功能中识别潜在的风险。随着现代社会的到来，乌尔里希·贝克则认为“文明的风险大多难以感知，这种风险定居在物理和化学的方程式内（如食物毒素、核威胁）”。② 现代化的风险因为社会对知识的依赖程度增加而更显内敛（不可显见）。由此可见，知识的社会理性就越加重要，既不能单纯依靠“科学理性”走向现代化的“风险社会”，也不能摆脱“科学理性”的真理本性。“这里我们可以修改一句名言：没有社会理性的科学理性是空洞的，没有科学理性的社会理性是盲目的”。③ 知识固然具有自身的学术逻辑，但这种学术逻辑必然要与社会逻辑建立起“循环链”。概言之，知识本身具有社会性，这种社会性，并不是简单地遵循社会需要逻辑，否则就会陷入“政治尺度”和“经济尺度”的参照系主导④，从而走向缺乏学术逻辑的“知识盲从”。

可见，知识的社会性是一把“双刃剑”，学科制度要如何尊重这一本

---

① ［英］杰勒德·德兰迪：《知识社会中的大学》，黄建如译，北京大学出版社 2010 年版，第 15 页。

② ［德］乌尔里希·贝克：《风险社会：新的现代性之路》，张文杰等译，译林出版社 2018 年版，第 6 页。

③ ［德］乌尔里希·贝克：《风险社会：新的现代性之路》，张文杰等译，译林出版社 2018 年版，第 19 页。

④ 李政涛：《中国社会发展的“教育尺度”与教育基础》，《教育研究》2012 年第 3 期。

性，关键在于把握好知识规律与社会规律的平衡尺度，要将社会需要内化于知识生产本身重构学科制度的“学术尺度”和“社会尺度”。传统的学科制度是建立在“是什么”和“为什么”的知识生产模式基础之上，遵循知识生产的“因果思维”，这种知识创新方式极大推动了工业社会和自由资本市场的繁荣。随着后工业社会的临近，信息化、智能化和数字化成为社会经济发展的“共性使能技术”，它们以极强的兼容力覆盖社会生活的方方面面，催生了知识生产的新模式，即吉本斯提出的知识生产模式Ⅱ，“由符号分析师——处理符号、概念、理论、模型、数据的人制造出来的，他们将这些知识进行配置，形成新的组合”①。这些对现有知识的重新配置（集成），需要我们尽最大可能掌握“谁的知识”②，它是一种知识生产的“关联思维”。如果前一种知识生产模式还能让知识停留在“纯科学”的闲逸好奇之中，那么后一种则是问题导向和实用指向下的“应用科学”。这意味着未来可以进行知识生产和创新的并非只有学术机构的学者，只要以解决社会实际问题为目的的工程师、技术员、管理者等都能够成为集成式的知识创造者。这本身就是对大学学科制度的挑战。如果学科制度还无法将自身的学术逻辑与社会逻辑进行整合，那么大学在知识生产中的传统核心地位将遭到社会知识生产机构的极大挑战。而当前，这种挑战的迹象已初现端倪，中国大学毕业生近年来面临的就业压力，以及社会面临的就业需求与供给之间的结构化失衡现象就充分反映出学科专业规范下的人才培养制度缺乏社会理性。

“集成知识”的社会性更强，它与社会需要联系得更为紧密。现代化的学科制度建设要理性审视知识的社会性原理，以“关系性视角”（学术与社会关系）将其内化于学科制度结构之中。具体而言，大学的学科制度要尊重新的知识生产方式，尊重集成知识的生产模式就是尊重知识的社会性。尤其是基础学科占据绝对优势的一流大学，要摆脱“专业”的预设，理性审视和把握这些“局外”的“非专业”知识，将集成思维融

---

① ［英］迈克尔·吉本斯等主编：《知识生产的新模式：当代社会科学与研究的动力学》，陈洪捷等译，北京大学出版社2011年版，第73页。

② 陆雄文主编：《管理学大辞典》，上海辞书出版社2013年版，第380页。知识的四种分类，即是什么的知识，为什么的知识，怎么样的知识，谁的知识，目前已成为公认的知识分类标准。

入学科制度创新之中，引领学术主导下的社会发展。同时，还要避免社会需要成为学科制度构建的“合法性”借口，这也是高等教育无法摆脱“社会变”所以“教育变”的跟跑命运的根源。尤其在高等教育从层次到类型的发展过程中，后发型的应用型高校、职业院校的“校企合作”“联合培养”“跨组织学术机构”等集成式学术制度安排，要时刻警醒自身的自主性发展，避免学科制度成为被社会支配的手段。

二　制度理性：现代学科治理的必由之路

学科制度建设是国家深化高等教育改革的重要内容，它的理性建构关涉学科生命延续和知识创造价值，是实现高等教育现代化的重要保障。学科治理的现代化与传统化相对应，传统的学科制度在工业社会发展兴盛，与工业社会的知识生产方式高度匹配。然而，现代社会正迈向知识型社会，个性化取代标准化对知识与技术的要求更加多元。学科治理从传统化迈向现代化的改革道路，本质上只能改革学科的制度维度，因为尽管知识生产的模式正在变革，但是知识活动的内在本性和规律始终是追求真理、辩证自新以及契合社会需求的。由此可见，学科治理的变革，本质上并非变革知识本身，而是变革生产知识的制度，促使学科制度始终遵循知识本性和学术规律，即所谓“制度理性”。学科制度理性是对学科知识理性回归的呼唤，它承载的是科学的态度、独立的精神、辩证的思维，最终推动一个创造性的学术生态生成，这既是学科治理的本质遵循，也是“现代化”的核心内涵。

（一）以创新批判凝结学术组织的争鸣品性

知识发展的自反内涵，决定了组织知识活动的学科制度必然要尊重知识的自反本性，学科制度的理性就表现在制度对待学术异见的包容与鼓励。我们今天常常提及学科和学者的创新活力，这种活力突出表现在学术共同体内部或者不同的学术群体之间，具备一种敢于挑战和质疑的文化氛围，学术辩论越激烈，这种创新活力就越强。而往往原创性成果就是在不断的质疑与激烈的辩论中露出水面。进一步思索发现所谓“创新活力”，就是一种敢于质疑权威的学术文化，这种文化的形成需要学科制度给予高度的自主度和包容力。哪怕是错误的否定也应被允许存在，是一种更加真诚的学术氛围。要构建这样的学科制度必然涉及对传统学科制度在资源与利益的分配中更加削弱权力的影响因素，强化创造性知识对资源和利益的分配影响力。只有知识主体的知识生产行为不被附加的其他因素所左右，尽可能减少真理知识生成的变量，才能够鼓励研究者敢于发声、大胆质疑、严谨批判。这就触及学科主体的利益重构，这本身也是在否定中重塑学科制度。

如前所述，知识制度具有关系性，而这种关系本质上体现在权力关系上。学科治理通过制度观照知识本性，需要厘清制度作用的知识管理者和知识生产者之间的权力关系，知识组织和生产本质上是一种自下而上的、自内而外的过程，绝不能通过强制性措施予以干预和影响，否则就会导致权力对知识的规训。权力规训下的学科制度化将会导致学科知识失真，知识偏离真理轨道。尤其元理论创生和真问题解决需要内涵“创新批判”的学科制度支持，也是知识回归反思本性的内在要求。学术组织是学科制度的重要载体，新制度主义甚至把制度等同于组织。学科治理现代化的真谛在于形成基于知识创新的富有活力的学科群（知识的跨领域融合），在批判与创新互动共生的环境下培育大学学术组织的“解放兴趣”，追求学科知识的创造价值。哈贝马斯指出，“解放兴趣”是人类对自由、独立和主体性的兴趣，其目的就是把主体从依附于对象化的力量中解放出来。一切批判性的科学就是在解放的兴趣的基础上建立起来的，这些科学饱含着解放的兴趣。① 学科制度建设需要关注学科发展的全生命过程，解放制度惯习，以更具包容力的制度精神凝聚学术组织的争鸣品性。

高等教育作为复杂的系统与组织，需要在学术场域中形成有担当、有责任的高深学科与高深知识来观照高等教育现实问题。学科要在“双一流”建设背景下形成可持续发展的学术愿景，需要培育学科在反思批判中的持续创新活力，保障学术组织的争鸣品性，确保学科发展不偏离知识反思的内在价值轨道。在这个过程中，学术人是学术组织的第一资源，制度的反思文化影响个体的批判意识并不是通过强制的制度规训（不能仅仅利用制度的规范内涵开展学科治理），而是一个激发学术人怀疑、包容、开放秉性的“自为”成长过程。这意味着：一方面，

---

① ［德］哈贝马斯：《认识与兴趣》，郭官义等译，学林出版社 1999 年版，第 13 页。

现代化学科制度的理性建构是一个旷日持久的过程，要尊重其生成的时间规律，要科学布局学科建设的时间规划，不能脱离知识规律决定学科建设的时间安排。学科治理的现代化要把时间与质量紧紧联系在一起，没有质量的效率是毫无意义的知识堆砌。实践中，学科建设、课题项目推进等往往是按照年份评价进展，但事实上这种以年度为单位的制度安排仍然是自上而下的绩效管理思维。实际上一个学科的建设成效往往体现在人才培养质量、实质性学术成果以及社会贡献度等方面，这些方面的评价似乎无法仅仅通过量化指标体系来确定，尤其应用学科的治理成效，论文和专著并不是最终目标，真正的价值在于推动问题解决和社会进步中的贡献力度。学术评价制度则需要给这样的学科和知识生产更自由、更宽容的时间，否则一流学科的最大价值也就只是权威期刊上的论文而已。另一方面，现代化的学科制度构建是一个努力的社会（制度）创新过程，因为“批判性的知识态度要经过努力才能具备，由此个人才能摆脱心智上不加批判地接受的世界观。”①，这种努力是针对具体情境下的自反性实践，它既不是象征符号，也不是路径依赖与权威服从。学者的“自为”成长促进整个学术组织的“自觉”成长，表现为学术组织的争鸣之势，它将批判与创新品性完全释放于学术文化场域之中，唤醒知识的理性气质与创新品性。这样的一流学科制度最终指向的是高深知识元价值的强大能量释放，创生理性批判研究范式深入每一个学术人的灵魂深处，推动知识不断在“自反”中走向“自为”的解放之路。谨守政治权限与尊重知识本性的学术组织，才能不断产生学术新观点，开拓学术新视野，提升学术话语权，启迪学术人的心智，最大限度服务人类命运共同体。

（二）以人的发展观照学术治理的人本品性

事实上，知识的社会本性、制度的历史和关系范畴都指向知识与现实的密切联系，即知识为现实的人所信服的程度。因此，知识的社会本性、知识制度的关系性和历史性都表明所谓制度的理性既要观照到知识的社会本性，也要遵从知识制度的历史性与关系性，最终指向“现实的

---

① ［英］罗纳德·巴尼特：《高等教育理念》，蓝劲松译，北京大学出版社 2012 年版，第 212 页。

人”的人性。这种人性根本上是人类对物质生活相关的知识的渴求，因此知识要为人所信服，是知识制度考量的重要因素。制度理性缺乏的重要表征为没有考虑人的发展（生存）因素，最终只能带来人的非理性状态。对于社会和个人而言，就会缺乏理性的、约束性的行动目的，就会缺乏个人和公共的理性精神。[①] 理性精神不仅仅是社会走向自由与公正的关键，更是社会中个体形成责任自律意识的行动自觉。理性的学科制度也是促进知识主体的社会责任和全面发展的手段。学科形成与发展离不开人的努力与倾注，学术场域中的个体用理性思辨和因果推理为知识分化、精深的发展倾注力量，学科制度也从简单的知识分类演变为纵横交错的复杂格局。这是人类文明的成果和标志，是学科制度不断适应人的需要而发展的过程。因此，学科的理性变革是助推人从蒙昧走向文明的风向标，推动着学科知识与人在“共在共生”的制度交往空间内达成共识，这是高等教育治理体系从“人的管理”走向“人的治理”的最终要求。但社会变革和历史进程在知识和技术的进步中悄然变化，20 世纪 70 年代，美国教育家布鲁贝克提及“大学落后于时代了吗”[②]，说明高等教育正在面临挑战。而学科作为大学育人的制度核心，在引领社会经济变革的过程中，也逐渐感知到这种变化对知识制度本身的冲击。故此，我们才会认为学科治理需要与现代化这一具有时代内涵的词相关联。回到前述的主题，现代化的另一内涵呼之欲出，即学科制度要充分考量“人本”要求。

学科发展作为推动社会发展与变迁的首要动力，在根本的变革中需要观照人的力量，无论是自然科学还是人文社会科学，都需要借助学科制度人性化的理性追求去激发人的深层变革欲望和能力，因为现代社会中的知识结构不是单一不变的，而是高深莫测、具有可探究性的，需要在探究、变革中去思索与开拓，在不断修正中发掘不足与改进之处。基于学科逻辑的研究旨趣也远非停留在技术层面，更需启迪人去怎样探究高深知识，从启蒙顺从走向理性批判的变革，在理解学科人格的理性变

① 金生鈜：《规训与教化》，教育科学出版社 2004 年版，第 72 页。

② ［美］约翰·S·布鲁贝克：《高等教育哲学》，王承绪等译，浙江教育出版社 2001 年版，第 28 页。

革品性中激发人们去发现未知的知识，引领学术治理从科学管理走向人本管理。学科建设的指向是知识理性的探究之美，激发学术人自觉的社会责任与自身发展协调共生，在更具应变力和兼容力的学科制度中生成理性的思维品质与公平正义的学术旨趣。在全面建设世界一流大学、一流学科的背景下，一流学者和一流学生是其发展的核心要素，学术场域的知识生态净化，必须正确审视人的发展需求，这与权力规训下“自上而下”的安排制度刚好相反，是一种自下而上的制度构建过程。既然是一个自下而上的建构，那么现代化的学科制度建设就没有统一的“规划”“细则”和“标准”，譬如一流大学的建设就并非一定要奉“国际惯例”和“世界标准”为圭臬。中国特色的现代化学科制度应该根植于本土基因、历史传统，观照研究人员、基层学术管理人员、研究生的发展需求。学术治理唯有观照到学术相关者的发展关切，获得学术共同体的认可与承认，才能培育出“敢于说真话”的学者和学生，才能形成学科制度与学科知识的共融生态，维护学科尊严。现代化的学科制度才能推动形成卓越的学科文化底蕴，最大限度地释放学科育人的正义能量，从而推动人们在探究真理和解决问题的过程中实现学科治理的理性生态。

（三）*以跨界共生回归学术交往的整全品性*

知识的规定性源于知识的整全品性，而这种整全品性很难被认知和理解，因此学科制度将原本整全的、难以理解的事物通过分类加以限定，让客观事物变得可认知、可理解、可传授。因此，知识的规定性根本上是针对人的认知水平而言的，“知识”也可以理解为“认识”。但客观世界并不存在割裂界限，问题总是一个牵连另一个，世界也总是普遍联系的。归根结底，知识的规定性决定了知识生产需要考虑世界的整全，因而学术交往活动（包括知识生产）要考虑整全的客观世界和问题世界。这或许让我们陷入一种矛盾，客观上人类的生活世界是一个普遍联系的整体，但主观上我们又将这个整体通过学科制度进行划分，以满足我们认识世界的需求。尤其人为的、主观的知识分涉，将所有分化的学科知识变成了今天大学教育的方式和内容，那么究竟怎样认识和改造客观世界呢？纽曼曾言：“唯有把它们看成是一个整体，各个分支传递的知识才会准确，才会有价值。”① 分科既然有必要，那么我们何不在分科的基础上让学科制度具备某些融合的内涵，以不断贴近真实的整体世界。事实上，基础学科、应用学科，或者文理学科等不同的知识分类并非独立、对立的，而是相互渗透、相互补充，在交往的“生活世界”中构成了一个庞大的学科整体系统。因此，现代化的学科制度需要具备“交往”的功能，“学术研究最根本的就是交流，因为知识的提升（主要的认知因素）和声誉的树立（主要的社会因素）都必然依赖交流。”② 这又是知识关联下的社会本性使然。由此可见，知识的规定性与知识的社会性二者共同决定了学科制度要尊重整全的问题与生活，就必然要在制度的规范下保障知识主体间的交往和知识活动的活跃关系建立。

可见，学科制度理性与知识本性之间，也并非一一对应的关系，这些知识本性与制度理性之间既有对应的直线关系，也有环绕的螺旋关系。现代化的学科制度要观照知识的社会本性，就要把知识看作一个客观的整体，在整体视域下构建开放包容的学科制度，创生学科“生活世界”间的互动交往契约，以“关系性视角”透视学科制度身处的“生活世界”。哈贝马斯指出，“生活世界是交往行为培育的结果，而交往行为反过来又依赖于生活世界的资源……生活世界作为资源，分为文化、社会和个性三个部分。”③ 其一，“文化”是一种知识储备，交往者通过就世界中的事物达成沟通，并用这些知识储备来做富有共识的解释。现代学科建设需要观照跨界、跨域、跨文化的现实需要，学科制度要搭建起学科间的文化共生机制，以强大的学科文化兼容制度促成学科间的交往与礼让，达成大学学科组织的共生旨趣。其二，“社会”是一种合法的秩序，依靠这种秩序，交往行为者通过建立人际关系而创立一种建立在集体属性基础上的团结。现代学科建设本就是一种关涉多方利益的社会制度的建构，但无论竞争如何激烈，学科间的交往对话应遵守学科场域的

---

① ［英］约翰·亨利·纽曼：《大学的理念》，高师宁等译，北京大学出版社 2016 年版，第 185 页。

② ［英］托尼·比彻、［英］保罗·特罗勒尔：《学术部落及其领地：知识探索与学科文化》（重译本），唐跃勤等译，北京大学出版社 2015 年版，第 121 页。

③ ［英］托尼·比彻、［英］保罗·特罗勒尔：《学术部落及其领地：知识探索与学科文化》（重译本），唐跃勤等译，北京大学出版社 2015 年版，第 387 页。

的自然法则，通过学术秩序形成交往理性在主体间的理解与相互承认过程的契约力量，形成“他在共我”的学科赏识品性，在“求同存异”的学科发展生态中实现强弱互补，提升学科互涉的交往能力。其三，“个性”是一个用来表示习得力量的术语，有了这些习得力量，一个主体才会具有言语和行为能力，才能在各种现成的语境中参与沟通交往过程。现代学科在共生交往的“生活世界”中需形成独立的学科话语体系、学科知识结构与学科使命感，以学科责任和学科视角审视传统社会科学分析的国家中心主义取向的同质性学科发展空间，增强学科自身的理解、包容与共生能力。理性的学科制度是为了能够在大学学术场域中形成共生交往的学科群，实现学科优势协同共生的发展旨趣，“一个学科群体的职业语言和专业文献在建构学科的文化身份方面起着重要的作用”①，而个性元素的注入能够确保一流学科独有的理性与知识自反功能得以有效释放。在这一多元互动的学科交往生态中，学科与学科间通过跨界交往的方式传递知识的缄默精神，形塑以默会知识和显性知识为共商、共赏指向的学科组织群落，充分发挥知识创造价值的功能，② 打破学科“单打独斗”的狭隘性与封闭性阻隔，规避“信息封建主义”，进而更好地实现多学科间的跨界交往愿景。

第二节　学科制度面临的时代挑战与危机

随着技术环境的急剧变迁，学科正在经历知识与制度、制度与时代两大冲突，前者是学科的内部冲突（学科本身具有知识与制度两个维度），后者是学科与外部环境的冲突。传统的学科治理习惯于处理学科内部的冲突，忽视学科与外部环境的矛盾，但现代化的学科治理可能需要学术组织扮演好传统角色的同时，还要尝试扮演不同的新角色。譬如，

① ［英］托尼·比彻、［英］保罗·特罗勒尔：《学术部落及其领地：知识探索与学科文化》（重译本），唐跃勤等译，北京大学出版社 2015 年版，第 55 页。

② 刘良灿、张谦、周建亚、张同建：《高校教师敬业度、知识转移与个人创造力的相关性研究》，《贵州师范大学学报》（社会科学版）2021 年第 3 期。

依托学科发展的大学不仅仅是学术机构，可能是社会机构，不仅提供新的知识，还提供将新知识转化为生产力的制度结构。学科与经济、政治和社会等外部环境的冲突愈加激烈，导致这种冲突下的新知识难以形成社会人的共识。知识缺乏人的信念则难以形成共有的文化认知和社会秩序，进而威胁学科制度的合法性。同时，这种学科的外部冲突又反过来削弱大学和学科的生命力，因此才有布鲁贝克的时代之问——“大学落后于时代了吗”。学科治理现代化作为一个历史命题，深入剖析现代化冲突，找准学科问题的“病症”，是解决学科问题的前提。

一　内部冲突的异化之象：制度对知识的权力规训

现代社会中权力对知识的规训以学科“制度化”为中介逐渐走向“合法”，成为一种不言自明的学术证成方式。正如福柯对知识“客观性”“纯洁性”的否定，认为“不相应地建构一种知识领域就不可能有权力关系，不同时预设和建构权力关系就不会有任何知识。”① 由此可见，知识与权力本身就存在着密切的关联，这种关联很可能因为制度建构者对学科制度的知识本性“不意识”“弱意识”，使它（学科制度）成为学科乃至大学异化的工具。具体而言，在权力的介入下知识生成的本真状态遭到解组，学科知识本性弱化，学科制度强化，学科的“制度化”主宰“知识化”。最终，学科的制度层面与权力“合谋”，主宰知识规划、知识生产与知识传授。尽管这在一定程度上促进了学科形成与发展，但也埋下了知识生产的合理性危机、自主性弱化、竞争性隐患等种种异化之象。

（一）权力盲从造成知识结构的合理性危机

学科制度理应服务于学科知识活动，制度设计、实施都应该围绕知识活动的内在规律而开展，因此学科制度所规范的权力关系要以“知识权力”为主。但现实中，制度规范与知识内容之间往往存在冲突，这种冲突表现为学科制度的权力规范忽略知识活动的内在规律，盲目服从权力规训的现象，继而导致知识结构的合理性危机。学科治理与学科管理最重要的差异在于“管理”是自上而下的权力关系的安排，通常是一种

---

① ［法］米歇尔·福柯：《规训与惩罚：监狱的诞生》，刘北成等译，生活·读书·新知三联书店 2007 年版，第 29 页。

政治性权力而非民主权利。而这种大学内部的政治权力和由它所规定的“学术”制度安排往往是传统学科建设的合法性基础。这种政治权力主导下的学科建设不仅规定了学科知识的生产方式，而且还型构了知识生产的“产品”内容，以保持固化的大学学科制度开展持久的知识规训。正是学术权力对政治权力的屈从使得“知识分类”在大学场域中趋于主流，这一主流符合知识规划初衷，进而形成具有较强政治内涵的某种特定的“集体性”学科制度体系。譬如，在大学现存的学术评价指标当中，会出现一种“不可思议”的指标垄断现象，尤其在职称评审中会发现某些学者发表的学术界公认的高级别期刊论文往往无法在本校内部的职称评审中占据同等的同行评价地位。主要原因是这个高级别期刊并没有上到学校内部自定的“高级别”期刊目录名册，根本原因是这些校内“高级别”期刊目录的制定者往往是学术生产活动的游戏规则制定者，他们往往既是学术权威也是行政精英，而在这个过程中行政权力往往用以指导制度的设计和实施，而违反了学术品质的内在要求。

另一种情况是大学的权力决策往往缺乏对国家意志的深入理解和创造执行，导致学科管理碎片化，缺乏系统思索。譬如，体现国家意志的“国家重点学科”“优势学科”再到如今全面启动的“世界一流学科”，身处国家的公共政策视线核心的“学科建设”始终处于高等教育发展的龙头地位，成为国家层面关注的焦点。从国家和政治视域来看待这种“规划”是合理的，哪怕“纯粹的知识”也是在权力运作下促成的。因此，问题的关键是大学的治理主体是否对国家层面的知识规划予以充分的研究和深入的调查，并在结合实际问题的基础上创造性制定落实举措。如果治理主体缺乏对学术现状和学术主体的深入调查和研究，往往会导致制度制定和实施的“个别偏向”，即偏向某些权力主体。因为制度的落实和决策的制定势必要听从学科相关的行政负责人的意见，这些行政主体必然从权力、绩效和管理的视角解构国家战略和制度，对最终的制度设计具有决定性意义。更为严重的情况是，还会形成高校学科制度建设中某些简单粗暴的“需要管理”“数字管理”，这极易影响到学术人的学术品性，促成学者的权力盲从心态，危及创造性和真理性知识产生，进而导致现代化的知识结构受到合理性质疑。实际上，“五唯”之所以难破，“对比各式排行榜指标，我们不难发现，与论文、‘帽子’等‘五唯’相关的内容在大学排行榜指标中占去了85%以上的权重”[①]，根本上源于排名的“量化思维”受到权力（资源）分配的青睐。此外，权力屈从现象在一些亟须提升办学质量的后发型高校更加严重，研究表明“‘双一流’建设高校的科研人员更加倾向于忠诚于学科（知识）而不是学校（权力），而非‘双一流’建设高校与之基本相反”。[②]

在工具主义笼罩下的盲目跟风与顺从的学科建设，导致学科为“生计”而存在，陷入政策跟风和资源争夺的恶性循环中，弄不清楚学科存在或发展的知识逻辑与内在依据，无法形成学术质疑与知识超越，学科制度的合法性向功利主义跌落，导致知识结构的合理性危机：一是超越知识规定本性，削弱知识内在关联，知识的创造性价值缺乏。二是忽视知识反思本性、学术研究的责任取向与价值立场偏向。事实而言，学术人对高深知识的探索与追求真理的学术气质引领着学科的生成与发展，所有学科的设置与演化的初衷都是基于对真理知识的探索与解魅、对实践问题的创造性解决，在批判的思想中达成交往共识。而权力只是学科形成与发展的外力，学科制度要借助外力，但绝非屈从外力。然而，由于受权力规训的复杂境况影响，学科知识生成的应然逻辑（知识本性）遭到“忽略”，盲目跟风的学科裁撤与新建，盲从于数字和指标的制度取向，使得学科在“量化”和“内卷”中被一系列“卡脖子”的基础研究所困，缺乏高尚学术品性与学术信念的庸从心态削弱了高深知识的合法性寿命与学科价值逻辑。

（二）社会需求主导知识演化的内在逻辑

在深化产教融合的宏观背景下，大学的学术角色与社会角色正在合作中转变，科学的社会化与社会的科学化正在发生比任何时代都更为紧密的互动。[③] 正如布鲁姆所言：“大学的繁荣是因为大学被认为能够按社

① 郭丛斌等：《世界大学排名产生与发展的内在逻辑及启示》，《国家教育行政学院学报》2020年第7期。

② 张海生：《“破五唯”影响下高校科研人员投稿行为的价值倾向性——基于1931份问卷的调研分析》，《贵州师范大学学报》（社会科学版）2021年第5期。

③ 姚荣：《激活学术心脏地带：中国大学基层学术组织自治如何走向制度化》，《清华大学教育研究》2016年第2期。

会的需求服务于社会，而不是像苏格拉底那样服务社会。”① 在权力对知识的规划背景下，学科制度发展围绕“认识论”“政治论”向功利主义的“需要论”转向。学科知识为了“契合”社会需要，首先通过对权力的顺从方式抢占学术资源，迅速获得学术地位，继而确立学术霸权，知识的自主性顺势弱化。这一过程是通过功利化的学科制度供给来实现的。其知识生产活动与分化、传授、集成的任何一种知识演进方式都不相符，工具理性压制了学科价值理性，忽视了知识演化的时间逻辑，表现为急功近利、急于求成的浮躁学术心态。任何具有创造性价值的学术生产都需要时间和机遇，如果社会需要是知识的外在机遇，那么时间则是内在条件。然而一味熨帖外在需要而不考虑内在可能，势必会形成学科的各种非理性行为。近年来，为迅速进入国家主导建设的“世界一流大学、一流学科”行列，各高校不得不弱化内培，强化“挖人”的外引大战，为高端人才开出天价待遇，甚至为其中的“领军”“拔尖”人才组建学科和团队，导致一些西部高校传统优势学科的塌方式衰落，而问题在于这样的短平快学科建设方式并没有实现国家真正的知识创造力提升，只是蛋糕的切分方式转变。学科评估的建设周期规限也加深了办学者的紧迫感，“权威期刊论文的发表数量”“国家级重大课题的立项数量”“决策咨询报告获国家领导人批示数量”等量化目标的追逐，让学者把更多的精力放在了提升知识对组织和制度的“功用”建设上，甚至“临时拼凑材料，生硬地整合数据，比如哲学学科评估把文学院、历史学院教授的成果拿来用”②，忽视了学术成长本身的时间需求，放弃了学科的启蒙理性与人文品性。高深知识的创生和应用是高质量学科建设的根基，它是现代化学科治理的原动力。③ 重大基础研究攻关任务、社会转型的变革使命依赖一流学科的知识力量达成，而重大科学与社会的创新并非一朝一夕，无法预设量化。目前的一流学科建设正处在这样的社会境遇之下，

---

① ［美］艾伦·布卢姆：《美国精神的封闭》，战旭英译，译林出版社 2007 年版，第 241 页。

② 刘永：《从竞争到协同：新时代学科发展的路径转向》，《研究生教育研究》2021 年第 4 期。

③ 张务农、李爱骥：《世界一流学科建设战略定位的理论视点与价值选择》，《西北工业大学学报》（社会科学版）2021 年第 4 期。

学科制度面临功利主义围猎，学科知识是维护学术尊严保持自主性还是攫取物质筹码成为附庸，这是一流学科制度理性要面临的重大课题。受权力支配的功利浮躁元素，遮蔽了学科建设与知识演化的内在逻辑，使得“冷门绝学”无人问津，基础学科的重大理论创见欠缺，致使应用学科和新兴学科发展后劲不足。

（三）学科分化加深知识群体间的过度竞争

学科分化逐渐形成了学科文化和一整套的学科权力体系，它圈定了学科问题域、限定学者的学术情感，进而形成知识群体间的竞争生态。大学学科门类在19世纪之前相对固定，独立的学科较少。19世纪后，随着学术专业化与制度化不断推进，新的学科数量逐渐增多，学科分化成为厘定新知识结构的一种必要方式。自然科学、人文科学和社会科学从哲学中分化，而后各自继续分化形成了一整套学科体系、理论体系和研究范式。这种“知识的产生、分化都是权力、资源、生存空间激烈竞争的结果”①，为在竞争中获取优势地位，原初个体化的知识生产方式逐渐被具有高度制度化的学科制度体系所取代，② 个体的知识生产在科系制度的规定下实现合法化发展。竞争也加快了学科建制的进一步完善和发展，重点学科建设、“211”工程、“985”工程、“双一流”建设等都是通过竞争性的制度设计来鼓励学科超常规发展，其效果也显而易见。由此可见，学科分化促进学术群体对有限的资源和权力追逐，客观上能够促成学科本身的力量凝聚、情感认同。但问题在于，这种分化制度一旦固化为学科专属领地，即制度化，对利益的竞争就会走向异化。各学科在学术社群场域中形成一套自己常用的专门术语、句式、句法以及学科礼仪等游戏规则，通过竞争、博弈等方式展开与外界的交流，逐步形成自我保护的“学术部落”与场域惯习，以便在分化的学科门类中一争高下。伊曼纽尔·沃勒斯坦对此有深刻的见解：“几乎所有的社会科学家都把自己视为某一学科的一分子，有的与学科关系比较密切，有的则不那么密

① 刘永：《从竞争到协同：新时代学科发展的路径转向》，《研究生教育研究》2021年第4期。

② ［美］华勒斯坦：《学科·知识·权力》，刘健芝等译，生活·读书·新知三联书店1999年版，第5页。

切。他们宣称——至少是低调地、不事张扬地宣称，他们自己的学科比社会科学中其他学科要优越。”① 学者对本学科的领地把控关涉利益的核心竞争，这极易异化为非理性乱象，突出表现在学者层出不穷的学术不端行为，“20 世纪 90 年代以来，学术界滋生的抄袭、造假、剽窃等学术不端行为，动摇了国人对中国学术的信任，人们开始怀疑真理背后的‘科学’”②。这种学者间的过度竞争根源仍是学术活动中的权力变质与异化的结果，变质的权力主导学科制度逐渐形成一种知识群体“重科研、轻教学”的学科生态，一流学科的发展离不开一流的学生，一流的学问需要一流的传承，学科知识有限度，但学科制度不能有门户之见、知识壁垒，这也是跨学科协同发展需要面临的制度性课题。

二　外部冲突的生存危机：制度对时代变化应对乏力

20 世纪 70 年代，美国教育家布鲁贝克提及“大学落后于时代了吗”③。他坚信大学拥有的“高深学问”和“理性主义”始终是它最悠久的合法性基础，并用大学的千年存在论证了它将永恒存在。但仅在 50 年后的今天，大学的“高深学问”和“理性主义”传统优势正在经历前所未有的挑战，从博洛尼亚大学以来的近千年，大学在知识和技术领域的垄断核心地位遭到了发达的信息高速网络冲击：大学学者从学术大师演变为学科专家，广博的知识内化早已力不从心，大学之大不再是大师之大；知识保存（传播）方式从原子转变为比特④，大学引以为傲的高深知识演变为各类终端唾手可得的普遍常识，高深知识不再高深；知识的生产从因果关系的高深研究拓展为要在超越人力所及的数据之中寻求相关关系的归纳与分析，量子思维超越理性（牛顿）思维⑤。而这一切就发生

① ［美］伊曼纽尔·沃勒斯坦：《知识的不确定性》，王昺等译，山东大学出版社 2006 年版，第 15 页。

② 陈亮：《法理与学理——大学学术不端行为问责研究》，西南师范大学出版社 2021 年版，第 2 页。

③ ［美］约翰·S·布鲁贝克：《高等教育哲学》，王承绪等译，浙江教育出版社 2001 年版，第 28 页。

④ ［美］尼古拉·尼葛洛庞帝：《数字化生存》，胡泳等译，电子工业出版社 2017 年版，第一部分。

⑤ 华东师范大学量子思维项目组：《量子思维宣言》，《哲学分析》2021 年第 5 期。

在邻近的数十年，高等教育正迈入百年未有之大变局。而首当其冲的便是大学的学科制度，根本原因是学科经历了长期以来的制度化进程，导致学科的应变能力无法适应新时代的变化速度，对时代变相缺乏感知，导致大学和学科自身的生存危机。

（一）社会需求个性化与学科布局制度化冲突

社会发展进程从工业化到工业化后期，正在迈入知识型经济社会，最大的特点是社会发展的进程加快、变化加剧。突出体现在社会的个性化需求增多，所谓个性化本身具有多样化、差异化、异质化内涵，需要一个开放包容的学科制度推动个性化知识的生产。而现存的学科制度源自于工业社会对标准化规模化产品生产的要求，学科布局、专业布局以及教学制度都讲究统一的组织实施和分类标准。这种工业社会的标准化、规模化生产原则在很长时期推动了学科布局的整体质量提升，正因为学科布局遵照统一的专业设置、课程内容和教学方式，推动了工业社会科技、经济、文化繁荣，即传统学科制度与工业社会共同演进发展。但这样的繁荣使得学科布局的制度化过程加剧，学科知识生产和传授逐步在一个固化的制度中开展，在时代变化之际，学科与社会之间逐渐形成了制度壁垒。知识制度的发展惯性使得制度实施主体缺乏对社会变化的感知，甚至“一流学科建设高校也可能存在对学科发展前沿的变化趋势不够敏感，学科布局很难走出现有学科评估评价所构造的‘舒适区’”① 的问题。

学科的布局结构逐渐固化，这种与工业社会相一致的学科结构在知识型社会受到了前所未有的冲击。知识型社会是一个类似“量子纠缠”的社会，各种不确定性、非定域性、关联性增强，社会中现实的人对生活的需求层次提高，个性化要求层出不穷。经济和产业领域首先感受到这种竞争，它们迅速从标准化规模化的生产方式中转变到大规模个性化生产的需求中来，即产业结构升级。但经济转型和产业升级的过程中，需要大量的新知识和新技术支撑，有学者认为“我国正处于高质量发展的社会转型期，产业升级、技术更新换代、提质增效等都需要知识、理

---

① 刘忠晖、李有增：《“双一流”建设学科布局优化路径探析》，《中国高等教育》2022年第2期。

论的深度参与和支持”。[①] 这种深度参与需要学科供给中国特色的独创性知识和技术，而制度化的学科布局结构与个性化的社会知识需求形成了较大的矛盾，无法推动引领社会经济的成功转型。学科分类的方法的固化也在一定程度上加剧了学科布局的制度固化，中国的学科分类大多参照“哲学、经济学、法学、教育学、文学、历史学、理学、工学、农学、医学、管理学、军事学、艺术学”这13个一级学科领域而来，二级学科以及更为广阔的学科领域也都圈定在一级学科的传统分类范畴之中。同时，学科布局、院系划分、专业设置、课程安排也主要围绕这一学科分类结构而发展。这种层层制度化、层层固化的学科布局形成了强大的知识生产惯性，进一步阻断了学科与社会的信息通道，学者的工作与社会的需求变得越来越有距离。尽管在高等教育领域，国家、学界以及大学自身都感受到这种制度化现象对学科带来的生存挑战，要解决这种冲突需要一个系统化的学科布局变革，这又是充满挑战的课题。

（二）国家战略全面性与学科发展失衡的冲突

近年来，随着社会经济的复杂问题和变化情境，具有系统性和全局性的“国家战略”概念逐渐被中国学界和政府所接受，以引领社会各类结构化变革方向。战略思维本身就是系统思维和全局思维，国家战略则是超越军事视域的更综合、更宏阔的国家发展方略，具有全局性、长远性和系统性，是更加全面综合的国家竞争方略。譬如，党的二十大报告明确指出“深入实施科教兴国战略、人才强国战略、创新驱动发展战略，开辟发展新领域新赛道，不断塑造发展新动能新优势”，三大战略分别从生产力、人力资源和发展动力三个维度协同推进国家现代化发展。应该说，国家战略的全面性决定了支撑战略实施的基础知识既要深厚扎实也要多领域融合。而长期以来，在追求效率优先的发展原则下，一些能够突显效率和可视化的学科吸引了大量的学者参与，形成了发达的学术网络和频繁的学科社群互动模式。用托尼·比彻和保罗·特罗勒尔观点来说，这种模式属于“高度都市型研究模式”。“所谓‘都市型’和‘田园型’，是用于说明研究人员与研究问题的比率高低。某一段时间内研究某

---

① 邬大光：《面向2035：高校学科优化调整布局的思考》，《光明日报》2022年10月11日第15版。

个问题或某一系列问题的人数的比率高，就属于都市型研究模式”。① 一般而言，应用类学科往往比基础学科更容易获得学术资源和人力支持，因为应用学科要解决的问题是足够明确的，使研究的范围能够聚合起一个足够清晰的知识领域，继而新的知识和成果的生成也较基础学科更为高效。加之，学科评价制度的指标化和量化标准，形成了应用学科领域的“都市型”发展。这种学科发展的失衡结构与国家战略对学科知识的全面深入要求不符，导致国家战略需要的原创性、引领性知识成果不多，而变革性的知识成果往往来源于基础学科的原理性知识生产。譬如，中国的芯片技术是关系国家战略的“卡脖子”技术，但这项技术的攻关在于要生产出“顶级光刻机”，它的精度决定了芯片性能上限。而顶级光刻机的生产则需要突破测量、显微镜、医疗、天象仪等多个高精密基础研究领域。因此，基础学科与应用学科之间是高度关联、一脉相承的，基础研究是原创知识和成果产生的源头。而应用学科领域的“都市型”发展模式与基础研究的“田园型”发展模式形成的学科失衡结构，是系统变革完成国家战略发展的关键问题。

（三）职业市场的灵活性与学科专业的学术性冲突

学科制度根本上是为人才培养服务的，其最终价值在于服务人的生存与发展需要。前述社会经济需要、国家战略需要等，最终的落脚点也是人的需求。而正如马克思和恩格斯所言，人首先是“现实的人”，因此大学的学科既要关照学术性，更要考虑职业性。因为体现在现实的个体中最直接的需求首先是通过职业解决生存和发展的问题。乌尔里希·贝克就把现代社会个体脱离传统的家庭和血缘依赖，转而对职业依赖加剧的情况视为个体化风险。因此社会的现代性也意味着职业对于人的生存和发展具有决定意义。依照传统学科所设置的大学专业也通常要考虑学生要为就业做好准备，并且专业与职业之间往往存在着某种对应关系。因此，很多专业往往具有职业导向，“在《泰晤士报》和《星期日泰晤士报》优秀大学指南排名中可以看到，目前在英国大学所开设的一系列具

① ［英］托尼·比彻、［英］保罗·特罗勒尔：《学术部落及其领地：知识探索与学科文化》（重译本），唐跃勤等译，北京大学出版社2015年版，中文版前言第4页。

有职业导向的专业，总共包括67个类别”[①]，譬如“会计与金融”“航空与制造工程”“材料技术”“法学”“食品科学”等。这些专业往往与职业是对应的。因此，在传统的学科分类和专业设置结构中，培育出了一大批行业“专家”。但在邻近的数十年，职业市场正在发生前所未有的变化，英国学者埃德·伯恩和查尔斯·克拉克在提出大学面临的时代挑战中，将“工作的变化”作为最重要的变化加以描述。“职业类型和工作模式的变化，特别是自动化系统和人工智能的发展，颇具革命性的意味”，[②]其中涉及终身职业消亡、职业的技术和内容急剧更新、零工经济发展以及职业对个人的分析和研究能力要求更高，重复性工作正在逐渐被人工智能等技术生成物所替代。这些变化给专业培养带来了前所未有的挑战，一方面，某些不具备职业导向的学术性专业面临毕业生的就业危机。譬如，根据教育部和《人民日报》的统计数据发现，历史学、音乐表演、法学连续三届被亮红牌（红牌指的是失业量较大，就业率、薪资和就业满意度综合较低的专业，为高失业风险型专业）。同时，大量的哲学社会学科和基础学科也存在职业导向不明显、专业课程学术性强、实践性不足导致的就业困境。另一方面，专业化的学习模式并未与职业性质的变化同步。中国大学在计划经济体制下成长起来的学科布局和专业设置对应的是某个“单位”需求，学科专业培养的是确定的“单位人”。但随着市场经济转型和零工经济、人工智能等变化，“单位人”逐渐演变为市场化的“职业人”，职业正在“去编制化”，走向“市场化”，意味着职业竞争加剧。职业性质的市场化转变决定了专业化、知识化、理论化的学习模式已经不足以支撑起职业人不断变化的终身学习需求，某一个专业的知识和方法学习已经无法支撑起一个职业将要经受的市场考验。

第三节　超学科知识制度的变革愿景

自20世纪中叶以来，知识经济在引领人类加速现代化进程中的作用

---

① ［英］埃德·伯恩、［英］查尔斯·克拉克：《大学的挑战：变革中的时代与大学》，吴寒天等译，华东师范大学出版社2022年版，第61页。

② ［英］埃德·伯恩、［英］查尔斯·克拉克：《大学的挑战：变革中的时代与大学》，吴寒天等译，华东师范大学出版社2022年版，第3页。

日益凸显，与之相应的经济、文化、社会、技术等关系也愈加错综复杂。大学要继续扮演引领世界前行的角色，就必须开始改变。不仅仅要扮演传统的角色，甚至要把某些新的角色纳入其中。学科制度是大学制度的灵魂，基于学科内外冲突的复杂性、全面性和系统性，需要一个全新的学科变革视角以实现学科治理的现代化发展。这种视角既要包含应用学科发展，也要开展跨学科合作，更要重视基础学科发展，需要转变学科的分类思维，重新审视新时代学科内涵。一种超越学科分类结构的知识生产方式和制度支持应该成为现代化学科治理的突破点。这种新的知识生产方式即大学超学科研究。本部分将对超学科的学科治理路向予以说明和分析。

一　大学超学科研究：一种新的知识生产组织方式

大学超学科研究是大学在“传统学科”与“跨学科”研究的基础上形成的一种新的学科（知识）制度，它既尊重传统学科知识的生产，也重视非学科知识范畴的（高深系统知识之外）的知识价值。与传统学科、多学科、交叉学科相比，超学科解决社会实践问题与传统学科方式不同。超学科主要目标在于解释或解决学术系统及社会基础理论问题，且解决问题的途径是多元主体参与、知识全面整合和再创新。其本质特点是知识探究由具有相关恰当的认知实践与社会实践以及共识所引导，最终解决办法在于形成一个超越任何单一学科的知识生产范式。正如巴萨拉布·尼科列斯库所说，超学科研究具有三方面特性：即通过“主体的客体性”了解，通过“客体的主体性”了解以及“客体和主体之间的相似性和交流”。作为一种新的知识生产范式，大学超学科研究关注的知识不仅是“学科之间的，跨不同学科的”，而是“超越所有学科之外的”知识，因而其所研究的问题不受特定学科的制约，也不需要学科的界限。具体而言，首先，大学超学科研究专注于社会的可持续发展问题，通过整合不同类型的科学知识解决现实问题。超学科作为涉及促进社会变革的不同知识生产类型，不仅是基于不同知识的整合学科，而且在包含价值观、知识以及专长等方面也有许多不同的名称，例如“后规范科学”（post-normal science）“知识生产模式2”（Mode 2 of knowledge production）“问题驱动超学科”（problem driven discipline）“互动社交研究”（interactive social research）“变革性或参与性可持续性科学”（transformative or participatory sustainability science）等。① 其次，大学超学科研究在于同时解决理论与实践两方面的问题。虽然大学超学科产生于特定的应用情境中，超学科性的知识还是能够发展出自身独特的理论结构、研究方法和实践模式。超学科包含不同类型的学术和非学术知识、价值观和专业知识，其目标是寻求解决复杂的社会问题与知识生产。尽管这些可能无法在当前学科版图中进行定位，但这种成果是积累性的，并在一个主要问题解决之后向多个不同方向拓展。最后，大学超学科研究的知识传播的形式并非通过刚性制度进行，而是通过参与者不断传递与拓展形成文化氛围，即软性制度。从一定意义上讲，成果的传播在其生产过程中就已经得以实现。而随后的传播首先发生于最初的参与者转移到新的问题情境中，即使问题情境是暂时性的，但问题的解决者具有很高的流动性，知识传播的网络还是能够维持，其中的知识也能够实现进一步的配置。

大学超学科研究最初伴随着美国《莫里尔法案》（*Morrill Act*，1862）的颁布以及一大批赠地学院（land-grant universities）的兴盛而逐渐兴起。战后美国高等教育的迅速扩张，全球以商业为主体的资金不断涌入大学中，见证了美国大学从“单向服务”（one-way service）向“双向公共参与”（public engagement）的转变。大学超学科研究发展至今，在强调政府、大学、企业、公民的组织协同创新之外，更加关注知识生产主体与知识生产客体，以及二者之间的交互作用，已形成集“政府—大学—产业界—公民社会”共同参与的研究共同体。②

总之，大学超学科研究认为单靠学科间研究已不能应对日益增长的复杂社会现实问题，未来可持续发展科学研究需要在科学的、社会的、经济的和政治的各界代表人物的共同努力与互动过程中达成。

二 大学超学科研究制度的关键特征

超学科研究的特点在于超学科知识生产的场域不再局限于大学，这

---

① Klein J. T. , *Interdisciplinarity*: *History*, *Theory*, *and Practice*, Detroit: Wayne State University Press, 1990, pp. 55 – 60.

② Aeberhard A. , Rist S. , “Transdisciplinary Coproduction of Knowledge in the Development of Organic Agriculture in Switzerland”, *Ecological Economics*, Vol. 4, 2009.

种场域的拓展打破了不同组织之间的边界。大学超学科研究的评价方式，不再简单地依赖于学术同行评价，而是要接受来自多方利益相关者的评价，承担更多的社会问责。此外，大学超学科研究的目标不再是学科或者超学科学术工作者的知识再生产，而是通过知识的全面整合与创新，解决重大而复杂的经济社会问题。通过上述分析不难看出，大学超学科研究吸引了更广泛的社会主体参与，体现出超越学科价值中立的价值导向，反映出极强的知识集成性，同时也彰显出对现实若干层次活动的关注，上述区别可具体归纳为参与性、价值性、集成性、层次性四个方面。

（一）参与性

在科学研究中，人们发现相类似的观察结果，通常需要建立一个合适的“边界对象”来表达，这意味着问题必须在概念上进行转换并纳入科学的话语体系中，即转变为“研究问题”，构成共同的研究对象，以便不同的研究人员可以进行沟通与交流。研究问题作为具有不同学科边界的综合对象，它也是相关研究人员避免单一学科还原主义，即将单一解释作为唯一正确的术语。科学的概念和工具用来构建新的“对象”以构成生态化研究问题，在某种意义上，是对从业者在超学科研究帮助下获得知识的重新思考。① 参与性的另一个重要支柱是项目由学术界和地方政府的共同努力完成——共同决定了从一开始就拥有问题的所有权。一方面，专注于差异化分析涉及不同部门的利益相关群体以及区域政治或行政活动；另一方面，允许为双方提供持续互惠的相互学习曲线，这种模式的组织互动为问题解构提供了稳定的社会认识论基础。基于超学科知识生产范式的变革，世界各国顶尖研究型大学纷纷聚集政府、企业、社会公众等多元主体参与到重大、复杂的经济社会问题的协同研究中来，从而形成“学术企业”型超学科组织。

（二）价值性

大学超学科性可视为可持续发展科学的必然产物，它的出现是为了应对当代物质生产和消费主义导致的环境恶化和人类福利下降。当谈及科学的价值性时，人们普遍认为，科学是客观的、中立的，其本质是价

① Callon M.，“The Role of Lay People in the Production and Dissemination of Scientific Knowledge”，*Science Technology & Society*，Vol. 1，1999.

值无涉，它不应受到任何社会政治利益的干扰。然而，人类进入 21 世纪后，随着社会风险问题的日益加剧，公众对食品安全、气候变化、环境恶化等问题的看法一直持怀疑甚至否定的态度。作为后规范科学视角下的科学，当谈及超学科研究时，不能否认其背后潜藏的价值负荷。此时科学通常以不同的方式进行，这种范式的转变更注重问题的主人翁意识，并对他们的动机尤为关切。这就强化了科学（知识）的信念要素，继而知识主体（知识生产者、传授者）则能够为新知识的生产贡献独有的洞察力和创造力，甚至某些在追求客观真理的因果推理思维中无法解决的问题将得到解决。

（三）集成性

进入 20 世纪，伴随着诸如超学科、科学整合、统一知识、跨界互学的兴起，跨界科学和人文学科成为研究机构与高等教育机构的主要范式。学科的知识价值和制度功能将稳定学科分化作为学术界结构形成的基本单位，逐步获得认可、重组科学共同体的过程，库恩称之为“科学革命”。在一场科学革命中，将异质认知元素成功地整合转化为新范式与科学界的社会变革。[①] 影响 20 世纪科学发展的三个重要认知目标分别为：一是所有科学和其他学科统一的理想；二是通过创新解决基础研究中的问题；三是响应知识社会的知识需求。将这些目标结合在一起，可以相互促进。[②] 范式不是简单地出现，而是通过系统化和对研究实践的批判性调查不断剖析出来。大学超学科研究的起点通常是，当一个问题的具体性质有争议，并且当有关方面有很大的利害关系时开启的。因此，识别问题和相应的研究必须借鉴来自各学科关于问题领域的知识体系、来自学术界及其之外的相关部门和利益相关者的意见。超学科研究的核心任务是整合不同的科学在研究过程中反复出现的问题。

（四）层次性

客观世界具有不同层次，各学科之间和学科之外的空间是多层次、

---

① Kuhn T. S., Hacking I., *The Structure of Scientific Revolutions*, Chicago: University of Chicago Press, 1970, p. 188.

② Bammer G., “Key Issues in Co-creation with Stakeholders when Research Problems are Complex”, *Evidence and Policy: A Journal of Research*, Vol. 3, 2019.

多维度、多节点的，如同量子真空充满种种潜势，从量子立体到星系，从夸克到决定宇宙生命出现的重元素都是如此。① 现实各层次的非连续结构决定了超学科空间的非连续结构，这也可以解释为什么超学科研究完全不同于传统的学科研究。传统的学科研究大都关注现实社会问题中的一个层次或一个层次的某个部分。与之不同的是，超学科研究关注的是现实社会问题，一般同时涵盖若干层次的活动。超学科研究不是一门新的学科，所研究的问题不受特定学科的制约，因而不需要学科的界限，但需要从传统的学科研究中提取知识和方法。超学科研究团队或课题组成员来自比较接近的学科，但不一定是现成的专家，因为超学科并不只是需要传统学科研究的高深知识，也包含那些情境性知识和社会性常识。传统学科研究可通过超学科研究澄清本学科的一些问题，在这个意义上，学科研究和超学科研究不是对立的，而是相互补充的。

大学超学科研究的四个特征既相互独立又相互依存，体现了学科在知识生产领域的系统性和复杂性，也为超学科制度的形成厘清了与传统学科知识制度的界限与差异，从一个更加全面系统的视角提出了学科知识生产的新方法，不仅有助于创造性知识的生产，也有利于大学更好发挥人才培养、科学研究、社会服务职能，既实现大学的学术使命，也拓展大学的社会使命。

三　大学超学科研究的实践路径

通过对不同大学超学科的研究发现，大学在地区发展中所要解决的问题不同，运用的手段和方式也不相同。总体而言，大学超学科研究仍遵循一定的范式，即沿着从搭建问题框架并构建协作研究团队，到通过协作研究共创可转移知识，再到重新整合与应用所创造的知识的路径不断实践。超学科研究将科学实践与社会实践通过问题的定义、话语的重构、结果的重整较好地协调起来，从而加速了学科知识与非学科知识的融合与交流，如图 1 所示。

---

① Herberg J., Vilsmaier U., "Social and Epistemic Control in Collaborative Research - Reconfiguring the Interplay of Politics and Methodology", *Social Epistemology*, Vol. 4, 2020.

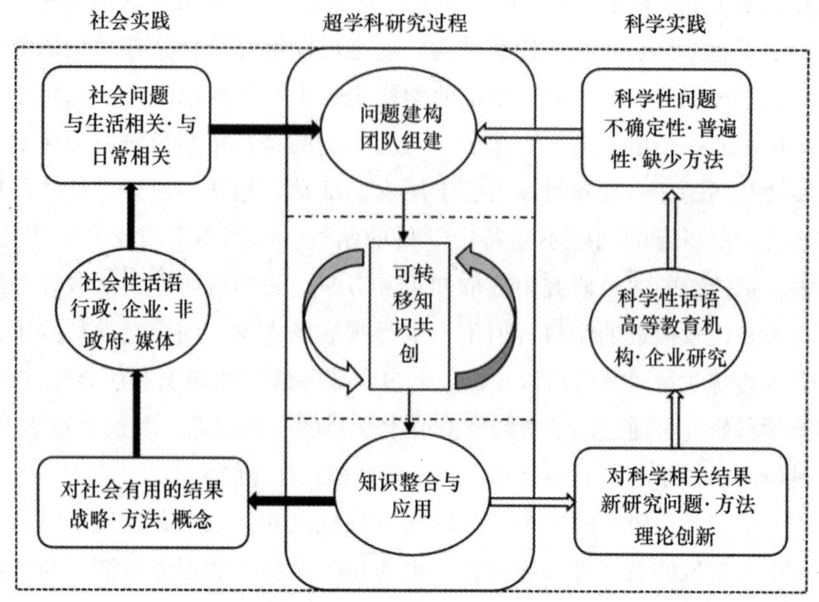

图1　大学超学科研究的实践路径

（一）行动起点：构建协作研究团队并达成共识

在建立协作研究团队阶段，需要确定来自相关学科或科学领域的科学家和当前社会中具有专业经验、专业知识或预先确定的问题中的其他相关“利益”用于研究项目，并说明谁应该和谁不应该包括在研究项目内及其原因。通常来讲，这是一个扩展团队时的递归流程，它代表特定的专家或参与者最初的兴趣、专业知识或经验问题描述。明确团队建设流程（选择团队成员并建立一个协作团队在整体上是两个不同的步骤过程）很重要。[①] 此外，至关重要的是要建立一个职责所在的组织结构、能力和决策规则。在多数情况下，需要建立一个能够较好平衡研究人员和实践参与者之间的结构与组织级别的优秀策略，并确保高级专业人员可以支持团队处于关键阶段的研究过程。建立协作团队的一个关键方面是

① Etzkowitz H.，Leydesdorff L.，“A Triple Helix of University-Industry-Government Relations”，*Industry & Higher Education*，Vol. 12，No. 4，1998.

开发能够用于所有团队成员之间沟通的“共同语言”。[①] 这种能力建设能够较好地为后续研究过程各个阶段的合作扫清障碍。这其实包含两方面内容：一是在问题的核心领域定义那些发挥作用的术语和在合作学科中以不同的方式使用；二是为对相关关键概念的共同理解建立研究过程。

为达成对可持续发展问题的共识，需要定义作为一个与社会紧密相关的可持续性问题并引发一个科学研究问题。这实际上反映了可持续性问题是一个“问题域”而并非任何类型的复杂问题。在此，确保所有团队成员（科学家和实践者）参与此类问题显得尤为关键。超学科研究的特点是不同学科和不同学科的科学家之间的持续互动。随着新参与者的加入、流程的参与、利益相关者角色或态度的改变，新见解逐渐得以形成。为应对不同意见，反思性会议、公开论坛、明确和调解的谈判以及适应协议将伴随着超学科项目研究的全过程。这意味着超学科项目固有的研究过程需要仔细设计和遵循。达成对可持续发展问题的共识核心在于大学同企业和政府的合作，将政府的“官方知识”通过公共媒体等途径传递给利益相关者和政策制定者，通过塑造公众舆论空间形成社会公共认知。[②] 这有助于确保后续的研究任务偏离共同参考点时得以及时纠正，从而实现总体项目目标。

（二）顶层设计：定义研究范畴形成问题框架

协同制定研究的总体目标和目标流程是一项复杂工作的顶层建构问题，充分体现了解决问题的宏观思路。定义研究对象可以用一个指导性问题来表述，并且经常需要在一组子问题中进一步指定。研究目标需要明确考虑不同兴趣的科学家和实践者在该项目中进行合作。在协同作用的同时，双方最终追求不同的目标（如“扩展科学知识体系”相对于“解决现实世界的问题”）。科学家的角色将成倍增加，尽管如此，潜在的角色冲突仍需要关注。随后，需要进一步明确研究对象和目标进入可操作的研究问题，这是一个开发集成模式的关键步骤，它有助于设计方法

---

① OECD, Addressing Societal Challenges Using Transdisciplinary Research: Science, Technology and Industry Policy Papers [ER/OL]. (2020-06-16) [2022-01-01], https://doi.org/10.1787/0ca0ca45-en.

② Walter A I. et al, “Measuring Societal Effects of Transdisciplinary Research Projects: Design and Application of an Evaluation Method”, *Evaluation & Program Planning*, Vol. 30, No. 4, 2007.

框架并达到成功标准，同时这些标准将用于评估目标是否达到。为协同知识生产与集成设计方法框架，需要同意设置要应用的方法和超学科在下一阶段开发一个概念来整合整个项目的研究结果。现有的超学科方法论汇编应该用于咨询研究。后一个概念也应采用基于证据的模板协作，这样的框架允许项目阶段所有结构化协作的团队和成员。该框架在项目期间可能需要进行调整，但它提供了一个所有团队成员共同努力的方向。

（三）协同共进：通过协作研究生成可转移知识

基于上述阶段中概述的总体框架，下一步即为实践者和研究者提供适当的角色。在每个研究工作中分配适当角色的科学家和责任透明的研究者，考虑惯性、结构性障碍等因素是必不可少的步骤，这有助于问题框架符合预定义的组织项目的结构。对于科学家来说，科学严谨的社会相关性成为需要特别注意的关键挑战。为确保便利，科学家必须遵守指定的角色和责任，以实现期望的参与水平。此外，与领导有关的认知（提供一种方法来整合不同的参与者的认知）、结构（解决协调和信息的需要交换）和程序（解决期间的冲突过程）任务都将有助于促进超学科流程的成功。根据在前一阶段开发的方法论框架，应用综合研究方法和超学科设置的生成知识，进一步为超学科可持续性开发进行适当的方法研究。使用工具来支持团队合作，例如倡导原则、串联原则、导师原则等。① 此类方法能够有助于使研究结果更易于服务实践。团队也可能利用他们的协作潜力进一步发展现有的或新的超学科知识生产的方法和进行整合。

（四）走向共创：重新整合与应用所创造的知识

实现知识的“二维”集成，首先，需要分别审查和修改第二阶段产生的结果和观点，即社会和科学实践。同样，学习的相互性过程变得可见。要重新修订不同的标准，因为两者坚持不同的质量标准，如科学可信度或实际适用性。其次，为双方生成目标“产品”，提供科学参与者和实践合作伙伴，并将合适的产品以某种方式“翻译”项目可以利用的结果——作为对现实世界的贡献或推动科学进步创新。最后，评估项目社

---

① Ramadier T.，“Transdisciplinarity and Its Challenges：The Case of Urban Studies”，*Futures Guildford*，Vol. 4，2004.

会影响。不同阶段项目评估完成后展示影响并总结经验教训，为未来的项目设计研究提供借鉴。[①] 对于科学和社会的影响，重要的参考点是在第一阶段的成功因素，这可能已经在项目过程中体现。

大学超学科研究作为知识生产的主要形式，它在知识议程的达成、资源调动的方式以及交流研究结果的形式和评价标准等方面都与单一学科与跨学科的学科运作方式不同。可以说，大学超学科是从一个高度学科化的背景中诞生的，但与此同时它又显得与众不同，因为在超学科研究中，知识活动并非在特定的学科内设置，也并非仅仅由专家学者依据兴趣专长所决定，而是牵涉到更广泛的利益相关者，如社会公众的参与。这样的知识生产方式决定了超学科的知识生产制度要摆脱“大学中心主义”，将企业、社会组织（行业协会）、各级政府（尤其是地方政府）都视为知识生产的主体。因此，超学科制度结构本身又是一个大学科概念，需要建构起大学与这些多元组织的螺旋关系，畅通知识生产的制度壁垒。建立起大学与政府、社会组织甚至社会民众共同参与的知识生产模式和制度文化，克服大学在时代变局中对现实世界的感知困境。

① Baptista B. V., Rojas-Castro, “Transdisciplinary Institutionalization in Higher Education: A two-level Analysis”, *Studies in Higher Education*, Vol. 45, No. 6, 2020.

第一章

知识制度导向的学科治理的内生框架

学科作为大学生存和发展的核心要素，承载着科学研究、立德树人、服务社会以及文化引领等基本职能。正如序章所言，学科本质上就兼具知识与制度两大内涵，它既是大学的知识活动媒介，也是大学的知识活动本身。而大学的所有职能，譬如科学研究、教育教学、社会服务、文化传播等本质上都围绕知识生产、知识传播、知识应用展开，仍是知识活动。由此可见，学科建设的水平与质量直接决定大学的核心竞争力和整体实力。社会正迈入知识经济时代，随着知识在区域竞争、国家发展中的战略性地位日益重要，学科治理也日益成为国家治理、教育治理的核心关切。尤其党的十八届五中全会后，国家相继出台了《统筹推进世界一流大学和一流学科建设总体方案》《关于高等学校加快“双一流”建设的指导意见》《统筹推进世界一流大学和一流学科建设实施办法（暂行）》等系列文件，对中国学科高质量发展进行了战略谋划和总体部署。为了对接一流学科建设要求，广东、北京、上海、浙江、陕西、河南等地方政府也相继出台对接计划，各个高校也纷纷出台具体措施回应双一流建设战略。这些充分表明了学科建设已经跃入高等教育发展的重要议程。新时代高等教育的核心目标与重要任务就是通过现代化的学科治理手段推动学科的高质量发展。与此同时，中国大学在“双一流”的建设进程中也得到快速发展，学科理念逐步转变、学科结构持续优化、学科排名地位凸显。① 但学科发展仍然面临一系列问题，譬如，学术自主程度

---

① 高耀、王莉莉：《“双一流”建设的阶段性成效评估与问题剖析——基于36所高校〈“双一流”建设2018年度进展报告〉的内容分析》，《中国人民大学教育学刊》2020年第4期。

不高，基层创新活力不足，学术组织作用发挥不够，以致原创性、战略性、传世性的高质量成果缺乏。这些问题反映出现代化的学科治理体系仍未建成，现行科层体系下的学科治理制度结构对驱动学科内生性发展乏力。因此，学科知识创新、学科应用发展能否实现科教兴国、人才强国、创新驱动等国家战略落地，关键在学科治理，核心在学科治理体系。

学科治理体系是由一系列知识制度的结构化过程形成的，也可以将学科治理体系视为学科制度结构。而学科的两大内涵（知识、制度）决定了学科治理是学科制度结构与学科知识活动（尤其是知识生产活动）的关系建构，学科建设水平取决于二者之间的关系状况。本书充分探讨了新时代学科知识与学科制度之间的冲突关系（序章），提出学科治理既要遵循知识本性，也要围绕知识本性建构理性制度。然而本章需要具体阐明的是学科制度建构本身作为治理的重要载体，面临权力结构、资源配置、执行机制等多维关涉，如果不对这些制度治理的不同方面加以具体分析，就会陷入抽象的制度理性（无法具体对接知识本性）之中。为此，在推进学科治理体系与治理能力现代化的进程中，要将“学科治理现代化”的总体部署转化为可供实践的具体方案，就必须厘清学科治理的内涵本质、时代特征、权力结构、发生机理。勾勒出一套现代化学科制度架构的逻辑理路，为建构一套符合知识活动规律的理性学科制度提供具体指导。

第一节　学科治理的内涵本质

随着现代性社会的发展，治理从一个政治话语拓展到更加广泛的领域，譬如文化治理、生态治理、教育治理等，学科治理也是在教育治理话语体系下的衍生物与合意表达。基于学科治理在教育中的重要地位，厘清学科治理的内涵与本质，是开展学科治理行动的第一要务。只有想清楚、弄明白学科治理是什么，才能明确学科治理要如何做。学科建设过程中的异化现象和客观冲突，根本上也要从本体论层面深入分析和解构学科治理深层逻辑，以此为逻辑起点展开行动。

一　治理的本体意义

按照《辞海》的解释，治理是一个动词，具有统治、管理、整修、处置①等意义，充分体现出治理的动态意义。但是治理分别由“治”和“理”两部分构成，如果只侧重“治”的部分解读，则并不能揭示出“治理”的本真意义。相反，治的对象是“理”，理不同，则治不同。显然，要从本体论层面深入理解“治理”必须超越出辞典的解释局限，从“理”的部分切入，以理明治。“将天赋的‘理’、人赋的‘理’以及权赋的‘理’都研究明白，再来谈前面的‘治’，那就通透了”。② 本质上，天赋之理是天理，即自然规律；人赋之理是人理，即社会道德；权赋之理是法理，即交往契约。而所谓“治理”，就是要促成集体和个人都顺应天理、尊重人理、遵守法理，努力实现合理相通的良善和谐状态。这种状态也是治理现代化的题中之义。

（一）治天理

天理是自然之理，是深藏于物象背后的底层规律，不因人的意识和行为而改变，自始至终主宰自然事物运行的过程。马克思认为自然规律是根本不可能取消的，之所以会发生变化只是它（规律）的表现形式在发生变化。治天理的“治”就意味着应势而变、顺势利导，这个“势”就是事物运行的自然规律。正如大禹治水，水有水性，遇圆则圆，遇方则方，顺势利导才能解决水患。但很多情况下，这种“理”深藏于事物的深层，难以发现明示。也正因如此，人与自然的和谐关系才会失衡，尤其现代性社会的工业文明加深了很多现代性危机，譬如气候变暖、生态失衡等。由此可见，要“治天理”本身具有两个步骤：先“明理”，即要揭示出现象背后的规律。包括研究现象、发现规律、明确事物的属性、认识事物的本质。正如西方哲学和技术的繁荣无不以揭示自然规律、探索宇宙奥秘、认识世界本源为根本目标。后“用理”，即利用规律解决问题。所有人为的干预必须符合事物的本性和规律，这是顺应规律、积极引导的过程。在这个过程中，最难的是要排除人的意志干扰和复杂物象

① 路丽梅等主编：《新编汉语辞海》，光明日报出版社 2012 年版，第 1726 页。

② 熊春锦：《东方治理学：中华民族文化软实力》，中央编译出版社 2016 年版，第 108 页。

形态阻碍，这些变量通常也会导致揭示出来的是“假理”，进而影响治理的效能。

（二）治人理

人本身也是自然的一部分，人的活动规律也是自然规律的一部分。而人性本身也具有自然性与社会性，社会规律一定层面上也属于自然规律的一部分。从这个意义上而言，人理具备同天理一样的属性。但不同的是，因为人本身是治理的主体，也是治理的对象，较之客观的自然规律而言，会受到意识和欲望的影响，且更为复杂。因此社会规律与自然规律又不能等而言之，故单独成说。人理是人与人在社会交往过程中形成的道德规约和社会规律，前者是内理，后者是公理。譬如尊老、爱幼、兄友、弟恭这些既是人伦道德之内理，也是社会公理。善良、博爱、同情、正义、诚信等属于道德内理，人与人之间的由这些内理形成的社会交往规则必然要遵循公序良俗的道德规约。治人理，即治社会。人理本质上是社会属性上的道德规范、精神契约，没有这种理的存在，人就不能称之为人，而只是具有自然性的动物。治人理，是要治那些符合人性、符合社会性之理，包括情理、常理、公理。任何违背人性的“理”都不是真正的“内理”。譬如，中世纪的欧洲和中国古代封建社会那些摧残人性的道德枷锁，都不是真正的人理。因此，社会治理不能简单依靠技术、工具去衡量资源和利益的配置，要深入道德人伦和文化引导层面，达成“内圣之理”。由此，治世必先修身，修身、齐家、治国三者根本上都是以“治人理”为本，“治法理”为辅。

（三）治法理

法理不仅仅是法律的原理依据，也是各种刚性制度（正式制度）的基本原理。如果（人理）社会道德是人与人交往的精神契约，那么法理则是调整人际关系的强制契约。前者是内力，后者是外力，共同构成社会交往的准则和规范。实际上，治法理，即制度治理，因为法律亦可视为正式制度。而治理与管理最为相通的部分，莫过于遵循法理治世的过程中，往往是通过对人与社会的外在规约与强制束缚而实现。由此可见，治理具有管理的内涵，“治理是管理之母”。[①] 法理要摆脱管理纯粹的技术

① 熊春锦：《东方治理学：中华民族文化软实力》，中央编译出版社2016年版，第120页。

理性和工具理性，必须与天理、人理相结合。因此，依托制度与法律规范的社会秩序，必须遵循自然规律与社会规律，才能“打破西方管理学的局限性，真正达到‘治理’状态”。①

可见，理不同，治则不同。天理之治重在顺导，人理之治重在修炼，法理之治重在规约。而三种治理方式顺导为本、修炼为要，而制度规约作为载体和媒介通常需要承载前面两者的方法论原则，方可实现理性之治。换言之，要实现顺导天理的“内圣”之道，必然要通过“外王”的方式来呈现。从本体论层面来谈治理，进一步论证了制度在治理中的重要意义和价值承载。

二 学科治理的内涵解读

在全面提升国家治理体系与治理能力现代化的背景下，学科治理是新时期国家高度重视一流大学与一流学科建设、统筹推进一流学科分类建设、构建学科新发展格局的价值期待与应然选择。如果治理的“理”的划分具有不同维度，那么学科要遵循怎样的“理”呢？因为学科具有知识与制度两大内涵，因此学科治理既要遵循知识规律，也要遵循制度规律。知识规律的掌握帮助人类认识客观世界，因此它遵循天理和人理；而制度规律帮助学者规范学术秩序，它遵循法理。因此学科治理的“理”兼具三重规律，“治”则要将三重规律融学科制度于一体。显然，这个总体的原则确定之后，学科治理的内涵缩小为学科制度如何建构。这与序章讨论的知识制度的重要性不谋而合。论述到这个地方，关于学科治理和治理的内涵我们基本厘清。剩下的问题是，既然学科的制度维度承载了全部的善治内涵，那么学科制度的理性治理样态是怎样的。

学科（制度）治理作为推进一流学科高质量建设的改革实践工具，是政府、高校、企业、学者等多元主体围绕学科知识生产、传播、创新与应用等一系列有关学科发展的具体事项进行资源重组、协商决策与权力配置的过程。② 同时也是学科群落实现自组织生命生长的秩序逻辑与利

---

① 熊春锦：《东方治理学：中华民族文化软实力》，中央编译出版社 2016 年版，第 121 页。

② 韩春梅、张玉琢：《“双一流”建设背景下一流学科的演进逻辑与建设路径》，《现代教育管理》2020 年第 10 期。

益表达。一定意义而言，学科制度层面的治理，旨在建立一种公平正义、合意民主的学科交往秩序，形成共同的学科治理目标，探寻不同主体间的多维权力结构关系，突破单一行政计划、科层体系结构的强制束缚，促进学科发展与学科决策的科学化、民主化。学科的知识维度决定了学科有其自身的理论规律与学术遵循，这是大学和学科发展的内在动力，也是学科服务当地社会发展、创造社会价值的逻辑主线。正如伯顿·克拉克所言："强调学科的首要性是要改变我们对院校和学术系统的认识：我们把大学或学院看作是国家和国际学科的地方分部的汇集，这些分部将更大领域里知识进展、规范准则和习俗惯例输入当地并使它们在当地生根发芽。"① 学科制度作为治理载体和媒介，就是要充分观照学科知识规律和学术逻辑，这是制度治理遵循天理、人理的内在要求。

与此同时，制度本身的法理又需要兼顾权力结构、利益关系等管理逻辑，否则学科制度下的学术活动和主体缺乏秩序的保障。但制度治理往往倾向于科层结构下的管理逻辑，而忽视学术逻辑。一旦这种情况发生，"带来的后果都是人与自然的分离，是人与天地的分离"②，而缺乏人性的制度治理往往也违背天性规律。要观测出这一点并不困难，现实中的学科建设，依然存在浓重的管理色彩，即在细节和具体之处的规划规约处处可见。譬如学科的交叉建设，通常由政府、教育行政管理部门来发布方案和具体组织实施。学科的发展方向与制度大多是计划的结果，甚至用更精确的量化指标来评价现有学科建设的情况。学科相关主体也早已习惯了这种计划式的"精准管理"，并长期依赖于这种事无巨细的安排与规划，久而久之学科管理生态固化，而学科发展则缺少民主共意的创新。正如洪堡批判道："正如改革中充满危险的动荡不安比安静地享受改革的成果更令改革家心情愉悦一样，从根本上讲，对于人来说，统治会比自由更富有刺激性，或者关心维护自由至少会比享受自由更富有刺激性。自由仿佛仅仅是从事一种无限丰富多彩的活动的可能性；从根本

---

① ［美］伯顿·R·克拉克：《高等教育系统——学术组织的跨国研究》，王承绪等译，杭州大学出版社1994年版，第35—36页。

② 熊春锦：《东方治理学：中华民族文化软实力》，中央编译出版社2016年版，第121页。

上讲，统治、执政虽然是一种个别的活动，但却是实实在在的活动。”①我们承认，制度治理必然具备管理的色彩和内涵，否则学术秩序无法保障。尤其是那些违背学术诚信和教育伦理的行为，必须通过强制的管理去干预。但制度治理要做好管理外力与治理内力之间的平衡，实现学术逻辑与管理逻辑的有机融合根本上是要明白什么情况下需要制度体现出包容力，什么情况下需要制度更为强势。而早在春秋时期，中国的老子就得出“上必无为而用天下”“下必有为为天下用”的治世智慧。制度治理正是要遵循这种安排，顶层设计的方向把控与下层执行的细节完善，明确治理能力的不同维度，上治（决策治理）重战略规划，下治（基层治理）重行动策略。所谓治理体系和治理能力的现代化就是要实现制度结构的上下互补，用人结构德才并济，这种互补制度结构也自然融入了天理、人理与法理。

知识社会和经济时代，学科内涵正在发生前所未有的变化。学科制度必须在充分理解学科治理的前提下随之变化。时代呼唤学科知识与社会需求、社会价值、社会贡献无缝接轨，这种知识应用层面的需求，决定了学科需要从单一学科的固化思维转向交叉学科“融合创新”②的整体性治理思维，提高解决实际问题的能力③，汇聚学术生活世界中的共意交往力量。基于此，学科制度也需要顺应新的知识生产规律，形成良法善治的制度结构。更进一步而言，学科治理体系和治理能力，最终都要归结于学科制度能否实现制度设计、机制运行、利益关系、权力关系都符合知识规律背后的天理与人道。

第二节　学科治理的时代特征

本书以知识制度的时代变革为题，开篇就指出了知识制度内涵的三

---

① ［德］威廉·冯·洪堡：《论国家的作用》，林荣远等译，中国社会科学出版社 2016 年版，第 24 页。

② 石中英、许路阳：《综合性大学教育学科建设的思考与实践——石中英教授专访》，《重庆高教研究》2021 年第 3 期。

③ 刘璘琳：《高校跨学科协同教学模式的运行机理与实现策略：知识共享的视角》，《重庆高教研究》2018 年第 3 期。

大范畴，即历史范畴、关系范畴和规范范畴。基于治理的本体论解读，学科的三重规律（天理、人理和法理）决定了学科依托制度之“治”实现三重“理”的融合。结合知识制度的三大范畴来看，任何知识制度（包括学科制度）的“规范”范畴都必须关照和平衡好“历史”和“关系”两个维度。由此，学科治理的法理规范，既要承载内在的学科知识规律和社会需求，也要随着这种内在规律的表现形式变化发展而变化。由此，学科治理必然与知识制度一样，具有历史性和发展性。本部分谈论学科治理的时代特征，就是要具体阐明学科制度（规范范畴）如何关照起学术活动（尤其是知识生产活动）的历史方位和模式变迁。这里存在一个问题，“理”（规律）既然是不变的，为何治“理”是发展变化的。实际上，尽管知识是人对客观事物的主观信念，具有一定的主观意识，但根本上事物（认知对象）本身是客观的。只有遵循这一客观规律，知识才能成为真理。从这个意义上讲，大学和高等教育都在追求真理知识，重视知识规律的客观性。因此，知识规律正如前述的“天赋之理”一般，仍然是一种客观规律，不以人的意识改变而改变。但随着知识积累和知识应用的加深，更深层、更高阶、更精细的规律要被发现和揭示需要更复杂、更系统、更高能的知识生产模式。基于此，学科要依托制度开展现代化治理，必然要关照新的知识活动所处的时代特征。简言之，知识规律不变，知识活动需变，学科治理作为高等教育知识治理的核心活动，更要应势而变。

之所以要谈论时代特征，是因为新时代与旧时代存在差异，这种差异有的甚至是前所未有。传统的学科治理体系是科层体系为主，即便今天的现代化改革浪潮推动了很多横向体系和组织建构（交叉学科、未来技术学院以及学科联盟等），但科层体系的传统惯性仍然是支配学科制度设计和制度治理的主要架构。过去几十年，这种科层体系的高效率和组织力实现了中国学科的高速度、规模化发展，但也越来越凸显出很多制度僵化、制度失灵甚至制度异化的问题，尤其是学科评价制度如何推动一流学科的建设和发展仍然存在体制束缚和结构桎梏。这种科层治理体系需要突破资源配置为核心的管理思维，摆脱“理性设计”对学科知识活动的肆意僭越。鲍曼形象地将行政计划的“理性设计”比作了“园艺文化”，在这场“园艺文化”环境中产生了一种新的至关重要的具有系统价值的功能需求：纠正人的行为、使之整齐划一。[①] 新时代的学科治理是应时代变革与社会发展的需要而产生的一种民主合意、共同商定的善治过程，学科的高质量发展已走出了传统“为了知识而知识”的理念层面，它的发展已然不是知识本身的增长问题，而是经济增长、社会和谐、人类发展的同一命题。据此，现代化的学科治理面临的是高度融合的领域、现实复杂的问题以及未知风险的挑战，这既是现代学科治理面临的新情况，也决定了现代学科治理的新特征。高度融合的领域决定了学科治理要具备融合性，现实复杂的问题决定了学科治理要侧重实践性，未知风险的挑战决定了学科治理要肩负稳定性。而这些学科治理的现代化特征远非科层体系下的主观设计与强制所能兼顾，必须具备交往互涉、创新创业、秩序和谐的学科治理现代化准则。

一 融合性

工业社会对知识增长的需要决定了学科知识高度分化的发展走向，学科治理格局也高度匹配知识分类结构，形成纵向科层体系（管理层级）与横向分类体系（系院分类）的制度体系。在这套知识制度系统结构下，知识具有系统有序、逻辑严明的特点，知识的学术味、理论味十足。这些系统有序的“高深知识”的急剧增长，实现了工业社会的高度繁荣。但随着时代发展、步入后工业社会，人们对物质生活生产提出了更高的需求，“幸福美好生活”的内涵从工业时代的标准化、规模化上升为后工业时代的个性化、多样化。来自用户层面的个性化需求，并不像生产领域的系统知识需求一样，它需要快速、简明、有效即可，不需要来自实验室的推理与论证，时间、速度和有效是唯一衡量的标准。当知识的系统程度和严密程度并不成为唯一的社会应用标准时，大学要走在新的时代前沿，就必须要思考高深知识生产体系与其他社会泛在的实践性知识生产体系是否能够共通共融。当然，这并非意味着传统的学科制度体系与分化结构已经没有存在的必要，这种体系高深的学位生产仍然是重大公关、重大问题解决的基础，只是前述的知识整全品性提醒我们，很多

① ［英］齐格蒙·鲍曼：《立法者与阐释者：论现代性、后现代性与知识分子》，洪涛译，上海人民出版社2000年版，第98页。

“卡脖子”问题的解决，往往需要跳出固有的知识领域去思考和发现。此外，那些没有逻辑性和有序性的实践性知识也正在助力知识社会的繁荣与发展，学科制度不能不关照这个现实。否则，我们的大学就会走向高深学问制度导向的千篇一律的同质化发展。实际上，国家提出高等教育的分类发展，学者提出的创业型大学建设等想法，都是在丰富学科知识发展方式的多样化可能。因此，现代化的学科治理从战略层面就已经面临融合需求，即传统治理体系与现代知识需求如何融入，有序的高深知识与普通的无序知识生产如何共存。从这个意义上而言，学科治理现代化要解决的是融合性问题，现代学科治理也具备融合治理的重要特征。

可见，学科治理是以凝聚学科与学科间共生发展、交叉融合为生长点，建立学科集群发展的跨学科研究组织，形成学科跨界互涉的交往空间，确保多元主体对不同类学科知识产生争鸣的超学科知识生态。学科治理不仅仅围绕行政逻辑和学术逻辑进行知识生产，更需要融合社会逻辑等不同领域的视野，现代化的学科治理要为不同的知识需求提供一个接纳不同观点争鸣的包容空间、开放空间。让大学以及大学之外的人参与，面向社会发展的学科应用所产生的复杂问题进行公开辩论，向社会公众传达交叉科学知识合力解决社会重大问题的必要性与可行性，这是学科治理融合性的重要意义。因为“任何一个学科互涉领域都包含一定范围的已有联系与和谐联系，这种混杂性在理论上产生出一种不断扩展的需求，即要学习其他诸多学科的技巧与观念，不过在实践上可以进行选择。即便是学科互涉知识也是片面的，认知科学与奇卡诺人城市化的历史说明了混杂性所带来的张力”①。从这个意义上而言，学科治理现代化并不是知识治理本身，而是囊括了知识相关联的经济、政治、社会等领域。换言之，现代化的学科治理与现代化的经济治理、社会治理等是同一个问题域。这种融合性治理内涵决定了学科制度要建立起学科互涉的交叉状态。现代化学科治理的活力在于，从学科实践和社会现实问题出发，鼓励高等教育的学科建设开展积极的交叉融合与跨界交往，形成传统学科相互融合的合作性、融合性布局，将理论创新运用于具体实践

① ［美］朱丽·汤普森·克莱恩：《跨越边界——知识　学科　学科互涉》，姜智芹译，南京大学出版社 2005 年版，第 72 页。

中。从一定意义而言，学科互涉交往旨在建立多学科间的共生互信关系，通过在“生活世界”的商谈中达成对学科融通与复杂知识系统的意义理解共识，在“解中心化”的正义理性空间中拓展学科主体间性的共商共赏秩序。

二 实践性

现代化的学科治理是实践性治理，学科知识生产也要重点关照实践性知识的生产，因为现实问题和人的发展本身是一切社会经济活动的前提，学科治理也必须关照实践中的问题以及现实中的人的发展。学科生长与发展始终与社会经济发展和技术变革保持紧密联系，适应后工业社会知识创新的步伐、与时俱进，学科的应用创新逻辑逐步替代了单纯知识生产的真理逻辑，从学院科学时代走向了后学院科学时代。布鲁贝克指出：“贯穿 19 世纪的不断加速的工业革命的力量，给学院和大学所发现的知识以越来越现实的影响。学术知识，特别是占据优势地位的研究性大学所提供的知识，发展了工业生产上的奇迹。”① 学科治理既要突破行政治理的效率导向，也要审视学术治理的逻辑导向，更要明确知识治理的问题导向。三种学科治理导向必须有机融入一个更高层次、更具包容力的方法。马克思和恩格斯提及的“现实的人”是一切历史活动的前提，实践决定意识。学科治理在知识社会要更加重视实践导向和实践智慧。我们所面临的未知和挑战比过去几百年的工业社会更加复杂，系统复杂的问题、此起彼伏的困境致使没有绝对的知识权威和信仰，而权威的来源是“实践”。现代学科治理就是要通过创新创业完成实践智慧的生成。因此，学科治理是以创新创业为导向，解决社会经济发展中的现实需求为内核的过程。

在后学院科学时代与后工业社会共振的知识场域中，高校学科治理更需要以整体性的协同思维为核心，始终将创新驱动发展作为形塑学科服务国家重大战略发展、解决人类健康安全中面临重大问题的善治目标，直面社会实践问题而开展相应的基础应用研究。高等教育“双一流”建

---

① ［美］约翰·S·布鲁贝克：《高等教育哲学》，王承绪等译，浙江教育出版社 2001 年版，第 17 页。

设的核心也在于提升学科在世界一流大学中的竞争力，这种学科竞争力实则是提升社会生产力与国家综合国力的战略支撑。唯有通过实践创新、交流和应用等多种方式，在市场、行业、社会、国际交往实际中开展创业文化，才能激发超学科知识生产文化形成，推动知识传播、知识应用、知识创新的聚合—溢出效应。换言之，学科治理需要发挥企业家精神，在企业家创新精神的引领下，积极回应全社会、全球的发展关切和冲突矛盾，并逐步由“持续性创新”上升到“颠覆性创新”，以解决重大问题。因此，学科治理的实践特征，并不仅仅是简单地增加财政投入与资源重构，更加需要学科制度的多层次、多维度重新组合，增加学科制度的灵活性与包容力，使其在组织实践知识生产的过程中更加有效、有用。这种实践导向的学科制度，本质上是一种企业家精神导向的创业制度。现代化的学科治理需要创业精神，需要创新实践。

三　稳定性

知识社会面临诸多未知和挑战，前述社会对知识的个性化和多样化需要并不意味着知识制度就可以随意变化和确立，学科制度作为一种组织知识活动的制度，具有规范范畴，必须遵循法理规律这一内在要求是始终不变的。因此无论是新时代还是旧时代，制度的稳定性始终是现代化学科治理的基本保障。学术活动、主体利益、交往准则等都需要学科制度进行约定，现代化的学科治理需要重新审视的是学术活动方式、学术利益分配以及交往规则是否符合新的知识活动要求和知识规律，对社会发展是推力而非阻力。而知识社会中，知识生产活动的频繁与快速，加之智能化和信息技术的赋能，知识传播途径与速度都较之印刷技术时代更为发达。学术秩序在这种知识爆炸式增长的环境中凸显出某些异化现象，譬如，学术不端行为的渠道也随之增加，隐蔽性更强；学者的学术信仰和话语体系受到多元文化的冲击，本土化的学术信仰和学术成果缺乏。这些问题的出现，是知识社会带来的副作用，我们要正视这种冲击，就要在学科治理的现代化中增加制度特色、制度自信和制度创新。

现代化的学科治理要实现制度的“强制善”，既要保障制度对秩序的稳定和发展，也要实现制度规约合天理、合人理、合法理。学科治理是以秩序规范为基本前提，形塑学术场域的合意共在表达与行为规范，通过特定情境中的身份、地位、角色和制度来规定学术场域个体的行动取向，确保学科与学科间在开展跨界合作过程中能够形成自生自发的交往秩序，内化为一种道德律令。“秩序是对群体或复杂事物相对稳定的内部结构特征和外部状态的一种描述，同时也是对置身于群体的个体以及复杂事物内部各要素相对关系的一种刻画”①，学科秩序是基于学术场域中学科内部结构与外部状态的复杂情况，通过学科治理这一善治方式来确立学科交往的“游戏规则”与行动法则，协调学科行动者间的利益关系。当人们面对外部资源利益诱惑、学科无限制排名等行政计划无从选择时，这种具有共意契约的学科治理能够为人们的行动指明方向，形成具有“重叠共识”的内在秩序与“神圣性”，警示共同体成员始终将学科作为共同利益服务的共意物品，超越个人私意范畴，突破学科封闭与保守的弊端，真正将学科高质量发展作为解决人类文明冲突、服务全球公共利益、构建人类命运共同体的有力支撑。② 梅因指出：“一个社会在允约和合意上如果没有给予一种神圣性，而这种神圣性与一个成熟文明所给予的尊敬相类似，这个社会就不可能结合在一起，则它所含有的错误将是非常严重的。”③ 从这层意义而言，学科治理是建立在学科共同道德普遍意义上的“强制善”，具有内在的“神圣性”与权威性，为共同体成员自觉遵守学科交往法则与内在行动律令指明方向，将必要的“强制善”作为引领共同体成员践行学术规范的共在契约。

第三节 学科治理的权力属性

本书序章中提及知识制度的三大范畴，本质上任何知识制度（包括学科制度）的“规范”范畴都必须内含“历史”和“关系”两个方面。如果学科治理的时代特征是从知识制度变革的“历史范畴”来考虑的，那么学科治理的权力属性则是从知识制度变革的“关系范畴”来分析。

---

① 司汉武：《制度理性与社会秩序》，知识产权出版社 2011 年版，第 24 页。

② 郭子俊：《新时代科技创新思想：价值意涵 · 核心诉求 · 实践指向》，《吉首大学学报》（社会科学版）2021 年第 5 期。

③ ［英］梅因：《古代法》，沈景一译，商务印书馆 2011 年版，第 200 页。

制度不仅要承载知识规律，也要充分观照社会规律，即人的关系属性。学科制度架构起现代化治理的过程中，必然要通过制度对权力的规约去平衡好人的权利范围与责任义务，使其与知识规律和新的知识生产模式加以匹配。治理对象和治理目的不同，制度建构的精神准则亦不同。学科治理的对象是知识主体的学术活动，治理的目标是要生成具有创新活力和竞争实力的学术生态。按照“理”的分类，学科治理更侧重“天赋之理”的内在规律和内在逻辑，强调由内而外的治理方式，同时兼顾由外而内的管理方式。这说明学科治理要具有既松散又耦合的关系属性，这也是学术活动的权力范围和权力关系规约要遵循的重要属性，进而要蕴含在学科制度建构的理性精神之中。可见，学术权力不同于一般的权力，源自于学术共同体享有的知识权力的让渡，是一种被修正了的权力，具有普遍意志的合法律性与合规范性，能够得到学术共同体成员由内而外的普遍信仰和遵循。“权力的行使从单纯的事实状态，逐渐过渡到根据内在价值标准与外在行为规则约束的规范状态，能够使单纯的权力摆脱其任意性、不稳定性，并获得普遍的承认与可持续的发展”① 已成为法治社会的常态化发展目标。学科治理是学术权力关系不断地优化与重构，这一过程要充分遵循治理过程的“学术公权力”与“专业判断权”，以两种权力准则厘清学术群体的权力关系是学科治理现代化的重要保障。

一 学科治理是具有契约指向的学术公权力

学科治理作为法律法规的授权性行政行为，具有公法意义上的权力特征，彰显国家建设学科的意志性与权威性，是合意共在、合规范性的公共权力，更是学术共同体学术权力的让渡。学术权力让渡的目的是为形成一个普遍意志的学科行动法则做准备，以便能够凝聚共同力量形成共在的学科契约。这也正是卢梭强调的社会契约，“每个结合者及其自身的一切权利全部都转让给整个集体，要寻找出一种结合的形式，使它能以全部共同的力量来护卫和保障每个结合者的人身和财富”②。依法行使学科治理权符合权利的基本要素：其一，利益是权利的基本要素，学科

① 王莉君：《权力与权利的思辨》，中国法制出版社2005年版，第59页。

② ［法］卢梭：《社会契约论》，何兆武译，商务印书馆2013年版，第19页。

治理作为一项特殊的公共权力，是为了保护学术场域共同体的合法权益而确立的学科交往秩序，是为法律和道德共同确证的利益。其二，主张是伸张合法利益的必要方式，“一种利益之所以要由利益主体通过表达意思或其他行为来主张，是因为它可能受到侵犯或随时处在受侵犯的威胁中”①。学科治理是高校、其他学术组织机构基于法律关系与法律授权提出的维护学科生态秩序、促进学科形成良性互动交往的合意主张，并付诸一定的实际行动。其三，资格是践行主张、伸张权益的依据，包括道德依据与法律依据两大方面。因此，学科治理具有权力关系内涵，具有权责关系优化重构的内在合理性。基于学术群体在学科知识活动交往中的松散耦合的关系属性来看，权力属性也应该充分关照知识规律的这种基本属性。首先，学科治理主体基于学术道德与学科生长的内在秩序与规律对学科建设以及学科与社会交往进行综合整治，依据学科交往的内在道德秩序而展开，呼唤共同体交往的道德善。其次，学科治理的实施是有法律依据的，《高等教育法》《高等学校学术委员会规程》《统筹推进世界一流大学和一流学科建设总体方案》《关于高等学校加快“双一流”建设的指导意见》《统筹推进世界一流大学和一流学科建设实施办法（暂行）》等政策法规都明确规定了高校及其下设的学术委员会等主体参与学科建设、学科审议的具体事项。只有法律授权的行政主体才有资格行使学科治理权，承载着学术责任的使命，对学科发展与学科失范行为展开专项整治。最后，“自由行为是权利主张的一种必然结果”②。探究学科组织生长规律、知识创造价值的应用等属于学术事项的专业研究，也是高校内部办学自主权的事项，具有一定限度的自由性，不受外力的强制干预。学科治理权正是出于维系学术场域探究学术自由性的考虑，及时矫治有损于共同体学术道德的失范行为，如学科同质化、模式化、技术化的模仿与攀比等。

从上述对学术治理权力要素结构的考证可以看出，学术治理是国家

---

① 夏勇主编：《法理讲义：关于法律的道理与学问（上）》，北京大学出版社 2010 年版，第 331 页。

② 陈亮：《法理与学理——大学学术不端行为问责研究》，西南师范大学出版社 2021 年版，第 86 页。

驱动、适应后工业社会发展而产生的一项学术权力，源自人民权利的让渡，最大限度保护学术共同体的共意权利。同时，学术治理也是公共行政精神对学科建设公共服务的召唤，凝聚社群意义的学术组织中的合意诉求与利益表达，并得到他们的信任与认可，为其承担学术公共事务管理的公共性行为。这种公共性行为最大的特点在于公共服务性，学科作为大学生命体重要的组成部分，学科知识的生产不仅仅是基于知识内在逻辑的求真、创新，更是为了满足于社会对知识创新的需求性与服务性。学科的发展不能脱离社会制度与管理体制而独立存在，应受到国家法律制度、市场供求关系的约束，需要借助公共权力这一合理合法手段，形塑行政权力与学术权力间的良性互动关系。大学的发展、多学科的融合创新以及面向市场的人才培养都离不开政府的财政投入、政策支持以及宏观规划，也即学术权力与行政权力之间有着必然的联系，“从来没有一所大学曾经是或曾经能够完全自治。大学的绝大部分活动发生在国家的领土范围内，因此国家必须以各种方式对大学承担起某种责任，无论是准许它们的存在还是提供财政资助”①。新时代学科治理必须彰显国家意志，融入民主合意、权责共存的契约公法精神，体现学科为社会、政治、经济服务的责任感，知识创造价值与探索学科知识是学术领域的学术自由事项，但整个学科治理过程中的多元主体都肩负着国家建设一流大学与一流学科的政治使命，徜徉于民族繁荣、社会发展之林，承担学科与社会联动发展的契约责任。

二　学科治理是具有民主胜任的学术专业判断权

学科治理是宪法保护的学术自由的基本法益，这是大学实现自主办学、行使属于学术场域独有的学术专业判断权的合法体现，具有明确的法理依据。2018 年修订的《中华人民共和国高等教育法》第十条明确规定：“国家依法保障高等学校中的科学研究、文学艺术创作和其他文化活动的自由。在高等学校中从事科学研究、文学艺术创作和其他文化活动，应当遵守法律。”《国家中长期教育改革和发展规划纲要（2010—2020

---

① ［美］爱德华·希尔斯：《学术的秩序——当代大学论文集》，李家永译，商务印书馆 2007 年版，第 284 页。

年)》《高等学校学术委员会规程》等法律法规都已明确指出，学术自由对大学开展学术创新的重要性受到法律保护。学术自由是高等教育高质量发展与构建现代大学制度的逻辑起点，也是大学繁荣学术的基本指向，学科治理作为学术自由倡导下的学术专业判断权，属于大学依法治学、释放学术正义能量的学术范畴。爱德华·希尔斯指出："一所大学拥有一个或多个有关它是怎样和应当怎样的形象。这一整体的自我形象的核心是对真理的兴趣；大学的首要使命是传播和发现关于重大问题的真理。这些形象包含着或暗示着大学成员的行为规范、他们对彼此所肩负的使命以及他们对社会所负的责任。"①

行使学科治理权是基于学术自由倡导的民主胜任原则，治理主体需要具备专业的学术知识与学术判断力，依据学术标准与学术规范进行学术专业判断，这也是美国宪法第一修正案建立的区别于言论自由的法律内容体系。民主胜任是建立在专业的学术话语立场，属于学术领域的专业系统，强调对话的权威性、专业性与"歧视性"，把对话排除在公共交往关系之外，因为"决定专业知识不能靠所有人不加歧视参与。一个科学信念并不因它被广泛接受而变得可信……我们之所以相信一个科学信念，是因为它通过了该学科中关于可信度、可复制和可伪证等标准的验证。但在公共对话中却无法合宪地推行这些标准"②。由此可见，学科治理属于少数人的学术专业判断权，并非基于民主正当的共同参与，而是通过民主胜任的同行认可（学科内部的同行、学科之间的同行以及第三方学科评价同行）对学科建设与学科发展的专业事项行使决策、审议、评价以及处理学科失范行为等职权，主要包括如下四个方面的权力类型：

第一，大学内部学科发展事项。主要包括学科专业以及人才队伍建设与规划；学科点、专业自主设置与申报；一级学科博士点、一级硕士点建设规划；学术机构优化与重组、交叉学科与跨学科教学科研一体化协同建设；教学科研成果认定标准、考核办法；学科平台建设、管理机

---

① ［美］爱德华·希尔斯：《学术的秩序——当代大学论文集》，李家永译，商务印书馆2007年版，第217页。

② ［美］罗伯特·波斯特：《民主、专业知识与学术自由——现代国家的第一修正案理论》，左亦鲁译，中国政法大学出版社2014年版，第31—32页。

制设计、学科资源优化配置。针对以上的大学内部学科发展事项，学科治理主体依法规范行使学科决策权。

第二，大学学科内外部评价事项。主要包括：教学科研成果评价；学科建设成效同行评价；学科评估总方案、学科评估指标体系、学科评估理念、学科发展指数等设计与规划；一流学科建设评估方案；第三方学科排名榜；科学性与有效性评估等。针对以上大学学科内外部评价事项，学科治理主体依法规范行使学科评价权。

第三，大学学科服务社会发展事项。主要包括制定学科应用创新与社会现实需求结合的重大发展战略、全局规划；产教融合与校企合作项目、学科对外服务方案设计；[①] 学科产业创新孵化园、科技园建设、面向市场的产品研发设计等。针对以上大学学科服务社会发展事项，学科治理主体依法规范行使学科咨询、规划权。

第四，大学学科纠纷事项。学科治理主体从学科良性发展的角度对学科间的盲目攀比、恶性竞争以及过度追逐量化排名等行为进行客观公正裁决与纠偏，科学论证各学科的经费投入、政策扶持以及资源配置等事项，充分发挥学术专业判断权，解决学科发展中的利益冲突与矛盾。

以上四个方面的权力类型是学科治理作为学术专业判断权的主要表现，依法有效行使学术专业判断权，需要确保学科治理主体独立行使学术决策权，提升学科治理参与大学学科发展与规划的有效性与能动性，避免外力对学术权力的无限制僭越。在此基础上，学科治理重心下移，强化基层学科治理组织的学术话语权，促进基层学科治理组织形成主动合作的“人格之治”[②]。因为“在一个头重脚轻的系统里，基层组织是推行政策和改革的主要力量”[③]。

① 陈亮、党晶：《“一带一路”视阈下的高等教育战略发展透视》，《贵州师范大学学报》（社会科学版）2020 年第 3 期。

② 陈亮：《论大学学术治理能力现代化》，《华东师范大学学报》（教育科学版）2021 年第 2 期。

③ ［美］伯顿 · R · 克拉克：《高等教育系统——学术组织的跨国研究》，王承绪等译，杭州大学出版社 1994 年版，第 262 页。

第四节　学科治理的运行机理

所谓机理是指在一定的系统结构中，各种要素依托特定的运行结构和方式实现相互联系、相互作用，以实现某种功能的运行规律和原理。现代化的学科治理是一项系统工程，一是要遵循知识规律、社会规律与制度规律；二是要熨帖学科的融合性、实践性和稳定性特征；三是要明晰“学术公权力”与“专业判断权”的权力属性。学科治理的运行面对复杂的内涵和要求，也需要一个系统的运行机理加以统摄和整合。要实现良法善治的学科治理生态，不断生成具有创造活力的学术秩序，必须平衡好稳定与应变两套运行机理。正如学科治理的“理”是稳定不变的，而时代在变，规律的表现形态也在变化，学科治理形态需要应势而变。因此，学科治理的本质内涵与时代特征对应的是两套学科运行机理，而两套运行机制又必须内化于学科制度的秩序规约之中。

一　学科治理的稳定机理

学科治理的内核是“知识”，学科治理本质上是“知识治理”，只不过这个知识在过去很长一段时间是有序系统逻辑严密的“高深知识”。而现代化致使时代变局增多，尽管知识的内涵在拓展，本质上知识本性仍然是遵循自然规律和社会规律的。学科治理始终应该遵循这个“规律”内核，只要是围绕客观规律展开的治理框架基本上都具有较强的稳定性，即具备学科治理的稳定机制。在这个稳定机制运行之中，有三大稳定要素必须考量：一是学术信仰；二是学科愿景；三是学术宗旨。学术信仰是学科治理框架的灵魂，学科制度和机制围绕学术信仰设计和运行的范围和深度，决定了学术人的学术活动在多大程度上遵循这个信仰，因此学术信仰是整个学科治理体系运行的内在动力；学科愿景是学科治理框架的显在目标，学科治理体系的目标决定了学术人活动的方向和具体内容；学术宗旨是学科治理框架的价值所在，即学术人要遵循怎样的价值原则开展学术工作。三个要素分别从内在动力、外在目标、根本价值三个维度共同建构起稳定的知识活动秩序。任何一个要素的缺失，或者任何一个要素与另外要素的方向不一致，都将使学术治理陷入僵化和失灵的境地。

（一）追求真理是学科治理的最高信仰

雅斯贝尔斯把大学之精神理解为两个字，即“真理”。即便是在面临性命之忧的时候他仍然坚守自己的哲学真理，“壁立千仞，不为所动”。“他不仅谈论真理，更生活在真理之中”。① 学科围绕知识而生，知识生成的最终目标是揭示真理和真相，帮助人类认识世界、改造自身以适应世界。无论时代如何演变，知识的本性和其产生的客观规律是不变的，虽然学科的知识形态和组织形态在不断变化，但追求真理的精神信仰是永恒不变的。只要这个信仰不变，学科治理就会一直在稳定的知识轨道上不偏不倚。而作为学科共同体成员的知识主体就始终以追求真理、研究真问题、讲真话为行为准则，具有正义、和善、民主等学术价值观和是非观。也始终以学术思想传播者的身份在公众知识生活的中心播散希望的学术种子。世界一流大学和顶尖学科，其运行规律无一不是奉学科知识的真理性为圭臬，那些具有革命性和首创性的研究成果产生，无一不凸显真理知识的力量。因此，学科治理要生成一个长期稳定且繁荣的生态，必须养成信仰真理、信奉真相的文化，这也是学术始终沿着正轨发展，避免偏离学术道德、学术规律的根本要素。

（二）实现卓越是学科治理的理想愿景

追求卓越是高等教育的生命线，只有不断追求一流品质和卓越发展，才能保持大学的学科发展引领时代和社会潮流。“不管是发达国家，还是处在转型中的发展中国家都试图通过开展‘世界一流大学运动’重组本国高等教育系统”②。“如法国‘卓越大学计划’（Initiatives d’Excellence）、日本‘21 世纪卓越中心计划’（Center of Excellence Program for 21st Century）、印度‘卓越潜力大学计划’（Universities with Potential for Excellence）等”。③ 2015 年，中国也正式颁布《统筹推进世界一流大学

① ［德］卡尔·雅斯贝尔斯：《大学之理念》，邱立波译，上海人民出版社 2007 年版，第 15 页。

② Deem R et al, “Transforming Higher Education in Whose Image? Exploring the Concept of the ‘World-Class’ University in Europe and Asia”, *HigherEducation Policy*, Vol. 1, 2008.

③ 周光礼、薛欣欣：《德国“卓越计划”行动路径与经验启示——基于“钻石模型”的分析》，《现代大学教育》2020 年第 3 期。

和一流学科建设总体方案》，全面启动世界一流大学的建设。在追求卓越的道路上，学科治理又必然将学科发展的战略规划和具体方案相结合，把最终愿景与阶段性目标相结合，共同实现学科治理的卓越目标。这是学术团队的组织愿景，只有学术目标明确，才能保障学术团队的稳定性和学术事业的继承性发展。中国载人航天事业的发展，就是在共同愿景和阶段性愿景目标结合的过程中，在一代又一代航天人的接续努力和共同追求下，才能够完成宏大的事业目标。而学科的卓越也是如此。

（三）追求应用是学科治理的根本宗旨

宗旨与愿景的根本区别在于“如果组织愿景回答了组织‘追求什么’的问题，那么组织宗旨则要回答‘为谁追求’的问题”①。如果实现卓越发展是学科治理的理想愿景，那么卓越的学科发展最终是为了谁而发展就显得十分重要。学术的卓越本质上是为了人类认识世界和改造世界而存在，知识必须为人类所应用，知识的应用价值并不因为知识社会的到来而显得“重要”，知识应用自古以来都是人的主观世界对客观世界的认知和信念。换言之，对人类而言知识必须为其所用，农业社会、工业社会和知识社会无一例外，知识的应用是推动社会进步的基石。不同之处在于，现代化学科治理对知识应用的广度和深度要求更高，致使传统的知识量增模式无法满足现代化知识质增的客观需求。因此，今天很多学者和高等教育治理主体都在呼唤学科的“应用导向”。实际上，学科的应用是一贯的，在知识发展历史上始终内在于学科治理的稳定机理之中，否则学科和大学的生命早已终结。之所以现代化的学科治理又如此强调知识的应用，是因为应用于旧的时代的知识无法适用于新的时代。据此，高等教育的治理主体应该旗帜鲜明地举起知识应用的大旗，知识应用的宗旨与追求知识真理和知识卓越的信仰、愿景是一脉相承的，并不冲突。那些把知识划分为应用与非应用的认识，只是未渗透学科治理的根本宗旨是人的认知发展，而非其他。

① 薛俊丽、黄欣荣：《政党韧性与稳定适应：中国共产党基业长青的系统机理分析》，《系统科学学报》2023 年第 2 期。

二　学科治理的应变机理

善态的学科治理秩序，一方面要坚守“内核”稳定（围绕稳定机理运行），另一方面还要应对外部变化，这种应对既保障稳定的学术秩序，也支撑知识规律主导的学科治理“善态”可持续、可发展。这种变化机理能够促进学科共同成员在约定俗成的规约下开展学科交往活动。同时也能够为解决学科发展中出现的诸多失范行为提供方法论指导与实践依据，确保学科治理在合理合法的限度空间高质量、不偏离正轨而运行。新时代学科治理着力关注大学以及学科所处的“后工业”知识社会环境，学科要始终与社会发展情境保持稳定互动，通过学科创新驱动社会发展与服务国家重大现实需要，作为学科发展新的增长点和立足点。中国已进入中国特色社会主义新时代，学科发展需要在新发展理念的引领下，形成以服务知识和信息技术为基础的新型经济社会的新发展理念，注重知识创造价值的卓越集群效应，而非学科单纯的排名与声誉。因此，在新的时代变化情境中，学科治理形态也应从意识形态、制度形态、组织形态三个维度建构起应变机制。实现学科发展定位、学科制度结构、学科组织机构的集约集群化联动，凝聚学科共生共在交往的责任感与使命感。①

（一）学科治理的意识形态转变

一提及“学科”反映在人们的主观意识中的形态就是“知识的分类体系”这一固化认知。这种在农业文明和工业文明积累形成繁荣起来的学科意识，在新的知识文明和后工业文明临近之际，仍然形成了强大的、泛在的认知惯习。随着技术环境从印刷文明向信息技术时代变迁，知识经济社会对知识的内涵拓展，不得不让高等教育重新审视“学科”的内涵。而这种内涵的重新审视，必然要推动人的“学科意识形态”革命性的更新和深化。新的学科意识形态不应再是“知识分类体系”，而应该是“群落共生体系”。这种由分而聚的学科意识形态更新，是高等教育实现学科治理现代化的首要之变。

---

① 陈亮：《学科治理能力现代化：“双一流”建设的逻辑旨归》，《高校教育管理》2019 年第 6 期。

学科作为一种“心智的训练”①，是构成大学整体性结构的生命细胞与秩序存在，不同学科之间按照一定的学科秩序与规范形成跨界互动的组织群落。他们在自然环境与社会环境的双重作用下，开展学科知识聚合创新活动，共同助力大学迈向卓越。因为大学的卓越发展是一种内生性力量的创新变革与自我革新过程，需要借助大学组织内的学科与学科间协同跨界交往来实现，注重学科生长的秩序空间与内在规律，在学科群落的组织场域中形塑知识创造价值的社会逻辑、市场逻辑与知识逻辑。具体而言，学科与知识相伴相生，知识的整体谱系以及大学中的分科制度是人类认识世界的一种方式，在学科秩序中既要考虑学科创新的知识逻辑，也要考虑学科服务社会以及面向市场实际应用转化的逻辑，发挥知识社会学科创业的“企业家精神”。从历史的角度来看，柏拉图、亚里士多德、裴斯泰洛齐、哈贝马斯等哲学家都曾对人类知识的分类进行过较为系统的研究，这些系统的研究为学科制度与学科秩序的建立注入了新能量。大学里诸多学科设置在一定程度上也受益于西方哲学家关于对人类知识系统分类以及人类认知世界的方式，影响着学科育人与创新驱动发展的能力。唯有当学科以自身发展为目的、注重知识的网络化结构在大学系统中有序运行时，才能为大学的卓越发展提供合法性秩序空间，才能最大限度增进人类认识世界与改变世界的能力。如今，学科已成为现代大学建设的一面旗帜，乃是整个高等教育系统有序运行的基本结构与根本保障，无论如何被规划与设计，都不可忽视其在服务社会发展、知识创造价值等方面的作用。②

探索学科知识的真谛在于创造与发现，培育人的创新创业能力，在交往实践中形成大学创新驱动发展的新格局，这也是学科存在于大学生命之中最为重要的一点。正如奥恩所指出：“教育不是把每个人都培养成莫扎特。然而，在全球自动化的经济体系下，越来越多的卓越人才同台竞技。有效的教育会帮助我们这些没有独特能力的人取得独特的成果。

---

① ［英］冯·哈耶克：《知识的僭妄——哈耶克哲学、社会科学论文集》，邓正来译，首都经济贸易大学出版社 2014 年版，第 131 页。

② 王建华：《什么是高等教育高质量发展》，《中国高教研究》2021 年第 6 期。

因此，教育培养我们的创造力。”① 从这一层面而言，随着后工业社会的数字化时代来临，学科需要摒弃“单打独斗”的模仿与复制思维，打破传统学科组织间的隔阂，由原有的单一组织逐步形成交叉融合发展的集合群落，正确理解信息技术的本质，共同应对科技的冲击与挑战，形成联动创新发展的凝聚力、爆发力与创造力。因为信息化时代的知识处于网络化互联互通状态，单凭一类学科难以实现知识的“颠覆式创新”，“复杂的知识环境对人才的要求早已超越了单一的学科和专业”②，需要形成学科群落创新集合，从整体交叉融合的视角来观照大学内涵式发展，吸收多元学科话语的利益表达。正如托尼·比彻强调：“毗邻的学科群体声称拥有某些相同的智识领地。但这并不一定意味着他们之间的冲突。在某些情况下，依据声称者的性质和对学术上无人问津的学术地带的处置，它可能涉及学术利益的直截了当的分割；但在别的情况下，它可能意味着不同学术思想和学术方法的渐趋统一。”③

进一步而言，学科群落是不同学科之间相互融合、交叉互补与跨界交往的集合，是学科集群可持续发展的“组织域”。在“组织域”的生态系统中，学科群落以整体性思维为着眼点，联结各学科组织结构与行动研究过程，将不同学科的知识结构与特性有序组织起来，形成聚合共生与卓越集群的创新效应，进而在动态的可持续探究过程中，确定学科研究的新问题域。如人们在对细菌和病毒的传播、生物体结构研究时，必须借助物理、化学的研究方法与研究成果，拓展生物学研究的研究思路与研究视野，形成了新兴的生物化学学科、生物物理二级学科；人们在研制新冠疫苗时，需要临床医学、计算机科学、医药生物学等相关领域专家通力合作才能攻克难关。此外，随着研究视野的不断扩展，人们对教育现象与教育问题的研究也逐渐融合并摄入了哲学、法学、管理学、生态学、政治学等多学科的营养，形成了教育哲学、教育法学、教育管理学、教育生态学、教育政治学等的交叉学科。朱丽·汤普森·克莱恩

---

① ［美］约瑟夫·E. 奥恩：《教育的未来：人工智能时代的教育变革》，李海燕等译，机械工业出版社 2018 年版，第 63 页。

② 李海龙：《高等教育内涵式发展的挑战与突破》，《江苏高教》2021 年第 9 期。

③ ［英］托尼·比彻、［英］保罗·特罗勒尔：《学术部落及其领地：知识探索与学科文化》（重译本），唐跃勤等译，北京大学出版社 2015 年版，第 63 页。

也曾指出："学科每天都经历着众多领域的推拉和强大的新概念、新范式的拽扯，由于专业化已经扩展到新的问题领域，知识视野也扩大到新的经验领域和现象领域。新领域中兴趣的不断增加产生出新的知识范畴，它们填充在已有学科之间，比如生物社会学与生物化学以及，内容更居两级的粒子物理学和宇宙学。"① 我们需要在学科互涉的生态环境中增强大学与大学、大学与社会间的跨界交往，不断提升大学知识创新与"内涵再发展"的综合能力。因为一门学科不足以撑起一所大学，一所卓越的大学一定是在学科集群发展与学科融合方面有独到建树，学科跨界融合发展是成就世界一流大学的关键，也是大学能够徜徉于世界之林的逻辑前提。

（二）学科治理的制度形态改变

学科治理与学科管理的根本区别在于，学科治理是由内而外的制度建构，学科管理是由外而内的制度建构。但显然，通过强制手段的外力，并不符合学科知识治理的自然规律。因此，治理要生成具有创新精神和创造活力的学术秩序，必须依托学术主体间的道德信任。一个能够通过共同的道德规约建立起信任的治理制度，其发展也必然是治理属性而非外力主宰的。这是学科从管理走向治理的制度形态改革方向。

学科秩序是建立在学科共同体成员合意共在表达的基础上，在自生自发的学术场域空间内达成的学科交往共识，并与学科道德规范紧密相连。正如学者俞可平指出："没有一切外部制约而达到自由的自我是毫无个性的，从而没有明确的目的。自我的目的隐藏在个人的理性和创造性之中。正是现实环境规定我们的目的，塑造我们的理性，激发我们的创造性。"② 基于此，学科的发展并不是无组织无纪律、漫无目的的肆意"成长"，需要有学科运行与交往的共在契约规范制约，进而能够形成学科交往自觉。共同道德规范为增进学科共同体成员间的学科交往提供了信任基础，是学科实现群落共生的前提。作为学术社群中的成员，他们从成为共同体中一员之日起就能够自觉遵守约定俗成的道德规范与行为

① ［美］朱丽·汤普森·克莱恩：《跨越边界——知识　学科　学科互涉》，姜智芹译，南京大学出版社2005年版，第71页。

② 俞可平：《社群主义》，中国社会科学出版社2008年版，第61—62页。

准则，形成对共意交往契约的缄默认识。究其原因，“每个个人所感知的秩序都与默会知识有着内在的关系，而这种作为无须明言阐释的默会知识为人们在各种情形中行事提供了一种一以贯之的指导”[①]，而且这种默会知识也是共同体成员在“生活世界”中沉淀下来的实践智慧，是他们“在生活和学习的过程中已然掌握了在社会中生活和遵循社会行为规则的技艺”[②]。对于共同体成员而言，遵守这种缄默指向、具有普遍意义的行为规范有利于他们在社群组织中按照行业内的“游戏规则”开展社会活动，促进他们在社群交往中形成相互信任与相互承认的道德主体。社群中的学术主体“对于正当和非正当的行为，他们具有共同的观念”[③]与共同的价值观，每个成员愿意相信约定俗成的规则的普遍性，并与其他人一道讲真话、共同协商、懂规矩、抵制不公平的待遇。“道德为社会成员间的信任提供了必要的基础”[④]，道德并非是一种目的性工具，而是内嵌于社群生活之中的构成要素，为共同体成员开展多种形式的社会活动提供了合作依据，这些合作又构成了他们的共同生活。

对于学科生态系统而言，学科共同体成员是具有内在学术道德的个体，他们若想在学科场域中与其他成员展开交往活动就必须要遵守共在的学科规范与学科秩序，共同抵制违背学科发展规范的越轨行为，这是最基本的学科道德律令。正如康德所强调：“道德命令是先天的、必然的命题，它不以任何来自爱好、来自感性欲念、来自利己之心的条件为前提，而以一个对一切主观动因都具有无上权威性的理性观念，如责任观念把活动、行为和意志联系起来。”[⑤]一定意义而言，这一道德律令实则是一种必需必要的义务，学科共同体成员需要将共同体的学术利益放在

---

① 邓正来：《自由主义社会理论：解读哈耶克〈自由秩序原理〉》，山东人民出版社 2003 年版，第 59 页。

② 邓正来：《自由主义社会理论：解读哈耶克〈自由秩序原理〉》，山东人民出版社 2003 年版，第 58 页。

③ ［英］A. J. M. 米尔恩：《人的权利与人的多样性——人权哲学》，夏勇等译，中国大百科全书出版社 1995 年版，第 45 页。

④ ［英］A. J. M. 米尔恩：《人的权利与人的多样性——人权哲学》，夏勇等译，中国大百科全书出版社 1995 年版，第 45 页。

⑤ ［德］伊曼努尔·康德：《道德形而上学原理》，苗力田译，上海人民出版社 2005 年版，第 21 页。

首位，从全局整体观出发，真切考虑到学科发展与全球公共利益，遵守学科场域的基本“游戏规则”，形成内化于心、外化于行的共在学科契约责任并受到学科规范的约束。这也正是人权大师米尔恩在谈及共同体道德时所强调的，“作为共同体的成员，一个人对他的伙伴成员负有责任，他不仅要使共同体的利益优先于他个人的自我利益，而且要竭尽所能做一切有助于增进共同利益的事。”①

学科共同体的共同利益以及共同体成员个体在学科自组织中的学术行为需要一种内生与外推共生融合的学科秩序。这种学科秩序是学科场域中多元主体在商谈对话语境中潜移默化生成的具有普遍性的学科规范。学科规范不是一个人的规范，而是建立在主体间性的商谈互动基础上的普遍道德规范，能够为所有学科共同体成员所信服，并得以遵守。“商谈旨在达成一种关于可普遍化利益的共识”②，之所以能够确立普遍化的学科规范，是由于学科规范是在学科间相互交往与协商中发展起来的，并又给学科间的交往创立了规范准则，在这一循环往复的交往过程中凝聚了彼此的信任、理解与承认等多元能量，多元主体针对学科发展中的具象问题开展主体间的学术商谈与争辩，确保在学科共识行动发生前消解争议与分歧，建立意义理解的学科话语表达与学科交往经验。“罗尔斯以一种理性的方式表达了自己所感受到的主体间应当平等这一经验事实，表达了在一个民主的社会结构中，只有通过协商、达成共识，才能实现各自的真实利益这一经验事实。”③ 从这一层面而言，学科规范是维系学科生态系统有序运转的共同道德，这一共同道德也是学科共同体成员作为道德主体在多元相互承认的交往协商实践形态中建立的学科契约关系，能够确保学科场域内形成健康有序的秩序，引领学科（群）朝着理性和谐的方向发展，为增进共同体成员间的学术信任与学术信仰提供了基

① ［英］A. J. M. 米尔恩：《人的权利与人的多样性——人权哲学》，夏勇等译，中国大百科全书出版社 1995 年版，第 52 页。

② ［美］托马斯·麦卡锡：《哈贝马斯的批判理论》，王江涛译，华东师范大学出版社 2010 年版，第 409 页。

③ 高兆明：《制度伦理研究——一种宪政正义的理解》，商务印书馆 2011 年版，第 119 页。

础。[①] 正如查尔斯·泰勒所指出："一个人不能基于他自身而是自我。只有在与某些对话者的关系中，我才是自我。一种方式是在与那些对我获得自我定义有本质作用的谈话伙伴的关系中；另一种是在与那些对我持续领会自我理解的语言目前具有关键作用的人的关系中——当然，这些类别也有重叠。自我只存在于我所称的'对话网络'中。"[②] 共同道德是学科这一社群组织生长发育的温床与基石，为焕发学科场域内各个学科族群的生命活力注入了"善"与信任的能量，促进学科场域形成始于缄默交往的"善念"与"善行"，关注学科与人之间的发展关系，这也是大学与学科之间基于内在的教育研究品性长期演化的结果，并非人为过度的设计与塑造。总而言之，学科规范是学科共同体所有成员在实践中都自愿能够接受的规范，扎根于学科实践的"生活世界"之中，始终以学科创新与创业精神为价值引领，是学科利益相关者共同坚守的默会意义层面的共同道德。

（三）学科治理的组织形态重构

新制度经济学将制度和组织均视为制度，因为组织本质上也是制度结构的载体。只不过组织比制度更加具体、更加可视。因为制度具有内在制度和外在制度之分，如果前述的制度形态更多地侧重学科治理"行而上"的内在规约，即道德信任的非正式制度建立。那么学科治理的组织形态则是我们日常透过最直观的方式能够看到和参与的学科治理方式。"所谓组织形态的学科存在是'行而下'的。它是一个由学者、知识信息以及学术物质资料所组成的实体化的组织体系"。[③] 而学科组织大多是围绕学科知识的分类结构而建立起来的，今天大学的教研室、系、院基本都是工业社会学科知识分类的组织形态，甚至很多大学也是以某一个学科为优势建立起来的，譬如政法大学、外国语大学、经贸大学等，都是依托法学、文学、经济学学科建构起了学科组织。学科治理则自然依托这些分门别类的学科组织形态展开。同时，这些依托学科知识分类建立

---

① 陈亮：《法理与学理：大学学术不端行为问责研究》，西南师范大学出版社 2021 年版，第 76 页。

② ［加］查尔斯·泰勒：《自我的根源：现代认同的形成》，韩震等译，译林出版社 2012 年版，第 52 页。

③ 宣勇：《论大学学科组织》，《科学学与科学技术管理》2002 年第 5 期。

的学术组织又进一步巩固和加深了学科知识的疆域划分，在同一个学科专业领域构筑起了牢固的学术研究问题域、方法论和研究范式，这一点在数学、物理等“硬学科”领域最为突出。但学术组织和学者在物质生产活动个性化、多样化时代，由原本学科领域建构的问题域和研究范式，越往问题的深处探索，越发现要解决的问题领域往往牵扯夹杂其他学科的问题域。这一点很容易在国家近几年公布的重大课题中发现，新闻学的研究课题最终是一个社会学问题，教育学的问题背后往往与政治学和经济学相关。而且这种问题域的交叉还在继续并更加复杂。正如前述学科治理的时代特征非常明确地指出了后工业社会的学科面临融合性特征，学科意识形态（反映在主观意识中的观点）也亟须由“知识分类体系”拓展为“群落共生体系”。由此可见，学科治理的组织形态也理应在分类体系的基础上探索共生体系。而这种共生学科治理组织在当前实践中有不同的探索模式。

1. 学科自组织

“所谓自组织，是指事物自发、自行、自我组织起来，走向组织化或有序化的一个过程”，① 学科自组织是具有共同知识领地的学者自发松散联结的组织，这种自发自为的组织具有共同的学术信仰和学术愿景，在同一知识领地中形成组织化的知识探索，推动学科知识的高深化。学者只有对本专业学科领域的知识进行具有深度的思考和研究，才能具备足够宏阔的跨学科视野。换言之，跨学科本质上仍然要立足在学科知识和学科组织的基础结构之上，学科边界仍然有推动学科知识深度发展的价值。因为学者的学科背景决定了其知识边界，学者在学科领域内的知识积累是经过长期培养和努力而形成的，非一日之功，说跨即跨。今天，我们提倡的跨越学科藩篱更多指向的是学科视野的跨越，不仅仅是学科知识本身的跨越。实际上，知识的边界始终存在，我们思索的是学者如何以非学科的视野和理论思维来研究本学科的知识。正如很多学者都从物理学的量子技术中得到思维和视野的启发，纷纷引用到社会学科的问题研究之中，譬如《量子思维宣言》。② 同样，教授知识的过程中，也需

① 凌健、王晓蓬：《生态学视野下的大学学科组织成长》，《浙江学刊》2008 年第 1 期。

② 华东师范大学量子思维项目组：《量子思维宣言》，《哲学分析》2021 年第 5 期。

要教师以更加宏阔的学科视野和问题背景来观照本学科的知识内容，而这一切的前提是学者对本学科领域的深度认知。从这个意义而言，通过自组织建构起来的学科社群，可以实现这种学科内的知识对流、方法对流，更容易形成组织化、革命性的高深知识。这是传统学科发展的高阶组织形态，也是学科交叉形态的重要前提。没有这个前提，撇清学科知识分类的厚重基础，抽象谈论跨学科建设，就会为跨而跨，形成很多伪问题。一段时间以来，我们发现高等教育领域喜欢建设学科联盟、高校联盟，甚至校内建设了很多交叉学科性质的学院和学系，这种组织改革的理念是好的。但是这种理念没有落实到教师的认知改变上，教学方式仍然是不同学科的教师“你方唱罢我登台”。教师仍然以本学科视野和方式开展复合人才的培养，这在无形之中把本该学者和教师自己交叉融合的学科视野和知识，转移到了学生自己的领悟和参透能力上。换言之，这种跨学科的教学本质上要依靠学生的自身知识和视野融合能力，把跨学科的责任和重担托底给了学生，而非教师。而这种现象的根源在于教师对本学科的知识体系和问题边界不清楚，导致跨领域的思维变革和创新极度匮乏。从这个意义上而言，学科自组织是学科跨组织的重要基础，脱离这个基础就无法真正跨越学科藩篱。

2. 跨学科组织

学科跨知识、跨思维、跨方法、跨视野的组织制度设计是未来学科发展的总体方向。知识和视野的确需要有组织的整合和融合，以解决人类社会的重大难题，这是不争的事实。在传统的学科分类制度体系结构下，跨学科组织显然无法建构起来。因此，很多跨学科组织跳出大学现有的学院、学系甚至学术团体组织，通过新成立各种研究中心、跨学科研究院和研究所的方式，实现学科知识和学科人才的整合。很多世界顶尖大学都以这种新形态与传统学科组织共存的方式，实现了学科的高质量发展。当前，很多国内高校在“双一流”建设背景下，“基于学科交叉逻辑而设置的跨学科研究机构成为大学组织改革的‘新宠’”①。但这些新的交叉学科机构要实现卓越发展的目标，还需要深入改革跨学科组织

① 李鹏虎、王梦文：《世界一流大学如何实施跨学科组织改革——基于领导力视角的分析》，《高等工程教育研究》2022 年第 1 期。

的运行机制。既然这些跨学科组织是有别于传统学科组织的新学科组织形态，在知识生产的运行机制上就必须与传统的知识分类体系主导下的组织运行机制区别开来。一是学科交叉主导的是问题研究，组织内管理体系应该是问题和项目制的平行管理，而非科层管理。无论是跨学科人才培养的书院制，还是跨学科知识生产的研究中心、研究院制度，都要建立起横向管理，而非纵向管理机制。与之相适应的资源配置、经费预算等也要遵循“一次性总付”的自我管理、自我配置。形成上者无为，为下者有为的松散耦合治理态势。二是跨学科组织的评价与传统学科组织的评价方式要分类评价。所谓分类，跨学科组织其核心目标是应用研究，应用程度是组织目标和组织价值的核心标准。其评价导向就应该是应用层面的贡献度和成果的转化度，其中的关键是弱化个人评价，强化集体评价。因为现实问题的解决，往往要凝聚多学科人才的集体力量，如果在跨学科组织仍然强调个人的贡献，忽视团队的利益平衡，那么有组织科研就无法发挥组织力。三是跨学科组织运行要允许市场化机制存在。跨学科组织本质上是一个创新组织，而这种创新的最大价值在于它能够应用到现实社会，观照到实际问题。因此，这种创新组织具有创业价值。尤其对于处于学科边缘地位的组织而言，创业型学科组织的建设或许会实现“弯道超车”的后发优势。伯顿·克拉克研究了欧洲的 5 所创业型大学发展过程，他选择的 5 所创业型大学无一不是处于欧洲传统高等教育组织体系边缘和薄弱位置的大学。尤其是华威大学在市场化的创业型发展过程中，既实现了经济上的自力更生，也完成了学术上的卓越发展。随着高等教育的现代化发展，跨学科组织作为高等教育现代化治理多样性中的一种可能，要允许这种实践探索的存在。跨学科组织既然是有别于传统学科组织体系的一种另类的治理形态，就必须要打破很多固化的“学术意识形态”桎梏，为学科治理组织形态的现代化、个性化、多样化发展提供一种可能。

3. 学科集群

集群是学科自组织和跨学科组织共生发展的繁荣状态，是对前述学科共生群落的意识形态的具体彰显。集群是一种治理样态，并不是一种组织形态。换言之，只要有意识地做好自组织和跨组织的学科形态，实现二者的和谐共生，集群的组织样态就会自然生成。集群最初是一种计算机技术，由于单一的计算机的计算能力有限，通过服务器关联起多台计算机就能够实现计算能力的倍增，就形成了集群效应。而这些既独立又互相关联的计算机，就类似于学科组织。无论是传统的学科组织，还是跨学科组织，集群的样态是进行关联，关联的关键又在于这些组织自身是否具备知识创造性运用的活力，互相促进和良性循环，构成了学科集群的强大创造力和竞争力。当然，学科集群与各种学科组织不同的是，它具有更强大的包容力和整合力，集群的活力将带动区域的产业与政府形成更大的区域竞争力。这也是国家倡导在中西部地区加紧推动学科和高校集群化发展的重要原因。由此可见，集群依托的是现有的院系学术组织知识深度发展和已有的交叉学科组织知识融合发展程度，程度越高，集群的能量越大。低水平的组织集群就会产生实践中很多“集而不群”的现象。譬如，中西部出现的各种高校和学科联盟，大多的联盟和合作只满足于一个启动仪式、几场讲座的举办，组织合作陷入了有名无实的境地，有的学术组织合作甚至只是为了蹭当前的某些“政策热度”。集群对学科知识的理性治理样态是学科群落生长的理性状态，要完成集群式的发展需要必须理性对待集群的组织基础和联络机理。其表现形态也并非固化不变的，譬如学科集群也并非仅是学术组织的合作、学者的合作，大学、产业、政府的超学科组织合作也应该作为集群的重要要素。

第五节　学科治理的问责机制

学科治理不仅仅需要价值和理想层面的思考和建构，还需要面对现实的异化现象提供底线保障，确保学科治理的卓越内涵在越过底线的情况下具备纠偏的修正机制，即问责机制。在学科治理的实践过程中，存在某些治理秩序的异化现象。在“速成论”“拼凑论”“指标论”的学科建设导向下，存在学者对学科共同道德的僭越与侵犯，将学科仅仅作为谋取利益的一种狭隘的利己主义手段，学科建设容易“停留在一种简单、可重复、易推广的操作层面”。[①] 倘若大学中的学科建设一味追求个人利

① 黄新斌：《学科评判标准发展的逻辑进路——从以内统外、范式翻转到视域融合》，《重庆高教研究》2021 年第 1 期。

益得失，将排名作为学科建设的终极目标，每个学科都想为自己的“领地”攫取公共利益，学术盈利、知识产权肆意转化占据上风，那么学科建设势必会陷入公共道德危机，僭越学科共同体发展的共同道德。在侵损学科共同道德的境遇下，一方面，教学正在沦为发放资历证书的途径；另一方面，科研则因就业市场和未来市场的过度私有化沦为知识财富。此外，跨学科知识也仅仅是为了利益竞争而在重复“生产”，早已失去了学科共同道德应有的善态与信任基础。致使学科建设存在追逐排名、盲目攀比等恶性竞争行为，存在将个人的功利化意志凌驾于学科公共意志与共同道德之上的学术不端行为，这些学科治理中的异化现象，离不开问责机制的强制干预，作为补充性制度参与学科制度变革。

从理想层面而言，大学学术问责相关主体都期待学术治理是一种理性的、充满正义的学术行动。学术问责的想象共同体也是遵循理性的学术规律与学术治理的内在运行规律，而现实学术场域中的共同体也可能会出现利益“搭便车”的现象。[①]“任何时候，一个人只要不被排斥在分享由他人努力带来的利益之外，就没有动力为共同的利益做贡献，而只会选择做一个搭便车者。”[②] 契约精神形塑的学术行动一方面可能协调学术治理的整个行动，另一方面也可能是维护具有身份特性的学术特权。因此，大学学术问责需要多方主体恪守价值底线，学术人的底线是遵守学术规范、潜心从事科学研究；学术委员会等学术机构的底线是在学术自由的框架内开展学术事务处理、免受行政权力的干涉；政府的底线是履行确保大学有序运行的社会义务。但是当学术共同体朝着一个共同目标努力迈进时，也容易受到群体本能或个人情感“传染”，进而偏离原初目标。从一定意义上讲，群体本能或个人情感能够促成美好愿望的实现，但也会阻碍改革与发展的速度。因此，大学学术问责需要在学术契约基础上划定多元主体间的共同治理底线。

在学科知识活动越来越需要依靠集体研究、团体公关和合作创新的

---

① 张务农：《信息技术进步对高校学术领域治理规则的影响——以奥斯特罗姆的“信息规则”为分析起点》，《重庆高教研究》2021 年第 4 期。

② ［美］埃莉诺·奥斯特罗姆：《公共事物的治理之道——集体行动制度的演进》，余逊达等译，上海译文出版社 2012 年版，第 8 页。

时代，让学术共同体参与学术问责是一种符合时代需要和知识规律的理性诉求。片面依靠无信仰、无责任使命的大众群体是无法达到学术善治的效果的。正如纽曼所言："一所大学的心智训练真正的和恰当的目标不是'学问'或者'学识'，而是作用于知识的'思想'或者'理性'。"①在加快推进高等教育治理的关键期中，"加快治理""专项治理"已成为群众心中既定的治理规则，认为以国家政府的名义集中治理资源就可以推进治理效果的达成。教育部等部门联合出台了多部关于优化学术环境、打击学术不端行为的部门规章后，口号式的象征治理成为重塑学术场域秩序的主要方式。学术人维护自身的"面子"与利益，为了治理而治理的工具主义价值依旧存在，学术群体的治理底线不断被越界。在大众的反叛与抗争之下，学术问责本身的运行逻辑与内在规律会受到阻碍。"不断聚集的大众，正在日益取代少数精英。在'超级民主'中，大众无视一切法律，直接采取行动，借助物质上的力量把自己的欲望和喜好强加给社会。"② 当大众与学术精英未能达成治理底线认同时，所谓的学术契约也会化为泡影，各自为政、上下异治的无序格局会扰乱整个学术场域。因此，学术问责若想回归善治治理轨道，各参与主体需以坚守共同的学术治理底线为根本准则。

大学学术问责的治理逻辑所需要的共同底线远非大学自身的底线，而是这个社会共同持有的底线。只有整个学术场域和社会场域坚持公平公正、程序正义与自由民主，才能维护学术共同体中每个成员参与学术问责的根本利益。学术问责的善治与整个社会的多元结构、行动逻辑紧密相连，学术问责既需要发挥学术自治的功效，又需要第三方等社会多元评价主体参与，更需要政府的宏观支持。多方主体需要在相互合作的基础上，将权力与责任作为多方主体对话与合作的共同底线、核心要义。学术问责的共同治理底线是高等教育治理体系与治理能力现代化过程需要坚守的底线，主要包括：国家的底线、部门的底线以及文化的底线。

---

① ［英］约翰·亨利·纽曼：《大学的理念》，高师宁等译，北京大学出版社 2016 年版，第 122 页。

② ［西］奥尔特加·加塞特：《大众的反叛》，刘训练等译，吉林人民出版社 2004 年版，第 9 页。

国家的底线，即国家权力的产生与发展是建立在社会契约基础上，源自人民的授权。宪政的目的就是要使政府的权力与责任相对应，避免出现权力最大而责任最小的“最坏政府”。因此，权责一致的公平正义与依法治国体制是我们必须坚守的最基本的共同底线。部门的底线，即一切合法的政府都是共和制的，以公共利益为轴心展开对外交流，公共领域坚持民主原则，个人领域坚持自由原则。文化的底线，即每个民族都有自身的文化底蕴与价值，多民族间的文化以多元论为基础，种族与文化具有非对应性的，需要共生发展，强调“差别权”，反对文化霸权。[①] 放眼学术问责场域，共同底线具体如何体现其中呢？

一　铭记学术问责权责一致的国家底线

深化高等教育简政放权、推进教育管办评分离、促进政府职能转变已成为加快推进高等教育治理能力的主旋律。政府虽是高等教育的办学主体，但不能肆意妄为地管制与指挥，更不是权力最大而责任最小的政府。权力与责任需要在互动共生的对话中实现共赢，政府应该平衡权力与责任间的关系，以责任制约权力，割除政府对大学学术的过度介入与干涉，还原学术本真生态气息，塑造法治、正义、公正的“最弱意义上的”政府。对于学术问责而言，政府应坚守国家底线，以法治、正义、责任为使命，构建以合作规制为主的大学学术问责联合保障机制，明确国家政府对大学自治事项的监督范围，协调好行政权力与学术权力间的关系，建立决策权与执行权独立运行的学术审查机制，确保大学在国家法与学术法的框架下充分行使学术自由裁量权。阿斯曼认为，“与学术相关的国家决策程序应顾及基本权主体的自主性。合作原则作为一种缓和的平衡模式，有助于让学术能适应国家之规范。”[②] 此外，学术问责无须设置过多的行政机构，大学自身的学术机构具有自净、自觉以及自律功能，凭借内生于心的学术责任伦理精神能够自生自发地提升问责效果。唯有如此，才能避免“政府由于机构臃肿，难以全力以赴关注高等教育

---

① ［美］汉娜·阿伦特：《人的境况》，王寅丽译，上海人民出版社 2009 年版，第 159 页。

② ［德］施密特·阿斯曼：《秩序理念下的行政法体系建构》，林明锵译，北京大学出版社 2012 年版，第 125—126 页。

改革"[①] 的弊病。"在法律范围内，大学对其事务如何运作，享有自由空间，国家仅为法律监督即合法性监督，唯有大学裁量决定有瑕疵时，国家才可审查其合法性。"[②] 因此，平衡国家与大学间的多维关系，切实落实简政放权，释放学术自由正义能量，铭记学术问责权责一致的国家底线，应成为学术问责共同治理的首要底线。

二　恪守学术问责共在利益的部门底线

学术共同体与第三方专业评价监督机构是学术问责的主要组织部门，这些具有共在利益学术问责的部门底线主要来自知识分子的共在表达与院外专业人士的参与。布鲁贝克曾言，"高等教育的管理机构必须是由专家和院外人士两方面组成的，学术自治才会实际有效。"[③] 专业化的学术问责是建立在共意商定基础上的多元主体间的"民主交互"的专业判断，既需要学术共同体的参与，又需要第三方学术评价机构的监督与评价，这两类群体组成的治理部门始终以学术公共利益为基准，排除个人私意。学术问责的部门底线维护的是学术治理的善态容貌，一方面，学术场域中的知识分子敢于对权势说真话，尊重理性普遍存在的事物、坚守科学研究的无功利价值取向，秉持正义、公正的学术情操，"知识分子的态度是把真实优先于地上的利益。"[④] 基于这样的底线，知识分子建立的想象的学术共同体才能免受外力的压制，独立行使学术裁量权。另一方面，第三方专业评价监督机构是剥离于高校与教育管理部门之间的专门评价大学学术质量、产出科研成果、专业设置等方面的专业民间学术中介组织。这种第三方学术组织设立的最大益处在于能够规避因维护各自利益而产生的虚假评价信息、纠正学术权力的非正当性等。"权力是公共领域得以存在的东西。在权力的产生中唯一不可缺少的物质元素，是人们的

---

① ［加］约翰·范德格拉夫等编著：《学术权力——七国高等教育管理体制比较》，王承绪等译，浙江教育出版社2001年版，第47页。

② 董保城：《法治与权利救济》，元照出版公司2006年版，第224页。

③ ［美］约翰·S·布鲁贝克：《高等教育哲学》，王承绪等译，浙江教育出版社2001年版，第37页。

④ ［美］爱德华·W. 萨义德：《知识分子论》，单德兴译，生活·读书·新知三联书店2016年版，第84页。

共同生活。”① 本着部门底线的行动律令，第三方专业评价监督机构以共同利益为基准，充分发挥专业监督、专业质询等专业问责引领作用，建立一种多元评价与多元共治的学术问责生态模式。

三 信奉学术问责的共生文化底线

大学的作用已经从知识扩展到广泛参与文化生产与文化创造之中。② 学术问责的良性运转是一种文化积累与释放的过程，以文化为内生性发展源泉，贯穿到整个学术场域的学术治理中，能够彰显学术共同体共生的学术信仰。帕森斯将文化解释为一个特殊的符号体系，是一个被集体的成员共同信守的信仰体系……它的方向是将这个集体有价值取向地整合，通过对集体的经验属性和集体所处形式的解释，它与评价性的集体整合相适应。③ 学术问责应紧握共生文化底线，凝聚文化与责任要素，促使整个学术场域形成良好的责任与问责文化理念，问责主体在公正、公开的场域内客观认定学术人的学术不端行为责任以及承担责任类型，接受媒体、社会的质询。共生文化底线呼唤学术问责的教化转向，倡导教育引导为主，是对学术人的学术人格纠偏的一种灵魂召唤，凝结学术责任感、学术使命感与学术胜任感，而非暴力的规训与训斥。“现代人不仅没有意识到，他如此地容易受到外界的影响，是不正常的，是自身的弱点。相反，现代人还把它当作一种成就。现代人强化了群众使用暴力的天然倾向。”④ 正如涂尔干所言：“必须要在灵魂发现自己满怀热诚地融入知识之河的情形下，才能寻求到极乐。”⑤ 基于共生文化底线的学术问责是以学术知识本身为评判标准，呼唤学术权力回归理性为归宿，彰显学术问责至善、至美、自觉的文化底蕴，促使学术契约人文自律“共在”精神的生成。唯有信奉学术问责的共生文化底线，学术问责才能朝着内

① ［美］汉娜·阿伦特：《人的境况》，王寅丽译，上海人民出版社2009年版，第157—158页。

② ［英］杰勒德·德兰迪：《知识社会中的大学》，黄建如译，北京大学出版社2010年版，第189页。

③ ［美］克利福德·格尔茨：《文化的解释》，韩莉译，译林出版社1999年版，第299页。

④ ［法］阿尔贝特·施韦泽：《文化哲学》，陈泽环译，上海人民出版社2013年版，第58页。

⑤ ［法］涂尔干：《教育思想的演进》，李康译，商务印书馆2016年版，第268页。

生治理文化的迈进理性步伐，在“相互理解”的学术生态关系中达成治理共识。

在全面推进高等教育治理能力与治理体系现代化的浪潮中，学术问责的有序运行远非仅仅凭借行政权力的统一指令或制度建设就能奏效，最为关键的是整个学术场域中的学术人都有参与学术问责、优化学术环境的责任心与愿望，这是齐心协力推进学术问责实现可治理性的内在旨意。中国学术问责虽逐步进入了以治理语境为核心的改革发展模式，但人们对治理的品质以及善治的标准未能形成清晰认识，对学术问责区别于一般行政问责的独特性尚未达成共识，导致在实施问责过程中一直未能脱离传统的学术管理约束，与行政权力纠缠不清。从社会学的视角来看，大学学术问责是学术共同体的集体协商合作的向心行动，需要在共同的行动信念与价值操守框架下运转。唯有凝聚共同的治理信念，摆脱“行政优位”的霸权式规训，学术问责的治理才能实现多元理性交往的愿景。

新时代学科治理的内涵本质、时代特征、权利属性、运行机理以及问责机制，实际上都指向了学科的制度变革。知识的规律不变，唯一可变且应该变革的是学科制度（组织）。而所谓“治理革命”作为现代性政治自发性再造的产物，本身形塑的是共同体成员间相互认同的身份，摆脱“中心—边缘”治理结构的自负，倡导在自生自发的承认政治规则中形成多中心治理的善态格局。学科治理也要遵循这种结构化改革的呼唤。在这一治理格局中，多主体需要以结构性自反性和自我自反性为关切点，在公共交往的生活世界中发挥能动作用。结构性自发性主要是指从社会结构中解放出来的能动作用反作用于这种结构的“规则”和“资源”，反作用于能动作用的社会存在条件；自我自反性主要是指作为社会场域中的各主体能够在相互承认的法权结构中形成自我监控的自律意识与反思意识，各自的能动性又反作用自身。① 基于这种社会治理的现代性民主转型，自反性已成为行动主体与社会互动的一种必要方式，更能彰显主体参与社会政治活动的主动性，摒弃扭曲的承认与信任缺失的单边霸权治

① ［德］乌尔里希·贝克、［英］安东尼·吉登斯、［英］斯科特·拉什：《自反性现代化：现代社会秩序中的政治、传统与美学》，赵文书译，商务印书馆2014年版，第146页。

理思维。唯有在正当承认与信任的环境中，才能在民主商议的政治空间内达成交往共识，凸显公共领域中每个共同体成员的主体意识与审美情感。[①] 因为“扭曲的承认不仅表现为缺乏应有的尊重，它还能造成可怕的创伤，使受害者背负着致命的自我仇恨。正当的承认不是我们赐予别人的恩惠，它是人类的一种至关重要的需要。”[②] 从这一角度而言，学科治理体现的是学科组织（制度）有效运行的高质量发展状态，倡导的是一种学科合意共在发展的生态观，学科共同体能够真正践行符合学科逻辑运行的内在秩序，在学科善治谱系中建立承认与信任的交往法则，促使学科全体成员能够自觉知善辨恶，摒弃唯利是图的学科个人发展利益观，增进成员对学科共同道德规范的信任感与使命感，最终实现知识创造价值的学科集群发展效应。在全面提升学科治理能力现代化的关键期，深入推进学科改革与创新驱动发展进程已成为当下重任，依照学科自组织的生长与运行逻辑以及学科治理本身的内在属性来追究学科共同体成员出现的学科单边主义、过度追逐量化指标等失范行为责任，是复原学科场域、形成基本的意识形态和共同价值取向的关键，更是增进学科间相互信任与合作互动的制衡器。这也正如博克在谈及美国大学治理体制时所强调的“共享的治理”的成功取决于各个要素之间的互信与合作。[③]

学科治理是一个动态生成的演变过程，有其内在的运行逻辑与发生机理。正因为这个过程是动态的、变化的，因此学科制度要不断衔接、匹配这种动态过程。而无论是治理的内在契约（道德信任）还是外在的组织形态，都需要依托制度的变革来回应学科的卓越发展愿景和人类幸福美好生活的需要。学科治理以不断变化的制度（组织）形态承载了时代变更和社会变迁对学科提出的新要求、新内涵、新精神，这也决定了无论学科治理要如何变革和改进，我们抓住制度变革这个牛鼻子和关键来思索问题，是解决治理现代化进程的各种冲突的切入点和着力点。当

---

① 刘亚敏、夏施思：《文化转型与学科发展取向》，《西北工业大学学报》（社会科学版）2020 年第 1 期。

② 汪晖、陈燕谷主编：《文化与公共性》，转引自查尔斯·泰勒：《承认的政治》，生活·读书·新知三联书店 1998 年版，第 291 页。

③ ［美］德里克·博克：《大学的未来：美国高等教育启示录》，曲强译，中国人民大学出版社 2017 年版，第 54—62 页。

然，我们在强调制度变革的同时，仍然要对那些传统的制度结构和治理体系保持清醒和理性。本章在运行机理的部分特别提出了传统科层体系的知识分类组织架构与交叉学科组织架构的并存与平衡。这种并存和平衡在不同的高校应该有不同的组织（制度）占比。现代化的学科意识形态之所以要转变为“群落共生”，就是要明确现有的高校管理的科层治理结构和制度设计仍然对很多缺乏学术势力的后发高校具备发展的推动作用。同时，围绕学科“知识分类”组织形态仍然能够发起有组织的科研团队，实现学科知识领域内部或者关联领域的“高深知识”生产。概言之，学科治理的现代化是内在手段和外在手段的结合，“治理作为管理之母”并不排斥“管理”，有学者一提及“管理”二字就认为其已经落后于后工业时代的知识生产，是一种非此即彼的二元认知。要走中国式现代化的治理道路，就要基于中国在发展中的制度优势，发展现代化的多样性和个性化，尽力规避现代化的风险性。只要能够实现学科治理的卓越愿景，新旧制度都应参与到群落共生的治理体系之中各就其位、各尽其用。

第二章

知识制度导向的学科治理的外部逻辑

新时代学科治理的关键是超学科的知识治理，需要摆脱对现有学科分类的路径依赖，彰显基于知识治理的跨学科特征，遵循基于学科知识结构的“涌现秩序”。学科制度的产生是一个漫长的知识生成与分化的循序渐进过程。如今的大学知识生产正在努力变革传统的“象牙塔模式”，亟须从发展的边缘地位重回历史文明进步的中心，成为人类社会发展的“动力站”。在这种背景下，大学成为以知识为中心的重要学术场域，已由原来的公民能力提升、个体体验的原始知识转化为解决实际问题、注重研究方法与技巧的实践知识。当知识逐渐脱离原始“制造”模式，走出人们对“四书五经”知识的好奇与探究时，知识即目的转化为以知识服务为目的，强调知识的应用性。学科是一种知识的分化体系，这种固化意识形态和现实制度体系在一定程度上阻碍了知识转化与知识应用的社会需求。超学科发展愿景就是要突破现有的知识分类，实现知识整合。构建起一个观照“人的发展”和“活的问题”为顶层逻辑的“知识制度”。知识制度是超越学科制度的一种更宏阔的制度设计，从知识维度而言，它囊括高深知识、暗默知识、实践知识于一体；从制度维度而言，它既包括系统有序的分化知识体系和组织，又包含社会泛在的非结构化和非编码知识生产体系和组织。知识制度的广泛性与包容性，决定了知识制度的设计和运行需要遵循更多元的底层逻辑，需要学科制度从简单的“学术逻辑”延伸到社会逻辑、文化逻辑和生态逻辑，最终建构起新时代知识制度的价值逻辑。

本章之所以从“学科”为起点来论述知识制度的变革逻辑，是因为我们目前还必须在现有“学科”制度的体系格局下来谈改变与变革，也必须立足“学科”的惯有意识形态（分化格局）来区分知识制度从学科到多学科、跨学科再到超学科的变革脉络。只要知识制度还未真正取代学科制度，“学科”依然是我们辨析和论证问题的基础。等到“学科”到“知识”的制度变革完成，“学科”概念也就退出历史舞台，（超学科的）知识制度才能最终内化为新时代社会的演进规律。

第一节　知识制度的社会逻辑

2015 年教育部发布《关于引导部分地方普通本科高校向应用型转变的指导意见》，推动了一大批“应用研究型”“应用技术型”本科高校围绕国家重大战略、区域经济社会发展、行业技术进步探索办学方位的“社会转向”。2019 年 4 月，教育部等 13 个部门全面启动“六卓越一拔尖”计划 2.0，全面推进新工科、新医科、新农科、新文科建设，以“四新”建设为重要标志，提升学科的社会价值已然成为不同门类学科发展的未来导向。继续沿用“学院科学”的学术逻辑主导知识制度发展已不具适切性，亟须厘清知识制度的社会逻辑路向。实践中“联合培养”“复合专业”“地方智库”等各种应用导向和社会需求导向的学科聚合探索，并未有效实现“突破常规、突破约束、突破壁垒”的制度初衷。学科“聚而不合”，意味着“很多被认为是学科间或者跨学科的知识活动，事实上都仅仅是多个学科所提供的知识积累”①。这些机械累积的知识之间缺乏“熔炼”原理，导致学科联盟出现“聚而无用”的松散化、功利化与层级化的困境。② 在吉本斯看来，学科知识“熔”合的方法论核心来源于具有应用情景的“问题领域”。因为“学科合作尽管针对不同主题，但

① ［英］迈克尔·吉本斯等主编：《知识生产的新模式：当代社会科学与研究的动力学》，陈洪捷等译，北京大学出版社 2011 年版，第 28 页。

② 闫建璋、郑文龙：《“双一流”建设背景下的学科联盟建设困境与优化路径》，《现代教育管理》2021 年第 9 期。

遵循一个由所有参与学科共同分享的一般框架”[①]，且“合作导向一个基于问题解决的学科群”[②]。可见，只有建立在足以对各学科进行方法论阐释的“问题解决框架”下，秉持全面质量管理观，[③] 才能真正跨越学科边界，实现“形聚”到“神聚”。当前，学科发展的“分—聚”学术范式即便成功实现“聚—用”联接，只要保持这种单向度的聚合范式不变，最终也会回归单一学科的制度化模仿，与流变的社会走向新的“断层”。可见，吉本斯提出的“一般框架”并非学术框架，而指向超越学科的社会问题范畴，唯有“具备高度灵活性与自我更新能力”的“社会创新”渗透[④]，方可推动知识制度在高度分化的基础上深度聚合，又在聚以解决社会问题的过程中，实现新知识的生成和分化。最终，“分—聚—用—创(分)”循环进阶的动态学科发展结构生成，这是学科制度向知识制度转型发展必须遵循的社会逻辑。

一　分而聚之：社会需要是知识制度变革的逻辑起点

唯物史观确定人类历史的第一个前提是“人们为了能够‘创造历史’，就必需能够生活”[⑤]，正是基于“社会需要”本身所蕴含的物质的生产性与人的消费性特征，马克思从“现实的人”的需要出发，把物质生产生活作为考察社会问题的逻辑起点。“社会需要”的双重性，决定了直接作用于生产和生活的学科建设与“社会需要”之间的内在共性。这种内在一致使得学科建设的出发点和落脚点也必然分属生产领域与消费领域，最终目的是实现人的生产性与消费性的统一[⑥]。当前，生产领域的

---

① ［英］迈克尔·吉本斯等主编：《知识生产的新模式：当代社会科学与研究的动力学》，陈洪捷等译，北京大学出版社 2011 年版，第 29 页。

② ［英］迈克尔·吉本斯等主编：《知识生产的新模式：当代社会科学与研究的动力学》，陈洪捷等译，北京大学出版社 2011 年版，第 29 页。

③ 张绍丽、郑晓齐：《全面质量管理在学科交叉研究生培养机制中的创新应用》，《现代教育管理》2018 年第 5 期。

④ ［美］彼得·德鲁克：《创新与企业家精神》，蔡文燕译，机械工业出版社 2007 年版，第 223 页。

⑤ 姚顺良：《论马克思关于人的需要的理论——兼论马克思同弗洛伊德和马斯洛的关系》，《东南学术》2008 年第 2 期。

⑥ 张学敏、陈星：《教育：为何与消费疏离》，《教育研究》2016 年第 5 期。

一系列变革，例如产业结构升级、社会结构转型、利益格局调整等，促使人从单一的“物质文化需要”向差异化的“美好生活需要”转变，且“较低层次的美好生活需要实现后，新的较高层次的美好生活需要又不断生成。”① 事实上，这也是“社会需要”从生产性消费为主到生活性消费为主的转变。这种转变也必然促使我们重新审视现有学科“分—聚”范式的协同应变能力。关键是从“美好生活”的生产性需要切入，通过考察生产领域的“分工嬗变”，提出对学科知识生产、人才培养以及专业配置等多方协同的现实要求，逐层解锁学科建设与供给侧的结构性渊源，最终推动需求侧消费升级。

（一）产业分工个性化推动知识跨域集成

产业内部的分工结构是考察社会经济基础的基本单元，分工模式从传统生产视角向新兴需求视角的移位，是当前知识应用面临的最核心的社会现实导向，学科建设必须直面物质生产分工模式的转变，重新审视知识生产的内涵。传统以“生产为中心”的分工通过提高工人重复作业的熟练度，减少时间成本以获取“产量”的结构特征已经无法适用于“质量强国”的“智能制造”需要，即大规模的流水线生产已经开始转向定制化规模生产，产业业态开始从生产型制造业转变为服务型制造业②。这意味着现代社会中的产业分工已从传统的“生产分工”逐步转向面向需求的“用户分工”。具体而言，学科需要从单一的学术概念拓展到兼具知识贡献、制度保障、组织结构于一体的混合体，学科建设不仅是专业建设或课程建设，而且是将制度建设和经济环境考量在内的系统工程。学科知识的生产方式也不再是分科知识的线性延伸，而是“对人类社会发展和科学技术进步具有知识贡献的研究领域”③，即学科建设思维需要从传统“分科知识体系延伸”转向“领域知识谱系集成”。要实现这一转变，根本是重新审视知识生产的本质内涵，实现知识生产与用户分工模式下的产业调整高度匹配。传统的生产分工高度依赖技术技能知识的纵

---

① 刘正妙：《全面深化改革满足人民美好生活需要的三重维度》，《吉首大学学报》（社会科学版）2020 年第 5 期。

② 周济：《智能制造是“中国制造 2025”主攻方向》，《企业观察家》2019 年第 11 期。

③ 眭依凡、李芳莹：《“学科”还是“领域”：“双一流”建设背景下“一流学科”概念的理性解读》，《高等教育研究》2018 年第 4 期。

向延伸。尽管技术创新是推动生产力发展的“超级明星”，但这种学术模式下的创新成果应用通常需要25—35年①，难以适应加速变化的社会需要。此外，即便不考虑时间因素，从实用层面来看，新技术也并非始终满足用户需求。可见，从“用户分工”出发，是动态把握知识生产方式与知识体系现代化需要的前提。

“用户分工”由市场域决定产品与服务。用户自主决定采用企业或产业内的哪些工序、设计、产品和服务，产品随用户需求灵活可变，这是利用工业化模式生产个性化的产品，即个性化产品的规模化生产。个性化与规模化统一，实质是市场需求的多样化与生产供给的规模化相融合，市场域与生产域的融合要求知识生产方式也要同步实现知识的纵向分化与横向集成的融合发展。中国工程院前院长徐匡迪院士认为能够称之为“颠覆性技术”的两个共性，一是原理的创新，一是跨域的技术集成，而并非单一的学科知识线性创新②。当然，这种跨域知识的集成不仅包括“怎么做的知识”，即技术技能层面的知识集成；也包括“谁的知识”，即社会关系知识的集成③。德鲁克就深刻批判把“质量”等同于复杂高深技术的专业人士，且“先进的知识”也并不始终满足个性化的用户需要。④事实上，单纯的技术创新和集成可以实现高质量的“标准化”规模生产，但并不始终满足“个性化”的生活服务。知识跨域集成一方面高度重视生产域的技术技能知识集成，尤其是数字化、网络化、智能化等共性技能技术的叠加聚合；另一方面更需要超越技术知识体系本身，融合社会知识体系，具备个性化产品生产要素选择的知识。解决这一问题的过程，实际上是推动知识生产方式纵向分化向横向集成的转变，是传统研究“因果思维”向“关联思维”的转变，是知识生产一定程度上放弃“为什么”，转向“是什么”的跨领域“关联分析”。当然，这种转变并非预

---

① ［美］彼得·德鲁克：《创新与企业家精神》，蔡文燕译，机械工业出版社2007年版，第99页。

② 眭依凡、李芳莹：《“学科”还是“领域”：“双一流”建设背景下“一流学科”概念的理性解读》，《高等教育研究》2018年第4期。

③ 陆雄文主编：《管理学大辞典》，上海辞书出版社2013年版，第380页。

④ ［美］彼得·德鲁克：《创新与企业家精神》，蔡文燕译，机械工业出版社2007年版，第107页。

示着要废弃知识的纵向分化与学术逻辑主导的原创性知识，而是在此基础上进行知识生产方式的内涵拓展，这表明知识“关联分析”生产模式的重要性与市场的适切性。所谓“非专业”的跨领域知识集成，也应该与“专业”领域的传统知识生产构成一幅跨域知识聚合谱系，灵活匹配生产域的个性化需要。

（二）社会分工多元化助力人才跨界融通

社会内部的分工结构决定社会上层建筑的表现形式，直接决定社会的差序格局，是我们考察观念、制度、组织等上层建筑的历史基础[①]。亚当·斯密高度评价制造业内部的劳动分工，认为唯有制造业的分工才会形成优势外溢和贫富国之间的差异。[②] 马克思继承了亚当·斯密分工理论中的物质生产性原理，肯定了经济领域产业内部的“个别分工”对生产力发展的重要作用。但与亚当·斯密不同的是，马克思更加关注社会层面的分工，正如涂尔干所说，“分工并不是经济生活所特有的情况，我看到它们在大多数社会领域里都产生了广泛的影响”[③]。马克思把分析的重点放在了这些影响带来的负面问题，即社会分工带来的等级化差异。事实上，一个脱离物质生产的劳动类型在社会中往往趋于上层，相反，物质劳动者则趋于下层地位，这正是马克思把“真正的分工”界定为精神劳动与物质劳动相分离的原因。从这个意义上讲，“消灭分工”实质是消灭社会分工所具有的阶级对立或社会分层意义，确立更加和谐的社会秩序与公平的社会角色。

现代社会的个体化进程使人们逐渐从阶级对立的等级社会转向剥离阶级属性的风险社会[④]，职业收益是个体主要的社会保障，职业分层是社会分工的主要差异化表现。现实中“脑体分工”不仅隐含“人才”与“工人”的层次差异，“人才”本身也存在“应用型”与“学术型”的层

① 王磊：《社会分工是上层建筑衍进的逻辑前提与历史基础——基于马克思主义哲学系统论的分析》，《系统科学学报》2022 年第 2 期。

② ［英］亚当·斯密：《国民财富的性质和原因的研究》，孙善春、李春长译，河南大学出版社 2020 年版，第 3 页。

③ ［法］埃米尔·涂尔干：《社会分工论》，渠东译，生活·读书·新知三联书店 2000 年版，第 2 页。

④ ［德］乌尔里希·贝克：《风险社会：新的现代性之路》，张文杰等译，译林出版社 2018 年版，第 120 页。

次分化，职业分层替代了阶级对立，成为新的社会分工形式，从本质而言，仍然是“脑体分工”思维下的产物，但现实却在打破这种分界。随着前述产业分工的“用户中心”转型，尤其是第四次工业革命进程催生出众多交叉多元的新的职业业态，例如“碳排放管理员”“区块链应用操作员”“数字化管理师”等。我们已经很难准确将这些新兴职业归属到“工人”“管理者”“学者”中的某个类别（层次），也很难将这些职业归属于“政府”“企业”“学校”等某个固定组织，更难将这些职业内容归属于某个单一的学科。换言之，新的职业业态从层次分化走向类型多元，跨越了传统的脑体分工与学科界限，推动社会交往更加灵活包容，社会分工从等级化走向多元化。“人才”划分不再取决于“脑体分界”，而是取决于社会分工的多元需要，人才不再局限于物质劳动领域，而是物质劳动与精神劳动的模糊统一，这一切都源于社会分工需要更加“复合融通”的职业形态。“复合融通”不是学科专业的简单聚合，而是一种跨越传统分工界限及影响的“跨界能力”培养，核心是“非认知性”能力的培养，合作则是其中的重要方面①。因此，跨界过程实质是从分工到合作的过程，既包括人自身的不同能力协作，也包含人与人之间的比较优势协同。正因为这种合作关系，社会分工赋予专业化、专门化劳动者的优势才得以发挥，也正是在以“合作倾向”为核心的跨界人才需要下，社会分工才能形成更加公平正义的良序社会。

（三）区域分工一体化促进专业跨境协同

区域的区位优势差别构成经济社会发展的空间分化格局，一体化的区域协调发展是对各个分化空间的优势结构的统摄，必然要从区域专门化知识的空间形态与空间结构协同发力，这也是大学扎根中国和地方办学的应有之举。推动不同空间范围（国内国际）分工形成的根本原因在于“规模报酬递增”作用与“不完全竞争”②，前者是区域内专门化聚集的同质发展动因，后者是区域间差异化分散的异质结构来源。因此，区

---

① 钟宇平、周金燕：《让教育促进分工合作和协调效率公平——钟宇平教授专访》，《苏州大学学报》（教育科学版）2021 年第 3 期。

② ［日］藤田昌久等：《空间经济学——城市、区域与国际贸易》，梁琦主译，中国人民大学出版社 2005 年版，第 2 页。

域分工的空间内涵包含两个方面：一是空间内部的聚集经济，二是不同空间范围之间的分散（差异）展开。二者共同作用于区域比较优势下的"积累过程"。正如克鲁格曼所言，这种积累的不断自我强化，维持循环的逻辑，进一步稳定区域分工格局①。要实现区域相对稳定的分工，"积累方式"转变必须找到新的循环路向，中国在推动供给侧结构化改革、创新驱动发展战略以及现代化经济体系构建等国内分工导向的结构性变革中，提出了"双循环"的新发展格局。发挥国内空间大循环的引擎作用，实质是追求更高水平的国际分工格局，改变传统的全球链秩序。由此可见，"内需经济"并非意味着封闭的整全发展，而是为了更开放、更高水平、更高质量的国际分工一体化联结，即"全球共同体"。随着全球经济联系更加紧密，生产链、价值链、供给链具有跨区跨境的空间概念②，区域分工的空间展开，形成紧密联系的"空间链"。这些空间链中不同区域的专业化分工形成的内生比较优势，加速了区域内部的知识积累③。这些累积的专业知识优势，又不断重构区域专业配置的内部结构与外部关联方式。在双循环的发展格局下，区域分工的"空间链"跨境延伸，需要本土化与国际化的融合发展，这已成为不同专业加速知识积累、实现跨境协同发展的现实需要。

在扎根中国和地方办学的理念下，知识制度框架下的专业配置的空间视域尤为重要。专业作为专门化生产的直接社会需要，在探索空间协同的过程中，存在两个方面的误区。一是专业在学术空间内的绝对配置。现代高等教育的兴起兴盛都源于欧美，专业课程往往局限于西方空间下的强制性"共识"，现有的专业配置脱离其本来的生长空间，只能局限于学术空间的课程聚合，稍显"水土不服"。此外，历史空间生成的传统专业课程结构，也并不始终匹配数字转型、智能转型的社会需要。二是专业在区域内部空间的封闭配置。当前高校建设正在努力打破学术空间禁锢，积极推动"校企""校地"的空间融合。但专业建设的"本土化战

① ［日］藤田昌久等：《空间经济学——城市、区域与国际贸易》，梁琦主译，中国人民大学出版社2005年版，第1页。

② 周昕：《产品内分工的区域化与全球化：基于东亚生产网络的研究》，南开大学出版社2015年版，第15页。

③ 徐康宁：《产业聚集形成的源泉》，人民出版社2006年版，第148页。

略”仅仅考虑地区小循环格局下的专门化、本土化需要，并不适用于新发展格局下的国际分工需要。专业配置的本土理念尽管在短期可以推动学科生产力生成，但缺乏国际分工“空间链”的中长期的定位，不可避免会陷入“市场变”然后“专业变”的疲于跟跑。既不利于对接“内需体系”带动高水平国际分工协同发展的战略格局，也不利于专业建设从“适应”区域分工，走向“领导”国际分工。因此，要实现专业配置的地方区域协同，首要是实现国际空间协同，即“突破以民族国家为分析框架的唯一性”①，打破传统专业成长的“西方空间”垄断，找到跨越不同文化地域和民族国情的“空间共识”。赋予专业“空间”形态，正是专业配置找到不同“共识”基础，实现跨境协同的“哈希密码”②。具体而言，专业不再是课程的简单聚合，而是具有空间形态的“区块”，是对课程知识体系的扁平化解构。将“模块化课程”现实空间应用中生成的知识、能力、价值观念纳入专业区块建设，把传统的专业课程聚合转变为各种专业要素结构集合，包括跨域知识结构、跨界能力结构、区域价值秩序结构等。区块化的专业配置，呈现扁平化功能，更具灵活性、统筹力、领导力，在对接不同区域、不同文化的空间战略中具有较强的应变与主导能力。通过专业配置的空间结构改革与跨境协同，实现了真正的跨专业聚合，从而加强专业配置的区域领导力，推动学科生产力形成学科领导力。

二 聚而用之：社会贡献是知识制度变革的逻辑终点

知识制度聚合的最终目的在于“用”，即直接解决复杂重大问题，推动社会进步的知识贡献。两方面评价标准决定了这一“贡献”最终必须与社会紧密联结：一是外在合法性。知识制度作为一种高度依赖社会支持的学术系统，其最大的合法性来源于这一制度框架内的知识生产是否能够满足社会需要。表现为学科成果满足社会需要的程度（社会贡献度）

---

① 张彦：《新文科育人的总体性规定及实践诉求》，《西北工业大学学报》（社会科学版）2021 年第 4 期。

② 哈希算法可以实现区块间的链接，后一个区块包含前一个区块的哈希值，掌握哈希密码，就可以避免信息不对称，实现区块间的链接与信息共享。转引自：章刘成等《区块链技术研究概述及其应用研究》，《商业经济》2018 年第 4 期。

决定了学科获取的社会支持力度。二是内在合理性。知识制度在当代知识生产模式 II 的应用趋势下，学科贡献越来越追求学术价值与社会价值的内在一致性。表现为知识贡献与方法贡献内在统一，追求学术贡献就是追求社会贡献。综上，知识制度框架下的学科与社会联结是其最终价值旨归，厘清这一联结的“术”“法”“道”三个价值维度，在“聚—用”的框架下，深入分析学科知识、学科人才、学科文化等聚合的社会贡献领域，旨在推动更加系统务实的“跨维度”贡献生成。

（一）正视学科知识聚合的“术用价值”适应经济转型

知识聚合的“术用价值”是“术用过程”与“术用结果”的价值合力，通常作为一般知识层面的“技术贡献”，它是人类幸福生活、生命绵延的前提，是当前社会经济转型攻关期的关键要素。知识的术用作为社会一般思想和知识“真正地在人们判断、解释、处理面前的世界中起着作用”①。如果把这个“作用”看作一种静态的实用结果，那么知识的“术用”价值就等同于“使用价值”或“工具价值”。这一外在价值，不断缓解满足人们需要的无限性与满足需要能力有限性之间的矛盾，表达和维系着社会上层建筑的信仰和秩序，推动经济繁荣、社会稳定，其社会价值不证自明。但如果只看到知识“术用”的结果，而忽视知识在术用转化过程中的价值贡献，那么将极易走向“价值无涉”的“技术工具论”。这也是现代社会自 20 世纪初，科技发展带来的现代性问题为人们所诟病的原因。更为重要的是，这一走向显然不能满足经济转型的步伐。处于经济转型攻关期的质量变革、效率变革、动力变革均指向结构性矛盾，譬如产业结构、分配结构、要素结构、动力结构等。这些相互牵连、矛盾交叠的结构性问题的解决没有具体的时间表，而是一个长期的过程性改革，即持续性变革，主要源于结构性问题的深层复杂性与情境多变性。换言之，解决重大复杂问题的知识与方法不是单一的，不是即时的，不是线性的，而是一个知识与技术深度聚合的交互创新过程。由此可见，正视知识聚合的“术用价值”，关键是正视其“术用过程”这一内在价值：一是知识聚合的“术用过程”是解决复杂重大问题的必要前提。复杂问题的解决需要重大创新性成果的产生，这不是一蹴而就的。尊重知

① 葛兆光：《思想史的写法——中国思想史导论》，复旦大学出版社 2004 年版，第 11 页。

识聚合的过程，就是尊重知识聚合的时间需要，必要的时间与过程是革命性和创造性成果产生的前提。如果效率不包含质量，那么就无法避免知识的“形式聚合”与“无用贡献”，正因此，应用学科建设需要尊重必要的时间条件和需要，少一些规划和时限，这是重大成果产生的基础。二是知识聚合的过程本身就是“术用结果”的生成过程。经济增长不再依赖凯恩斯式的需求扩大，转向了供给侧的结构性调整。传统知识“生产—转化—使用”的线性逻辑并不适应更加系统灵活的结构性改革需要。吉本斯认为未来的知识类型应该是一种“由符号分析师——处理符号、概念、理论、模型、数据的人制造出来的，他们将这些知识进行配置，形成新的组合”[①]。知识的聚合过程是对海量信息、数据、符号等的关联选择、分析与配置过程，是新的知识生产过程，也是新知识的术用转化过程。完成对已有知识与技术的集成配置，新知识产生即可投入使用，而省去“转化”环节的新知识生产方式，更具灵活性和兼容力，这也为学术研究提出了新的研究范式。三是知识聚合的“术用过程”不止于具体问题的解决。制约经济转型的结构性问题之所以是过程性问题，是因为一个具体问题的解决伴随另一个具体问题的产生，只关注知识聚合的“术用结果”就可能陷入“问题主义”。现代化的产业链、供给链、创新链需要变更为全天候、全过程的服务链，不再满足于某一具体问题的解决。知识聚合的“术用过程”是人发挥“想象力”的实践过程，是为人的发展赋值的过程。如果把人看作“方法”，知识聚合的“术用过程”要求关注方法（解决具体问题的办法）中的方法（人），以人的“术用思维”和“术用实践”来应对社会转型的各种变化。

（二）审视学科人才聚合的“法用价值”推动社会转型

跨学科人才聚合的根本价值在于一种新的“秩序准则”[②] 产生，这是跨学科的“制度贡献”，它是学科实质聚合的动力保障，也是维系社会良序的重要力量。通常“制度”是介于个体，或个体与集体之间的一种规

---

① ［英］迈克尔·吉本斯等主编：《知识生产的新模式：当代社会科学与研究的动力学》，陈洪捷等译，北京大学出版社 2011 年版，第 73 页。

② 《说文解字》将法解释为：“法，刑也。平之如水，从水；所以触不直者，去之，从去”，刑法、法律、法则、法度、规章等。这里取“法度”之义，《辞海》解释为行为的准则。

则或一个体系（多种规则交替安排），任何制度形态都具备这类中介规范。要突破传统规则与体系势必存在利益的调整与冲突，譬如，现有大学的“校—院—系”三级人才分制体系改革，不可能完全由办学者、管理者、研究者自主平稳达成。因此“总有某种形式的集体强制来判断纠纷”①，康芒斯把这种“集体行动控制个体行动”放到一个有共同规划的“运行的机构”中进行，称之为“制度”。这是一个更为具体，却又更为宽泛的制度视野。学科的实践性与情境性基因，决定了人才的“分制规则”和人事管理的“三级体系”这类“中介式”的制度解释，并不能有效聚合跨学科人才的知识生产力，更不能将社会格局完全纳入到知识生产之中。重新审视不同学科人才聚合的“法用价值”，重在以“行动式”的制度视野，将个体融入制度（组织机构）之中，将传统学科分制下的研究者、教师、学生、工程师、企业家等放到更加开放多元的组织中去行动。以学术个体与社会个体行动的同构程度和社会效度判定这一制度（组织）的贡献力度，并促进社会健康转型。之所以将学科人才聚合的“制度贡献”与社会转型高度关联，根本在于社会转型趋势与学科人才聚合的“组织”需求有关：一是数据转型促使算法社会权力监督需要更加灵活的组织机构。基于数字转型的社会发展必然走向算法社会。未来算法会逐渐覆盖资源与机会的分配，并“迅速扩及金融消费、新闻投放、平台交易、教育、医疗、治安、司法等领域，传统的决策方式已经不复适应，被迫转向更加高效、精准的‘自动化决策’”②。制度化的中介式“规则”并不能在广度和速度上有效约束极少数掌控“算法权力”的个体（集体）。而这些个体（集体）又必然存在于一个边界清晰的组织结构中，无论是公司、行业协会，还是社会研究机构。因此，这些边界明确的组织结构就必然存在“数据垄断”和“黑箱隐患”。构建灵活、开放、跨越的“无边界组织”，或许可以让算法在更加共享可视的制度中运行。二是个体转型促使风险社会职业选择倾向更加安全的组织生态。现代社会的个体化进程促使人类脱离传统的土地和家庭纽带，职业成为大多数人唯

---

① ［美］康芒斯：《制度经济学》，于树生译，商务印书馆 1962 年版，第 144 页。

② 李天助：《算法解释权检视——对属性、构造及本土化的再思》，《贵州师范大学学报》（社会科学版）2021 年第 5 期。

一的生存保障。社会风险具有不可预测性，职业人无时无刻不处于生存风险的警惕之中，这促使人们的职业选择倾向于更加健康的组织结构。人才聚合只考虑规则层面的利益分配可能并不能提升实质效益，个体的组织安全感与差异化的组织生态位是跨学科组织存在的关键。三是绿色转型促使低碳社会循环发展需要更加公平的组织保障。“十四五”期间是“碳达峰”的窗口期、关键期，“减碳”规则简单以指标和任务的方式落实到管理部门、行业机构，极易导致“数字减碳”和“运动式减碳”。一方面地方组织的绿色治理能力有待提升；另一方面发展低碳经济的专业化程度有待提高。“减碳”作为一项全局性系统性工作，具有跨学科导向，牵涉各行业领域的专业人才。赋予专业人才平等的组织地位，无论行业企业、职业院校、应用高校，不分类别层次、平等地对跨学科组织进行政策与物质保障，前者打消顾虑，后者奠定基础，破立并举，从而推动减碳专业化提升。

（三）重视学科文化聚合的“道用价值”协调区域发展

高质量的学科聚合难在学科精神文化领地共享，重在不同学科世界观的关联重构，这是学科实质聚合的“方法论”来源，也是协调区域差距的“共同之道”。基于知识角度的分析，托尼·比彻和保罗·特罗勒尔将学科分为硬科学与软科学①。知识的软（结构松散）/硬（结构严密）特性，决定了软性知识生产活动位于应用表层，硬性知识生产活动位于中间层和底层。学科立于不同知识层面框定了不同的学科视域，形成了不同的学科知识观。表层学科边界模糊，学科知识更加多元开放；里层学科边界坚固，学科知识更加全面系统。两位学者基于社会角度进行分析，学科又可划分为趋同型与趋异型。趋同型学科具有明显的政治意义和社会价值，具有较高的学科话语权和社会地位；趋异型学科刚好相反。学科不同的社会位置和权力圈定了不同的机会与资源领地，形成了不同的学科权力观。在托尼·比彻和保罗·特罗勒尔两种维度的分析框架下，可以得出学科世界观是由学科知识观与学科权力观构成的学科意识形态矩阵，即系统高层次、系统低层次、松散高层次、松散低层次四种学科

① ［英］托尼·比彻、［英］保罗·特罗勒尔：《学术部落及其领地：知识探索与学科文化》（重译本），唐跃勤等译，北京大学出版社2015年版，第39页。

意识形态。临床医学、工程技术、法学、行政管理四门学科是四种学科意识的突出代表。明确学科世界观“是什么”，是我们构建学科共同的精神领地、解决世界观关联重构的方法论基础，即世界观决定方法论。学科世界观整合是去原有学科意识的过程，这个过程我们很难通过改变学科固有的知识特性实现，即便经济学、心理学等软学科都依赖严密的统计知识，但严密方法的运用并不等同于研究成果的严密、学科权力的提升。此外，这一过程本身就意味着对学科权力结构的挑战，“跨学科之所以难以推行，是因为它动了传统学科的奶酪”。[①] 因此，我们必须将世界观整合放到社会空间情境中分析。事实上，四种学科意识深耕于区域空间的不平衡态势之中，即学科意识的区域形态差异。区域协调总体上讲仍是东西与城乡的协调，这里我们仍然将两种维度的协调划分为东部城市、东部乡镇、西部城市与西部乡镇四种区域类型。四种学科意识全部或部分存在于四种区域类型，一旦某一种学科意识占据上风，就成为区域的主流发展意识（发展观）。具体而言，东部城市区域应用硬学科趋同发展显著，全面影响理论创新、质量变革、治理转变，研究人员、问题领域汇聚在战略性新兴领域，学科群落强制性繁荣，拥有绝对的学科权力，“系统高层次”学科意识形成区域卓越发展观。东部乡镇区域硬学科趋异发展显著，直接带动产业升级、经济增长，研究人员、问题领域、学科权力集中在制造领域，但受传统观念影响，虽同属硬学科，但学科地位不及趋同新型学科，“系统低层次”学科意识形成区域优质发展观。西部城市区域应用软学科趋同发展显著，尽管个别领域的硬学科发展较好，但还是无法并联区域发展意识。受历史积累、政策导向、资源匮乏和软学科的研究模式（独立性较强，资源依赖较少）影响，研究人员、问题领域倾向社会领域，存在一定的学科权力，“松散高层次”意识形成区域特色发展观。西部乡镇区域鲜有显著学科发展，个别软学科趋异发展存在于县域中等职业学校，少数学科人员和问题领域主要归属农业领域，无所谓学科权力，“松散低层次”意识形成区域生态发展观。需要澄

① 周光礼、武建鑫：《什么是世界一流学科》，《中国高教研究》2016 年第 1 期。

清的是，尽管“地域往往是划分‘局内’和‘局外’的一个显著标志”①，但四种学科意识与区域划分并不是绝对的对应关系，尤其是区域的“局内”主流发展观并不应“局限”在地域内部。这里我们从学科精神与区域发展观念的意识层面来分析，是要排斥“局外”因素的干扰，通过对具体的抽象性把握，找到学科意识的区域（局内）形态，这正是学科精神的“整合之道”，区域发展的“协调之道”。

三　用而创之：社会创新是知识制度变革的逻辑中介

学科聚合的社会价值的彰显要高度重视社会性“工具”——“社会创新”的运用，它是研判市场机遇（需要），联结社会贡献的“有效手段”。这种“创新不一定必须与技术有关，甚至根本就不需要是一个‘实物’”②。在可预见的后工业社会，德鲁克式的创新方法更贴近学科制度向知识制度转变的方法论本质，即关联社会。一方面“社会创新”是“零科技创新”。更加市场化的创新来源与创新贡献，赋予其与众不同的市场价值。意味着“创新”不是研究型大学独有的产物，也不是硬性学科的专属领地，这为大学和软学科的错位发展提供了转型方向；另一方面“社会创新”是“超科技创新”。自动化技术集成的社会逐渐取代以人为主的决策方式，进而重构社会规则和秩序。以至于尤瓦尔·赫拉利感叹人类“所有的权力都去了哪儿”③。技术的反身性促使技术问题转变为社会问题，学科聚合绝不能只着眼于当下的硬技术集成研究，更应重视那些影响深远且“没有直接价值”的所谓“非专业”创新。

（一）利用创造性模仿推动研究的直接性获得

创造性模仿是学术研究直接获取市场的重要手段，它是对首创成果的“缺陷”弥补，是敏锐捕捉用户需要的“市场创新”。事实上，创造+模仿并不矛盾，这是一种基于首创成果的创新，其“市场内涵”是它的创新价值来源：一是对首创成果的市场联结。首创成果并非始终具有市

---

① 王传毅、辜刘建：《西部的高等教育研究者关注什么——在普遍性与区域性之间》，《重庆高教研究》2021 年第 1 期。

② ［美］彼得·德鲁克：《创新与企业家精神》，蔡文燕译，机械工业出版社 2007 年版，第 28 页。

③ ［以］尤瓦尔·赫拉利：《未来简史》，林俊宏译，中信出版社 2017 年版，第 338 页。

场意义，尤其是科技类成果通常存在市场推广的漫长“空窗”期，这些“零市场价值”的首创成果是学术逻辑的创造物，缺乏市场逻辑。首创性成果的“市场缺陷”需要模仿性成果的“市场研究”功能来弥补，这也是处于成果转化“神经末梢”的应用研究打通联结市场“最后一公里”的有效方法；二是对首创成果的市场迁移。即便某些首创成果成功获取市场，创造性模仿也并非无所作为，它可以将首创成果迁移到其他领域，成功占领一个新的市场。譬如，日本对美国半导体收音机的原理进行模仿，成功制造出小型收音机。新的市场比原先市场更加迎合用户的需要，是对现有市场潜力的价值深挖，因此，德鲁克认为创造性模仿者“比最初从事这项创新的人，更了解该项创新的意义”①；三是对首创成果的市场跟踪。某些具备直接获取市场能力的社会创新，亦不能始终熨帖时刻变换的社会需要，快速变化的市场终会抛弃现有的习惯、制度和组织。创造性模仿之所以总能抓住市场的步伐，源于其主动应变的灵活行动，即不断在旧有市场的习惯与变化后的市场需要之间寻找机遇。总之，始终对需求和用户保持敏感是创造性模仿的价值起点与实践原则。尽管创造性模仿大多以技术创新为载体，但社会（市场）域的方法思维始终主导创新全程，本质仍然是社会创新。学术研究之所以不能忽视创造性模仿，在于它直接创造社会（市场）价值、获取市场优势，一定程度上二者可以成为直接获取“市场创新”的最佳组合。譬如，在学术研究的基础层，这是学科的底层架构和硬件基础，空间位置远离市场。但如果发挥创造性模仿的市场迁移思维，则可能拓展新的领地。正如布迪厄利用物理学的“场域概念”创造性构建了一个全新的社会解释框架，以致“场域”已经取代物理认知，占据新的“认识市场”。在学术生产的开发层，这时成果距离市场仅“一步之遥”，如果利用好创造性模仿的市场联结，往往会形成革命性的社会创新成果。正如爱迪生在发明灯泡的过程中，就已经考虑到电气产业的运作可能，因此他不仅是伟大的发明家，更是一名伟大的企业家。在学术研究的技术层，它是基础层的方法探索与软件配套，技术创新具有市场价值，但要充分拓展和继续保持这种价

① ［美］彼得·德鲁克：《创新与企业家精神》，蔡文燕译，机械工业出版社 2007 年版，第 192 页。

值则需要不断更新换代。事实上，创造性模仿的市场跟踪时刻感应市场的变化，并据此提供更加精准的创新范式。正如今天我们所倡导的技术集成式创新，就是对产业分工从生产中心到用户中心转移的敏锐感知和精准反应，尽管不是技术的原创，但却是颠覆生产方式的社会创新。这些创造性模仿措施与研究的组合层次并不是固定的，因为市场始终在变化，不确定性是“市场创新”的最大风险，但也是机遇来源。基于首创成果的创造性模仿，在风险市场中研究需求、分析机遇，为后发型地方本科院校、职业院校实现学科建设的“弯道超车”提供了可能。

（二）实施创业型管理侧重应用绩效的社会性评价

创业型管理根本上是“创新管理”，关键是“组织创新”，这是实现学科应用绩效的重要基础。创新是一个结构性问题，“创新管理”与组织的制度结构相关，而非制度本身的独创性。“组织创新”就是要让资源、信息、权力通过制度结构调整实现最优的创新生态。当一种结构无法滋养人的创造力、组织的创新文化，那么制度注定失灵，组织也会僵化。“组织创新”更多是“有中生独”，而不是“无中生有”。一方面“组织”往往呈现出复杂的结构形态，“有中生独”的结构性改革，要从具体性工作开始。无论组织结构何其复杂、改革任务多么艰巨，“成功的创新者往往都是从小规模的创新开始，最重要的是，从简单的创新开始”①，这意味着“组织创新”不必始终“整体推进”“系统谋划”。实践中，决策者往往容易被“系统”“整体”这样的概念影响，以至于“很多大学的高层管理者过多地将精力放在了耗时的评价和规划上”②，组织也长期被锁定在既有的结构和习惯中无法抽身。跨学科组织建设亦是一项复杂的系统工作，它涉及学术、社会两个场域的权力与利益纠缠，如果评价学科应用绩效要从具体情境中的具体问题出发，那么跨学科组织的创造性工作就意味着“自下而上”“由微而巨”的“工作创新”。“工作创新”是学术组织内部的“社会创新”，它是组织绩效的重要组成部分。但现实中，这类社会创新并不被重视，突出表现在它们并未像学术创新那样被

---

① ［美］彼得·德鲁克：《创新与企业家精神》，蔡文燕译，机械工业出版社 2007 年版，第 133 页。

② 王建华：《创新创业、企业家精神与大学转型》，《教育发展研究》2019 年第 11 期。

纳入学术组织的绩效评价中。对工作创新主体的绩效激励普遍形式化、平均化，导致组织治理效能不高。创业型管理是一种组织的创新生态模式，每一种创新类型都应该在这个组织里拥有自己的生态位。而“工作创新”恰恰是基层的工作法宝，中层的制度创新、高层的治理创新均要从具体的问题解决与工作实践中得来。因此，学科应用绩效评价如果只有学术创新标准，没有不同“组织生态位”上的“社会创新”内容，则不能形成组织创新生态，更不可能实现学科应用绩效。另一方面，“组织”总是存在一定的边界，“有中生独”的结构化改革要更加开放。创造性工作如果只在现有的结构中进行，势必会受到传统利益结构的阻碍，这也是跨学科组织之所以难以成功的问题所在。美国在 20 世纪初开始探索跨学科组织样态，分别创设了“托管式”“独立建制式”“矩阵式”“学院内嵌式”等模式[①]，这些模式以边界的灵活性与渗透性在不同程度上都取得了成功。国内一批不受制于传统学院界限的、以现代产业学院、未来技术学院和集成电路学院等为代表的专门化学院也将成为跨学科组织新样态[②]。这说明学科建设如果只是锁定在传统“分界定域”学术结构内部，则不可避免绩效评价的“五唯”导向，缺乏社会性评价导向的应用学科也无所谓“社会贡献”。应用绩效的社会价值需要在更加开放的组织结构——“无边界组织”中进行考量，它能够真正实现学术组织与社会组织在权力、资源、信息方面的灵活渗透，及时在学术组织内部反馈学科应用绩效的“社会占有率”。这种反馈绝不仅仅局限在对经济领域“产业”“行业”“市场”的占有率关注，也包括那些与应用学科属性本身无直接关联的社会反馈，譬如，职业学校的发展与人口结构、社会文化等均无短期直接关联，但是长期来看，它们对职业教育有着强大的影响力。校企合作如果只在“直接相关”的领域进行，那么学科治理永远都在修补昨天，而无法把握未来。总之，创业型管理就是要让跨学科组织成为“企业家（创新者）”，应用绩效对标“市场绩效”。

---

① 焦磊、谢安邦：《美国研究型大学跨学科学术组织的建制基础及样态创新》，《中国高教研究》2019 年第 1 期。

② 刘鑫桥等：《新工科的研究现状、实践进展与未来趋势》，《西北工业大学学报》（社会科学版）2021 年第 4 期。

（三）回归企业家精神促进团队的实践性学习

企业家精神的核心是不断追求“事业创新”，它源于人的求真本性，成于人的求真行动，学术团队的创业文化也应在实践行动中不断习得。企业家一切行动的目的是“创业”，德鲁克认为“企业家精神是一种行动，而不是人格特征”[①]，因此企业家精神也是“创业行动”，即不断追求“事业创新”的实践行动。这种不懈的追求源于人的创造本性，“正是因为人具有这样的创造追求真理的本性，人类社会和动物世界的最终区别才能得以说明，人类社会才能从低级到高级的发展”[②]。但人具有创造求真本性，并不意味着人能够创新创业，个中原因不乏知识局限、价值偏见、利益牵扯等主观因素。要消除这些阻碍，回归人的创业本性，首先是要认识到“事业创新”的价值目标是社会成就，而非个体成就，这也是企业家与资本家的根本差别。换言之，如果资本家精神是为“上帝”创造价格，那么企业家精神则是为“社会”创造价值。因此，“社会价值”获取需要创造者专注于“事业创新”的实践行动，要在行动中对社会实际问题进行“反应”，这一“反应”过程就是实践性学习。它对人的创造求真本性回归具有重要的工具价值。实践性学习推动创造者在解决实际问题中不断寻找真理、排除假理，积累科学决策的实践知识框架；更重要的是，实践性学习是让创造者以现有的知识解决未知的挑战，是在实际行动中研判风险和选择策略的过程性学习，在风险中寻找机遇，就是对人创新本性的回归演练。学科聚合的社会贡献本质是学科团队需求导向与问题导向下的社会反应，学科团队就是在不断的社会反应（社会实践性学习）中开展创造性研究，即在“应用”中“创新”，在“实践”中“创业”。由此可见，企业家精神的“事业创新”追求与应用学者的“学术创新”追求是高度一致的。企业家精神主导的“事业创新”是学科团队的工作本质，但正如人的创造本性并不等同创新能力一样，学术团队工作的“事业创新”本质也并不意味着“事业创新”成就。这受到研究团队学术水平、决策方向、组织结构、资源配置等影响。但进

---

① ［美］彼得·德鲁克：《创新与企业家精神》，蔡文燕译，机械工业出版社2007年版，第23页。

② 林源：《关于突破真理论视界的商榷》，《哲学研究》1996年第8期。

一步追问，在这些问题都不存在的情况下，是否学术团队的创业文化和企业家精神就会形成。答案并不确定。学术团队的社会创造力发挥，关键在于团队成员的身份关系，即学术职业与社会职业的割裂。学术职业根本上是竞争性的，但社会职业是合作性的，学术成果是以个人名义署名，社会成果是以团队合力彰显。如果学科团队成员仅仅是学术组织的教授、学者，团队的实质聚合则较为困难，尤其是对合作需求不太高的应用软学科。因为即便在理性上他们认可企业家精神，感性上也往往无法感知社会，这正是德鲁克认为“创新”既是理性的，也是感性的原因。学者对社会负责最好的办法就是鼓励这些学者承担社会职业，让他们在对个人学术创新负责的同时必须对群体的社会创新负责，在社会实践中回归学科团队的创业本质。

“由分而聚”的“社会需要”重构了新的学科世界观；“由聚而用”的“社会贡献”重塑了新的学科价值观；“由用而创（分）”的“社会创新”提供了应用学科建设新的方法论。这是一整套学科建设“分—聚—用—创（分）”的动态循环架构，它以“社会创新”将学术与社会融合、方法与问题结合，让学科聚而有用、用以再用。这也是一整套跳出学术场域，从社会场域对应用学科建设进行的方法探索，其目的就是为了跳出传统的“经典思维”，回归“量子思维”，从看似不相邻的领域中找到应用学科聚合建设的“共轭变量”①。超学科的知识制度生成，必须从研究视界和方法的突破开始，学科治理的社会逻辑就是要挣脱经典话语体系下的学术规训，从“活的问题”和“人的发展”出发去思索学术的问题。从这个意义而言，学科的社会逻辑既是社会的也是学术的。当然，这一社会转向并不容易，因为学科不仅仅是学术概念，还是政策和权力概念，这正体现了学科内在的社会纠缠，也恰好说明我们对学科治理的社会逻辑探索的必要性和正确性。

第二节　知识制度的文化逻辑

学科治理的问题看似是组织学和管理学的问题，但问题根源在于学

---

① 华东师范大学量子思维项目组：《量子思维宣言》，《哲学分析》2021 年第 5 期。

科组织和学科制度背后的学术主体的文化信仰。学科制度向知识制度的变革进程中，必然要观照这种文化逻辑。正如托尼·比彻和保罗·特罗勒尔所认同的那样，学术主体分属于不同的价值和文化信仰，属于不同的"学术部落"，尤其是学科文化更是如此[①]。"只有文化心理系统才是文化之'本体'"。[②] 且中国的学科治理还具有中国自身的学术文化逻辑和历史传承，从文化视角切入探索对学科治理现代化而言具有重要的理论意义和实践价值。当前，随着技术环境的急剧变迁，知识和信息迅速迭代，加速社会[③]的文化生态，也影响到大学的学术文化，突出表现为短视、急躁和功利等问题表征，引发学科基础研究不牢、应用研究不实、技术浅层开发过多、深层攻关不足等问题。抓住这些问题表征背后的文化陷阱和惯有逻辑，走出学科治理的文化困境、化解个中矛盾和冲突，既是高等教育治理中的重要议题，也是学科制度深化拓展到知识制度，实现更加包容和多元的学术文化的关键议题。

知识制度蕴含的价值信念、伦理规范、道德观念以及意识形态等都会为学科共同体的交往指明方向，构成了一个社会文化遗产的一部分并具有强大的生命力。[④] 据此，本节从文化结构的理论视角出发，探究知识制度的文化逻辑内涵、要义指向、要素特征以及多重关系，剖析当前学科治理的文化内涵，深度审视学科治理中存在的问题，建立组织协同的学科治理模式，提升学科治理的文化动力，改善学科治理生态，为学科善态治理提供行动路向，追求学科治理与社会治理的共轭走向。

一　知识制度指向的文化逻辑内涵

文化对生命存在的解释，就像人的血脉一般，内化于个体的生命活动之中，构筑个体存在的灵魂。加塞特曾指出，"文化是一种生命信念，一种带有我们时代特征的信念"，在大学里，"文化借助科学解释了我们

① ［英］托尼·比彻、［英］保罗·特罗勒尔：《学术部落及其领地：知识探索与学科文化》（重译本），唐跃勤等译，北京大学出版社 2015 年版，中文前言第 4 页。

② 吴康宁：《教育社会学》，人民教育出版社 1998 年版，第 93 页。

③ ［德］哈尔特穆特·罗萨：《加速：现代社会中时间结构的改变》，董璐译，北京大学出版社 2015 年版，第 83 页。

④ 辛鸣：《制度论：关于制度哲学的理论建构》，人民出版社 2005 年版，第 103 页。

生命存在的现象"①。可以说，人的生存方式的转变与社会生活方式的形成都是文化的转变与生成，人的世界观、价值观和方法论的生成亦起源于文化。学术作为大学知识制度的生命根源，其发展同样取决于学术人集聚的学术文化。学术文化生态是指在学术场域这一特定生物群落中形成的相对稳定且可阐释的文化关系，如学术人相对明晰的价值追求、大致趋同的价值理念、文化个体相互之间构成的关系结构等。

学术文化关系是如何形成的呢？要回答这个问题就必须明确知识制度中学术文化生态的构成要素及其相互关系。虽然，目前学界对学术文化生态的构成要素并未形成统一界定，但是，我们可以从其他相关研究中寻求答案。希斯赞特米哈伊对创造力的产生进行考证时提出，创造力是在领域、学界和个人三个要素之间的相互作用中产生的②。有学者在对学术生态进行分析时同样指出"学术生态由学术主体、学术客体和学术环境三种要素构成"③。知识制度也是一种规范学术关系的制度（组织），多学科、跨学科以及超学科若想形成集群发展的共生体，就需要达成"共识"，发挥集体智慧，注重学科间的文化交融与共生。④ 而这种重叠共识正是集体文化与多元智力的结晶。概言之，学术主体、学术客体和学术环境是构成知识制度学术文化结构的三个关键要素。三者之间良性互动和善态转化机制是学科求真创新、追求卓越的文化载体，也是知识制度运行的根本逻辑。据此，学科文化治理的现代化本质是这三大要素的创造性转化机制生成更加良好的学术主体关系，激发学术人追寻学术创新与学术求真的价值理性。

知识制度的文化逻辑根本上探求的是知识制度运行下的学术新规范与新关系。显然，在加速社会和大数据社会背景下，这些规范与关系还具有不确定性。这决定了知识制度的文化逻辑需要遵循一种动态的学术

---

① ［西］奥尔特加·加塞特：《大学的使命》，徐小洲等译，浙江教育出版社 2001 年版，第 7 页。

② ［美］米哈里·希斯赞特米哈伊：《创造力：心流与创新心理学》，黄珏苹译，浙江人民出版社 2015 年版，第 6 页。

③ 王牧华、宋莉：《创新导向的高校学术生态治理：结构要素与实践路径》，《高校教育管理》2019 年第 5 期。

④ ［英］罗纳德·巴尼特：《高等教育理念》，蓝劲松译，北京大学出版社 2012 年版，第 126 页。

关系运行结构（机制）。由“学者”“学术”和“文化环境”三个要素构成，分别对应创造力产生的主体、客体和环境三个要素，以及学术生态中学术主体、学术客体和学术环境三个要素。在知识制度指向的学术文化场域中，学者因学术而聚集，也因学术文化环境的熏染而成长；学术因学者的学术创新和学术求真而获得发展，也因学术文化环境的价值选择而丰富完善；文化环境由学术成果的价值生成而形成，并内化成学者的主体精神和生存心态，三个要素相互作用，共同推动学术文化善态演化。这种演化是在学术文化生态场域这一社会空间中，以学者为主体行动者，以学术为根本属性，推动形成大学学术科学运行和有序发展的文化氛围。即以有效激发学者的创新行动为目的，创设学术主体积极追求学术创新的文化与环境，营造良好的学术文化生态，实现学术创新的不断涌现。因此，学者、学术和文化环境之间存在“三位一体”的逻辑关系（见图2－1），知识制度的文化治理规律必然要以系统性思维去关注什么样的学术文化激发学者追寻学术创新和学术求真的价值理性。

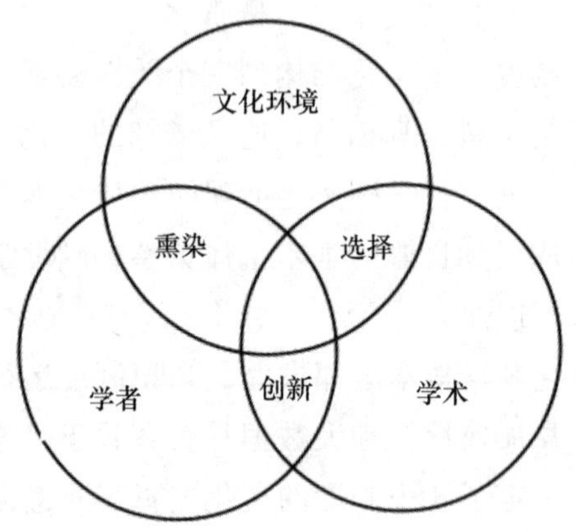

图2－1　知识制度文化生态“三位一体”关系

二　知识制度具备的文化要素特征

知识制度的三大要素要形成和谐共生的学术文化氛围，实现学者和学术的共同发展，必须明晰知识制度文化逻辑要素结构的应然状态。从学者、学术和文化环境三个构成要素解析学术文化样态的主体精神、客体特性和环境型构，是开展学科制度的分类文化向整合文化转变的行动前提。

（一）学者的自由发展性

让学者保持独立自主的状态探究、应用、整合、传播高深学问，实现学者的自由发展是知识制度驱动学术文化保持和谐平衡的关键。人是文化的主体，一部文化发展史就是一部人类的自我创造史和人类主体性的彰显史。不论是历史还是现实均表明，文化的形成和发展都是人的本质力量对象化的过程和结果，文化生态的发展状况反映了人的主体性的发挥程度①。文化作为人的本质力量的对象化，文化创造活动就是人的主体性活动，是人类的自主性、自由性和自觉能动性的集中体现。人通过创造文化来解决自身问题，实现自身价值，同时，也通过文化的形成不断改变文化生态环境。由此可见，人不仅是文化的主体，还是实现人自身发展的目的。人的发展，尤其是人的主体性的自由全面发展，是评价文化生态发展状况的最高标准。布鲁贝克在《高等教育哲学》中探讨学术自由时提出，“为了保证知识的准确和正确，学者的活动必须只服从真理的标准，而不受任何外界的压力，如教会、国家或经济利益的影响”②。学者必须经过长期的艰苦训练才能获得学术自由，由此获得运用真理的标准的自治。在追寻学术自由的过程中，学者形成独立自主的学术人格，自觉地与世俗保持距离，自由地探究高深学问，形成独立的社会公共情怀和批判精神，使学者的主体性得到最大限度发挥。因此，如果要给把探究高深学问作为天职的学者以自由和安全保障，必须保证学者在高深学问探究、应用、整合和传播中的独立自主与自由发展，形成学者自由发展的学术文化生态。

（二）学术的自组生成性

学术是学者在共同的研究志趣下通过自由组合、聚集而形成学术组织，并经过学术组织的共同演绎生成的，自组生成性是知识制度学术文

---

① 李成：《论文化生态对思想政治教育的影响》，博士学位论文，华东师范大学，2020年，第47页。

② ［美］约翰·S·布鲁贝克：《高等教育哲学》，王承绪等译，浙江教育出版社2001年版，第46页。

化生态中学术客体应该保持的特性。有学者指出："大学是知识和智力的源泉。只有大学里的科学家们能够自由地探索真理，在真理所至之处才会涌现出新的科学知识。"① 学术作为大学的根本属性，是大学学科形成的基础，同时，学术又基于学科而获得发展，对高深学问的探究自始至终都是学术生命的心脏。大学学术文化生态场域正是围绕知识生产和学问探究而形成的，同行的专家和学者基于共同的学术志趣，围绕学科而不断聚集，创造了相对自由的学术文化生态。围绕知识制度的学术文化必然需要观照学术探究，使其与知识创造价值进行耦合。随着学术场域不同主题的主体之间学术交往的日益频繁、学术成果的不断积累、学术水平的不断提升、现实问题的不断深化、学术组织不断追求学术细雕刻的创造精神，知识制度驱动学术主体、客体共同营造一个自主合作、探索未知的组织文化和制度文化，并最终成为学术组织特定的学术文化。

（三）环境的自主开放性

学术文化环境是知识制度发挥作用的背景，学术人都处于学术文化的环境之网，与环境保持着紧密的关系，具有全方位的开放性。学术文化场域的自主性是保障学术组织不受外部权力支配并能按照客观规律运行的内在保障。博耶在《关于美国教育改革的演讲》中指出："学术的使命最终意味着创造一种特殊的环境，以便学术文化与市民文化能够更持续地、创造性地相互交流，扩展人类学家格尔茨所描述的人类话语体系，提高所有人的生活质量。"② 知识制度运行理性样态下，学术生产是在现实情境和实践过程中产生和归纳的，知识制度不仅仅是高深知识和编码知识的系统化，也包括对泛在的社会普遍经验和认知的结构化，从这个层面而言，知识制度是对更广泛的知识生产的制度规训，与学术环境、社会环境、实践环境内在一致。具体而言，学术文化环境的自主开放性主要体现在学术知识的输入与输出上，学术组织中的学者基于学术知识的探究、创新、应用、交流和传播等形成"知识生态系统"，其基本构件

---

① ［美］欧内斯特·L. 博耶：《关于美国教育改革的演讲》，涂艳国等译，教育科学出版社 2002 年版，第 74 页。

② ［美］欧内斯特·L. 博耶：《关于美国教育改革的演讲》，涂艳国等译，教育科学出版社 2002 年版，第 91—92 页。

是学者个体、课题组或项目组掌握的异质化的知识单元①。形成知识生态系统的学者与外部环境之间不断进行物质、能量和信息的交换，在与环境的相互作用之下，基于学术知识形成学术共同体，产出知识型人才和科研成果，实现学术生产方式的共享与交流，促进学术组织和个体自身的功能跃迁。外部环境的变化会促进学术组织不断调整自身的学科体系构成、科研方向、教育方式和政策措施等内容，使组织内部与外部环境之间产生更加紧密的联系，使学术文化生态处于有机和稳定的状态。

三　知识制度的文化要素关系解构

文化实力是高校的核心竞争力，也是实现学科善态治理的最佳手段。实际上，无论是组织变革，还是制度改革，这些常态的治理手段都受到学术文化影响，也都具有学术文化的印记。有学者指出“制度是一种文化现象”，甚至“风俗习惯、伦理道德、价值观念、意识形态等”都属于文化的软性规则与约束。② 由此可见，知识制度变革的方式（制度、政策、组织）源于学术文化惯习，学术文化底色也是学科发展的重要命脉。因此，要抓住学科文化这一底层逻辑，厘清“学术文化”与“知识制度”的关系，并从学科学术文化的物质属性、规则属性和价值属性出发，探索学科治理现代化的学术文化逻辑。

（一）知识制度与学术文化的共生关系

马克思和恩格斯认为“思想、观念和意识的生产最初是直接与人们的物质生活、与人们的物质交往，与现实生活的语言交织在一起的”③。社会存在决定社会意识，文化作为社会意识范畴理应来源于最基本的物质存在与历史存在，这说明文化具有物质属性。“人类学家则用‘文化’这一术语表示生活在共同环境中，由共同的行为习惯、共同的理想和共同的生活方式联系在一起的人类群体。”④ 这些共同的生活方式本质上是

---

① 杨桂通：《涌现的哲学——再学系统哲学第一规律：自组织涌现律》，《系统科学学报》2016 年第 1 期。

② 辛鸣：《制度论：关于制度哲学的理论建构》，人民出版社 2005 年版，第 264 页。

③ 《马克思恩格斯选集》（第一卷），人民出版社 1995 年版，第 72 页。

④ ［美］伯顿・克拉克：《高等教育新论：多学科的研究》，王承绪等译，浙江教育出版社 2001 年版，第 171 页。

集体中的契约与规则，可见文化具有规则属性。查尔斯·斯诺在《再论两种文化》一书中指出，词典中对“文化”一词的定义是“智力的发展，心灵的发展”，这种意义和价值层面的文化定义确立了文化的意义属性。这一属性具有关键性意义，正如美国学者约瑟夫·奈所指出，“在思想的市场上，决策通常为软实力所左右”，软实力所呈现出的文化和意识形态更具“吸引力、同化力、感召力和影响力”；“文化影响力是国家软实力的核心部分”。[①] 由此可见，文化是由物质环境、共同契约、信仰价值共同构成的整合体系，具有物质层面、规则层面和意义层面三层内涵。而学术文化则是学术界的学术主体根据学术积累、学科知识、研究范式、学科信仰、社会关联程度等建立起来的，同样兼具物质、规则和价值属性。正确理解学术文化与知识治理之间的关系是实现学科治理现代化的基础。

无论是传统的学科治理，还是知识制度视域下的知识治理，都内嵌学术文化并呈现出共性。一是“嵌套关系”，这是知识治理与学术文化之间的基本关系。不同的知识治理存在不同的文化，它根植于知识的治理主体、过程和结果。学科领地不同，学科文化各异，通过学术范式、学科地位、学者形象等表达出来，并影响着生产知识的内外制度。二是“共性关系”，这是学术文化与知识治理制度之间的深层关系。如果嵌套关系是一种可视化呈现，那么共性关系则是内在规训驱动的学术文化本能。而且这种深层关系需要深度的研究和揭示，才能道明这种本能的运行机理。譬如，学科治理效能低下的大学，其学者的整体学术品性也必然不高，这所大学的学术水平和学术声誉也处于学术文化的边缘地带。现实的学科（知识）治理主体都致力于探究这种低效的运行机理，试图解决问题。而这种深层的共性关系导致解决问题并不容易。

知识制度认可学术文化与学术治理的两重关系，并以更开放的高度解决学术治理中的问题。“不考虑文化，我们就无法理解制度，而理解文

---

① ［美］约瑟夫·奈：《软力量：世界政坛成功之道》，吴晓辉等译，东方出版社2005年版，第11页。

化则意味着对制度的考察”①。要化解学科制度走向僵化与失灵的危机，必须聚焦背后作为“文化”层面的非正式制度，并以此影响学科治理主体的正式制度和治理决策。从这个层面而言，知识制度是从文化这一软性制度着手解决知识生产组织和主体面临的学科困境，这是一种“以柔克刚”的学科制度变革（向知识制度变革）范式。基于对文化的嵌套和共性关系的深刻认知，知识制度更包容不同层次的知识生产方式（高深知识、实践知识甚至数据信息等都能得到认可和尊重），善于兼容行政科层结构中正式制度的社会需要与国家需求，同时也能够兼顾学术文化的求真内涵。本质上，是将自上而下与自下而上的治理方式进行融合。此外，知识制度更易于牵连学科文化边界位移。学科边界决定了学科文化疆界，自然学科与人文学科因学术范式不同、学者地位不同具有明显的知识边界，生成迥异的学术文化。这种文化的跨越需要知识制度的开放环境特性来推动，知识边界无法跨越，但知识背后的文化属性与“人”相关，从这个层面而言，知识制度是超越学科人，着力探索社会人进步的制度设计。当不同学科人面向同一个社会文化背景之中时，跨学科的知识制度更能推动人类对复杂问题和系统风险的高阶认知。这也正是今天学科治理向知识治理变革的价值所在。

（二）知识治理与学术文化的三重关系

知识制度尽管关照人与社会的现实情境与需求，但这种制度设计落实到运行与实施层面关键在治理主体和治理方式。而文化作为一种内在于人和组织的制度形态，对组织和个体的治理能力、治理习惯与治理态度有重要影响力。把文化视为一种内在制度，其一般具有三种层次结构：表层结构（即物质文化层）、中层结构（即集体规则层）以及深层结构（即价值意义层）。

1. 知识治理与物质文化的基础关系

人类的认识（知识）来源于物质生产和物质交往之中。物质生活状况决定知识水平，知识水平决定知识分类体系（学科）的发达程度。知识是物质世界与学科世界的中介，物质文明与学科进展通过知识建立联

① ［荷］吉尔特·霍夫斯泰德、［荷］格特·扬·霍夫斯泰德：《文化与组织：心理软件的力量》（第二版），李原等译，中国人民大学出版社2010年版，第20页。

系。文化的物质属性决定了以知识为主线的学科治理需要关注学术个体的物质需求与现实局限。如果人类“是在文化模式的指导下变成个体的人的”[①]，那么物质层面的文化内涵决定了个体的物质内涵。同理，学术文化理应尊重知识的资本转化，学科治理更要畅通知识的资本转化渠道，本质上这样的学科治理才是基于学术规律的善意治理，才是知识治理的理性样态。在知识经济社会快速发展的时代，资本的内涵已然不是经济界的专属，也不再限定于传统的物力资本，而是转向附有专业知识的人力资本。知识的资本转化包含向产业的转化与向个体的转化，前者表现为知识的应用转向，后者表现为知识的人力资本。知识治理要畅通这种知识与产业、市场、社会的联系通道，尤其要重视激励学术个体在知识资本转化过程中的现实层面和物质层面的基本保障。当然，知识治理与物质文化的关系只是基础关系，发挥保障作用。

2. 知识治理与学术文化的契约关系

规则是一种契约，只要“集体”存在，“规则”也必然存在。文化的规则属性对于学科治理而言，最重要的内容是根据不同的学术群体制定不同的群体规则。在“知识类型朝学科化方向发展，人们试图建立学科建制来确定某学科在科学体系中的地位”[②]，即在学科治理中，显性制度是规则的重要表征，具体的制度安排影响着既定行动者的行为目标和权力利益分配。[③] 这种分配在集体中形成共识、达成契约越容易、越高效、越长久，知识治理的效能就越好。传统的学科治理要达成共识并不容易，学术团队的自发自主合作与有组织创新并不常见，知识治理需要在更大范围内、更多的评价体系中、更多元的文化范畴中寻找可供合作的主体，而这些新主体、新组织可能并非传统意义上的“知识分子”，但这种包容和合作倾向下的治理方式，更能实现集成创新。

3. 知识治理与学术文化的核心关系

知识治理与学科治理最大的区别在于其遵循的价值逻辑不同，前者

---

① ［美］克利福德·格尔茨：《文化的解释》，韩莉译，译林出版社 1999 年版，第 65 页。

② 黄新斌：《学科评判标准发展的逻辑进路——从以内统外、范式翻转到视域融合》，《重庆高教研究》2021 年第 1 期。

③ 张曦琳：《中国高等教育评估制度变迁的回眸与前瞻——基于历史制度主义视角》，《重庆高教研究》2021 年第 1 期。

注重合作与包容，追求知识活动的多样性和差异性，兼容并包、百花齐放的知识治理样态是知识治理文化的核心意义与理想状态。而学术活动本身就具备批判与争鸣的文化内涵，这就决定了知识治理具备提供学术活动最需要的开放自主的治理环境。正因为知识治理提倡知识生产和知识传授的多种方式并存，知识治理的框架体系必然既尊重现有学科制度框架下科层结构的组织力和绩效，也尊重自主开放的多元扁平结构的创造力与实用性；既尊重制度治理的规范，也尊重情感治理的内化；既尊重"一流"学科的传统定义，也尊重"二流"学科的存在价值。换言之，知识治理以更加包容和多元的制度文化驱动学术生态的多样性，包括学术主体的角色身份多样化、学术范式的多样化以及学术活动类型的多样化。由此可见，知识治理的外在制度与学术文化的内在制度之间具有共同的价值指向，形成内在稳定的正向关系。

第三节　知识制度的生态逻辑

基于知识分类的学科到知识整合的制度变革，还要考虑知识制度的生命力。一次变革和创新不难实现，难在持续的创新变革，即知识制度的生存活力。从这个层面而言，学科作为最突出、最核心、最关键的知识制度，随着学科生存环境的加速变革，逐步呈现出生命力的衰减。知识制度作为未来学科变革的努力方向，其制度生命的运行与活力来源既需要考虑其社会生命力，也要重视内在文化驱动，关涉的不仅仅是知识系统，还有社会系统、文化系统甚至国家机器的运转系统。用生态系统的理论分析知识制度的运行机理，为学科制度向知识制度变革提供了整体性和系统性遵循：一方面，一流学科生命生长是个系统复杂的进化过程，不仅涉及学科内在系统，更需要在自组织的社会大生态网络系统中维系其活力，促进其在协同共生的环境中彰显其生命价值的真谛。另一方面，中国学科建设存在"普罗克拉斯提斯"式学科建设整齐划一的思维困境，缺少系统的方法论指导，生态系统理论可复燃一流学科生长的生命之光，形塑学科生命体的多元交互关系并提供新的思路与方法。

一 分析框架：生态系统理论及其适用性

生态系统理论是美国心理学家布朗芬布伦纳提出的，旨在构建个体发展模型，他强调个体的发展是内嵌于相互影响的社会大系统环境之中，这些开放系统[①]（宏系统、外系统、中系统和微系统）之间是在相互交往与共生的环境中成长与相互促进，共同作用于人的发展。生态系统理论的聚焦点在于整体性生态思维，微系统是人类发展直接接触的环境与基本影响源，中系统是各微系统之间相互联系与协同的场域组织环境，外系统是维系中系统与微系统有序运行的政策保障环境，宏系统是渗透于个体发展各子系统的文化信仰、价值标准以及社会环境等。发展阶段的个体处在从直接环境到间接环境等几个生态环境系统的中间，每一个系统都会与其他系统交互作用，形成组块网络化体系，[②] 影响着个体的发展与成长。在这种整体性生态思维的观照下，生态系统理论注重情境脉络中的人与人之间的仪式交往互动，环境与人互惠交流、相互适应，人在适应这些环境的过程中会创造出一个“栖位”。此外，生态系统理论认为，人类的社会生态系统具有多重联动性、非总加性与交互性特征，彰显出整体生态思维的方法论。一方面，社会生态系统本身是一个生态集合体，是由各种生态要素诸如组织生态环境、生态系统本身以及群落组织生态位等主体要素以及物质、能量和信息等运行要素综合汇聚而成；[③] 另一方面，社会生态系统中的要素之间不是孤立单一，更不是非总加的叠加，而是自组织生态系统间的多重要素在组织内部与外部形成共在承认的交往共生体，彼此间交互影响，进行着物质循环、能量流动、信息传递以及生命的延续。[④]

生态系统理论运用于一流学科生命生长具有高度相关的耦合性。学科作为大学发展的生命体，与人的发展具有相似性，始终处在由未成熟状态走向自我突破与实现的发展状态，是富有生命感召力的“人”，需要

① 吴彤：《生长的旋律：自组织演化的科学》，山东教育出版社 1996 年版，第 149 页。

② 张贵等：《创新生态系统：理论与实践》，经济管理出版社 2018 年版，前言第 3 页。

③ 吴鼎福、诸文蔚：《教育生态学》，江苏教育出版社 1990 年版，第 1—10 页。

④ 贺祖斌：《高等教育生态论》，广西师范大学出版社 2005 年版，第 19 页。

及时在大生态系统中摄入养料，以便能够在与外界交往的过程中调整自我适应的能力，形成自我反思力与创新力。根据生命体生长的特点与生态系统运行规律，一流学科生命生长是一个持续进化与自我调节的过程，也是多学科组群按照生命的节律进行发育、衍生与茁壮成长的逐步成熟状态，同样具有多重联动性、非总加性与交互性特征。一方面，一流学科作为学科集群发展的重要脉络，是以组群的方式存在，生命体需与外界环境产生交互作用，吸收多元能量，在能量交替与信息共享中养成良好的习惯，这种习惯是内外互推的结果；另一方面，学科作为大学的组织细胞，履行着大学组织的服务职能，学科发展引领大学理性精神。学科在成长的过程中需要以知识为立足点，在问题情境中获取新的生长点，形成具有应变能力、响应国家需求的学科群落。在此基础上，学科生命体能够通过自组织的自我调节系统去适应外部环境的变化，增强抵抗外敌的自我防御能力。

总而言之，生态系统理论运用的是整体性生态思维方法论，主张的是一种协同共生的理性交往理念，倡导多主体在相互理解与协商的大系统中达成共识。借助这种整体性生态思维方法论，学科生命生长是在一个交互影响、多重联动的大循环系统环境中，它需要观照自身的内在变化与发育情况，也需要与外部环境产生交互作用，彼此间建立协同共生的理性交往图谱，实现学科发展的学术逻辑、社会逻辑与市场逻辑的多元统一，真正做到外部环境与学科组织自主性的相互共振。这种大循环系统（如图2－2）主要包括四个方面：一是学科自然生长的微系统，这是学科生命生长中的最基本单元，包括诸如学科知识结构、学科经验积累以及学科个体等，注重学科内在知识逻辑的生成与运行。二是学科生长发育的中系统，主要是指学科与学科相互交流与影响的共生群落与自组织环境等，注重学科间的融合与互动。三是学科生长发育的外系统，主要是指确保学科正常发育的多元化巨型大学、产教研一体化社会机构、创新创业组织，注重的是学科创造价值的跨界创新性。四是学科生长发育的宏系统，主要是指学科在“生活世界”中交往的价值观念、情感态度、信念信仰等文化生态环境，关注着学科参与社会活动的贡献度、学科塑造人发展的宽广度以及学科与外界交往的活跃度。在全面推进学科治理体系与治理能力现代化的浪潮中，高质量的学科生命生长体系作为智能时代知识转型的内在支撑，整体协同、跨界创新、卓越集群的现代化发展之路将为一流学科建设摄入养料提供方法论指导。

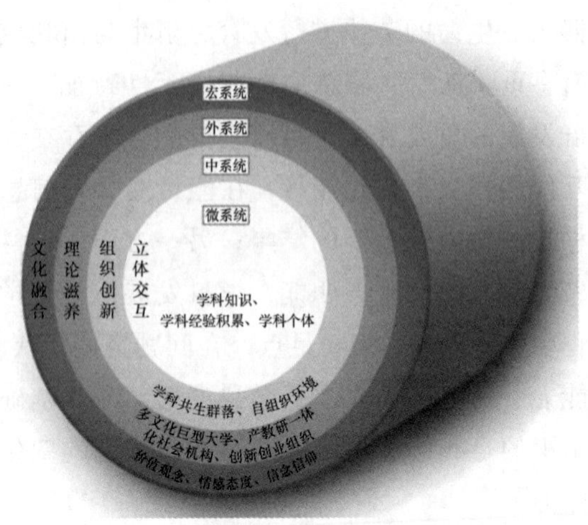

图2-2　一流学科生命生长的生态系统

二　运行机理：一流学科生长推动知识制度生成

基于学科生命生长的特性与规律，运用系统生态理论的整体性思维和方法为其注入营养，能够真正形成内生与外推协同共生的营养吸收模式，有利于学科与学科间形成相互包容与共享的创新生态链，最大限度实现学科发展与社会经济的联动共赢。整体性生态思维突破了以往学科建设中的单要素的叠加与机械简单组合，试图回归学科生态本身以及学科生产力的社会系统，是对整个学科生态系统复杂衍生与生命复苏的重新思考，是学科生态建设思维与方法论的创新。整体性思维镜像中一流学科生命生长的养料摄入是在多重生态环境系统的交互融合中实现的，始终处于一定的学科发展生态链之中，试图在理性交往与跨界协同的对话语境中实现不同学科间的能量代谢与更新。整体性生态思维侧重于对学科组织的整体观照，将学科（群）组织划定为功能上相互联系而形成相互依赖关系的组织域，旨在创生一种学科本身以及与大学间的卓越集群发展环境，一种知识制度文化生态。这种发展环境是合作共赢的，正如阿斯利和范迪文所言："社区生态学家关心的不是组织与自然或外源环境的直接对抗以及组织间的生存竞争，而是强调它们通过相互合作提高集体生存能力，这种合作的基础是建构有规则和有控制的社会环境，从而调节自然环境的影响。"[①] 基于生态系统理论中提及的开放系统以及学科卓越集群发展的协同互动关系，体悟学科生命体生成、发展、成熟与蜕变的全过程，需要从主体、组织、理论以及文化等要素层面为其注入养料，以实现整个学科生态系统的共赢发展。(见图2－3)

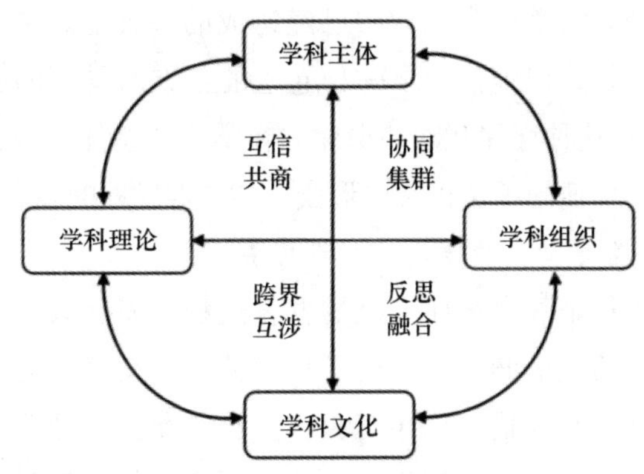

图2－3　一流学科生命生长的要素关系

(一) 基于交往与承认指向的主体互动

多元化的现代性社会倡导的是一种互动开放与兼容并包的和谐生态，各主体性要素在互动交往的行动逻辑中建立起相互信任的社会关系，进而能够提升多元主体解决社会公共治理问题的现代化能力。在这种系统生态环境下，更加凸显新时代一流学科生命生长与整个社会生态环境系统中的内外部结构要素联系紧密，需要多主体在"生活世界"中展开对话交流，确保行动的整体性与协调性，而非一种静止状态"坐井观天"地"拔苗助长"。因为"只有当个体生命的再生产融入整个人类的生命过程当中，一种'社会化的人类'的集体生命过程才能沿着它自身的'必然性'前进。"[②] 杰拉德·德兰蒂指出："交往如今成为了社会再生产其

① W. Graham Astley et al, "Central Perspectives and Debates in Organization Theory", *Administrative Science Quarterly*, Vol. 28, 1983.

② ［美］汉娜·阿伦特：《人的境况》，王寅丽译，上海人民出版社2009年版，第83页。

自身的机制……所有的社会领域都渗透着交往过程，而且存在着不断扩张的话语空间的场所。”[①] 学科生命生长需要形成以学科群为共生互动的主体，以学科群的整体利益为关照点，学科领袖、学科守门人、学科共同体、学科同行评议人等主体在相互承认与信任的共商共赏环境中达成对学科生命生长的治理共识，建立信任合作型学科生命互动交往模式，避免单向度的行政权力僭越民主协商、民主决策的和谐共治氛围。“交往互动产生于一种对情境通常的理解已经达成的基础上。它预设了一种背景共识，这种背景共识中包含了一种卷入的各方所得出的有效性主张之‘共同认可’。”[②] 这种交往互动共识建立在学科群主体对各自身份承认的基础上，在相互信任的承认正义中形成对学科群发展的多中心治理格局。

（二）基于跨界融合的理论互涉与共享

学科生命生长是一个循序渐进的发育过程，需要汲取多方营养与理论养料，在多源的理论润养下实现学科互涉渗透交往，促进彼此能够在跨界融合的境脉中相互借鉴、相互影响。学科交叉与理论融合旨在凸显学科生命生长的整体性与协同性，承认不同学科间的差异，降低学科围墙，打开不同领域之间的大门，消除学科间相互交流与分享的心灵壁垒。“知识正日益学科互涉的观念很大程度上来自于因借鉴其他学科而带来的日常互补性交流，广为人知的例子涉及工具与仪器、方法和技巧、数据与信息、概念与理论。”[③] 在大学场域空间内，学科是以集群的方式实现共生发展，不同学科通过吸收各自的理论养料能够成为朝气蓬勃的学科联合体，在这种群生的交互生长环境中，学科联合体在知识间的合作、互动中逐步形成互倚发展、差异共存的生长规律与发展轨迹，同时需要借助跨学科的理论知识与研究方法来解决学科发展与生长的困惑。如学科结构的优化与重组需要借助系统论来调适，学科差异化共生发展属于价值哲学范畴，学科生命生长的指标监测离不开控制论、管理学等学科

---

① ［英］杰拉德·德兰蒂：《现代性与后现代性：知识，权力与自我》，李瑞华译，商务印书馆2012年版，第166页。

② ［美］托马斯·麦卡锡：《哈贝马斯的批判理论》，王江涛译，华东师范大学出版社2010年版，第363页。

③ ［美］朱丽·汤普森·克莱恩：《跨越边界——知识　学科　学科互涉》，姜智芹译，南京大学出版社2005年版，第78页。

视角关照。正如克莱恩所言："一门学科经常借用其他学科的工具、仪器或技巧，例如，化学家使用最初由物理学家发明的质谱分析技巧。一门学科还使用其他学科产生、阐释的数据，在标准道德规范上，哲学家在不同的道德判断文化模式中使用人类学例证。"①

（三）基于协同创新的组织再造与优化

"学科是一种组织。它们有自己的活动范围，有为数不少的成员会誓死保卫他们的领地不受我刚才提出的那些堂吉诃德式的思想，或其他似乎能威胁到现在组织自身存在的历史结构的思想的侵蚀。"② 学科生命生长需要学科组织的关照，帮助学科群落找到"谋生"的栖息地，"学科组织是一个典型的自组织系统，它以知识体系的自我完善有序建构学术共同体。自组织形成有序结构的主导力量来自系统内部。"③ 从系统论的整体组织生态角度出发，学科生命生长的生态组织需要形成协同创新的"知识网络"与组织变革的配套制度，形塑学科组织个体、学术组织群体的创新凝聚力与向心力，形成以二级学院治理重心下移为核心的院系共治的学科组织管理谱系，优化组织内的要素系统结构，有效整合与优化学科资源平台、学科决策制度、学科发展生态链。在跨界融合的知识创新时代，知识的应用与更新不是单一学科能够完成的，需要学科组织自身在多学科融合交往中形成的自生自发秩序与制度供给的共振，不断创新与优化组织的功能，形成"去中心化"的兼容并包的组织集群效应，形塑组织中学术权力的决策力与行政权力的执行力，促进基础学科与应用学科、优势学科与弱势学科等能够以群生的方式在组织中实现共生发展。

（四）基于共生包容的文化融合与认同

"文化是个人和人类在所有领域和任何角度中的所有进步的总和，只

---

① ［美］朱丽·汤普森·克莱恩：《跨越边界——知识　学科　学科互涉》，姜智芹译，南京大学出版社2005年版，第78—79页。

② ［美］伊曼纽尔·沃勒斯坦：《知识的不确定性》，王昺等译，山东大学出版社2006年版，第109页。

③ 武建鑫：《走向自组织：世界一流学科建设模式的反思与重构》，《湖北社会科学》2016年第11期。

要它有助于作为进步中的进步的个人精神完善的进步。”① 学科生命生长的文化是一种内生于学科发育本身，能够触动学科组织与结构向善发展的精神灵魂，促进学科共同体成员对学科规则的共同信仰以及对知识传统与思想范畴的共在价值认同。正如帕森斯所言：“一个被集体的成员共同信守的信仰体系……它的方向是将这个集体有价值取向地整合，通过对集体的经验属性和集体所处形势的解释，它与评价性的集体整合相适应，是它发展到既定状态的过程，是这个集体成员共同追求的目标，是他们与未来事件发展过程的关系。”② 文化作为一种兼容并包的符号体系，引领着多元学科形成融合共生的交往共同体，在这种包容与融合的环境中彼此能够相互渗透各自学科的文化元素，包括多学科发展理念、成长历程以及生长惯习等，在反思与联动的生态中形成发展合力。一定意义而言，学科生命生长的本质是在反思与思考中唤醒学科主体参与学科治理的主动性与责任感，在共生包容的文化融合境脉中形塑学科生命生长的自生自发秩序与文化胜任力，进而能够增进学科主体对学科生命生长规律的理解与信仰。“文化的本质不是物质成就，而是个人思考人的完善的理想，个人思考民族和人类社会和政治状况改善的理想，个人信念始终和有效地为这种理想所决定。”③

三　生态互涉：从学科制度到知识制度的变革之路

生态互涉彰显的是一种整体性生态观照公共事务治理秩序的价值伦理，兼具开放性、包容性、协同性与系统性等特征，在这种系统生态思维的引领下，知识制度是一种协同共治的双向互通的交往过程，多元主体在理性交往的“生活世界”中重点关涉学科生长的内外部环境，以“善”为宗旨，实现“善者”“善念”与“善行”的多维联动学科生长格局，最大限度复燃知识制度生长的生命之光，为建设世界一流学科与一流大学创设良好的生态环境。

---

① ［法］阿尔贝特·施韦泽：《文化哲学》，陈泽环译，上海人民出版社 2013 年版，第 117 页。

② Talcott Parsons, *The Social System*, London: Routledge, 1951, p. 349.

③ ［法］阿尔贝特·施韦泽：《文化哲学》，陈泽环译，上海人民出版社 2013 年版，第 114 页。

（一）关系澄明：明确学科生命生长的权责逻辑关系

知识制度的多元包容格局的生成需要明确多元主体沁入学科生命生长的权力范围、边界指向以及责任关系，促进多主体能够在相互承认的法权结构中形成共在的学科生命生长联动主体，为知识制度的持续创新活力涵养养分。从学科组织系统层面而言，二级学院治理重心下移是新时代形塑良好学科组织系统的关键，充分释放院系基层学科组织参与学科治理的决策权、规划权、统筹权，发挥其参与学科群建设、跨学科交往以及学科网络式整合的协商民主作用，切实履行好基层学科组织的学术决策责任。登特里维斯指出："协商民主思想规定的三个中心条件——包容性、理性和合法性。"① 基于此，院系基层学科组织中的每个共同体成员若想真正实现协商民主的学科之治，还需深刻理解包容性、理性与合法性的核心要义，确保每个学术共同体成员在平等、共商的基础上参与学科发展的决策，都有知晓整个决策过程的权利；达成学科治理共识的决议是由协商过程中提出的各种事项与方案决定，而不是投票者个人的利益或要求的简单聚合。在此基础上，尚需充分整合一级学科与二级学科学位授权点的学术资源、协调学科群多维发展交叉融合关系、提高研究团队交互合作与创新效率等，考虑如何能够提升学科组织系统的凝聚力、向心力与协同力。从学科组织内外部组织关系层面而言，学科的集群长效发展、学科参与企业生产的活跃度、学科参与知识创新的积极性等，需要政府、社会、大学等主体的多元互动，为学科间开展合作跨界研究、互动交往提供主体性支撑，真正实现学科生命生长增质提效、优化关系的良性运转愿景。具体而言，政府需要树立长效服务意识，着力发挥宏观指导与调整的作用，强化执行能力，厘清权力边界，达成"确权、分权、让权"的学科治理共识，避免权力的过度集中与设计。正如哈耶克所批判："在所有极权主义国家里，这些学科已成了制造官方神话的最丰产的工厂，而统治者就用这些神话来支配他们的子民的思想和

---

① ［南非］毛里西奥·帕瑟林·登特里维斯主编：《作为公共协商的民主：新的视角》，王英津等译，中央编译出版社 2006 年版，第 87 页。

意志。”① 大学和社会承担着整个学科知识创新输入与输出的使命，其核心责任是将学科知识与企业需求进行实践成果转化与对接，构建学科知识逻辑与应用逻辑双向互通的网状联动系统，形成学科服务企业发展的合作共赢使命，着力打造“创新型自治”的学科交往谱系，努力构建和谐共生的学科生态。② 社会公民以及其他社会组织需要从“主人翁”的角度对学科评价、学科声誉以及学科建设产生的社会效应进行监督，切实履行好监督评价以及建言献策的义务。

（二）多维联动：创生学科生命生长的关联制度体系

知识制度是一种多维联动的制度规范。良好的学科生命生长秩序的维系需要以科学合理且合法的制度规范作为推力与条件，而学科生命生长的善态能量释放则需要借助这种充满正义理性与人文关怀的秩序才能更好地发挥它应有的作用。在高质量发展的新时代，若想真正实现一流学科生命生长的现代化之路与善态愿景，需要创生相关的关联制度体系。而知识制度的包容力与兼容性决定了这些关联制度体系应该在其视野和格局之中，为学科建设的相关主体在利益博弈、冲突协调等方面提供支撑。第一，建立学科跨界交往的资源共享制度。从物质资源供给的角度而言，需建立学科跨界交往的物质资源共享制度，打破学科与学科间的闭塞自封状态，建立多元学科间的跨校物质资源互通共享机制，尤其是理工科的资源交互共享，逐步建立顶层设计与基层联动的学科物质资源共享的使用与维护制度。在此基础上，明确跨学科物质资源共享使用的基本原则，以优势互补为导向，形成整体优化的关系思维，借助多方共享优质学科物质资源这一方式最大限度实现研究团队的交叉融合与互动创新。从信息资源供给的角度而言，需建立学科跨界交往的信息共享制度，通过人工智能、区块链等新时代“技术赋能”的方式实现学科资源的优势互补、共享，采用分布式记录和分布式存储的方式消解学科单边霸权主义对整个学科资源的控制权，实现区块链上所有节点对学科信息

① ［英］弗里德里希·奥古斯特·冯·哈耶克：《通往奴役之路（珍藏版）》，王明毅等译，中国社会科学出版社 2016 年版，第 176 页。

② 刘振天、俞兆达、陈恩伦等：《新时代学科评估改革的新思维（笔谈）》，《吉首大学学报》（社会科学版）2021 年第 1 期。

资源的共享交换，最大限度实现学科信息资源的“去中心化”。从平台资源供给的角度而言，需建立学科跨界交往的平台资源共享制度，打破学科单向度“争宠”的旧念，形成多学科间学科交流互动、学术平台共享、信息交互的联动发展格局，为跨学科组织群落的形成与发展提供载体。第二，建立学科可持续发展的共赢互补制度。如前所言，学科生命生长本身具有复杂性与整体性，是多主体间的互动合作与承认信任的交往过程，需要通过自生自发的制度来规约与厘定多主体合作的框架事宜。学科可持续发展的共赢互补制度的设计需要重点关注学科的应用逻辑与知识逻辑之间的内在关系，协调两者间的矛盾与冲突，面向社会市场需求与公共利益，通过商谈的方式重点解决哪些学科强弱互补的共生发展问题，如何通过制度设计的方式来实现学科跨界发展的共赢愿景。如在学科利益分配层面，既要考虑学科自身发展的特殊性与规律性，又要考虑学科的社会效应与经济效应，如何平衡两者的关系，则是制度设计与创新的核心。无论具体怎样设计制度内容、框定制度框架，都应树立多主体协商信任的服务意识，坚守制度理性的本真价值秩序，在正义的生态中彰显制度善。第三，建立学科育人的全球意识人才培养创新制度。[①] 学科生命生长的价值旨归在于探索成人、育人的理性复归人才培养制度，结合学生作为成人个体的特质，形成全球发展的跨文化人才培养大局观，围绕课程目标、课程理念以及课程内容等维度设计展开论证，始终将人的发展作为学科建设与学科生长的基点，探索“学科—知识—人”之间的多维联动交往关系。在这种善意交往关系中激发人性向善发展的潜力，舞动人类命运共同体共同繁荣发展的心弦，促进学术场域中的个体能够在知识选择、体悟生命价值以及践行学术道德规范等层面真正去思考学科与人之间到底存在怎样的互动关系，考究学科知识如何能够影响、改变人的行为品德。

（三）内外兼容：健全学科生命生长的多元保障机制

知识制度的内外兼容需要多元保障机制支持。第一，建立多元学科群协同发展的专项经费与政策供给机制。新时代有生命力的学科应是整

① 周文辉等：《“双一流”建设中国特色内涵辨析》，《西北工业大学学报》（社会科学版）2020 年第 2 期。

个开放学术共同体的学科，而不是某个封闭的学科权威个体，学科生命生长的最终目的也应在国家宏观政策的观照下着眼于学科的发育与进展、知识创新与社会发展的互动以及人对学科的理解。基于这样的考虑，从国家层面而言，需要依靠学科建设中央财政专项经费，建立东中西部高校学科联动长效发展项目，以项目为抓手，形成主体、学科组织与学科资源间的多方联动，提高不同学科参与合作研究的积极性，从宏观政策层面推动建立跨学科大学联盟，在组建实验室、跨学科研究中心、课程资源建设等方面给予政策支持与经费支持。在此基础上，国家需要在“双一流”建设政策文件中进一步细化多学科融合发展的长效激励机制，优化跨学科组织结构，建立分级管理的学科绩效分配制度，鼓励高校与企业开展产教融合的学科创新项目研发，强化“一带一路”沿线国家的高校学科融合实践创新合作，[①] 努力实现学科资源的跨界优质均衡发展。从省级政府层面而言，应深入落实国家关于学科发展与建设的宏观政策精神，发挥好政府的协调作用，[②] 合理统筹地方高校学科发展经费，通过经费支持、政策倾斜等方式加快推进大学与企业之间的学科应用成果转化，建立强弱学科互动帮扶制度，形成优势学科、交叉学科与弱势学科之间的联动，鼓励高校与企业开展应用学科的跨界合作研究。此外，省级政府可根据地方经济发展需要，建立校企合作奖励制度，对于取得显著效果的企业，政府应给予税收减免、增加财政补贴等优惠政策，对于取得显著效果的高校学科，政府应在纵向委托课题、资政议政等方面给予重点资助与帮扶，最大限度调动企业参与学科对话的积极性。正如克拉克·科尔曾言：“大学由知识构成，必须继续提供企业要求的知识来源，更广泛地讲，是符合国家在经济增长上的利益的知识来源。”[③] 第二，建立多元学科协同交往的实践反思机制。协同创新与交往是多学科实现共在互动的重要途径，也是彼此间吸收养料的主要方式，多主体在共意

---

① 陈亮、党晶：《“一带一路”视阈下的高等教育战略发展透视》，《贵州师范大学学报》（社会科学版）2020 年第 3 期。

② 包水梅、李明芳：《一流学科建设：从管理走向治理——兼论我国高校学科治理的路径依赖及其突破》，《现代教育管理》2021 年第 1 期。

③ Cole J. R. , Smelser N. J. , Searle J R, et al, *The Research University in a Time of Discontent*, Baltimore: Johns Hopkins University Press, 1994, p. 10.

互动的场域空间内能够以平等的身份发表真实的看法，对学科生长有自身独到的见解与认知，实践反思机制能够将多元学科声音中的理性汇聚一体，提升学科治理的执行力。多元学科协同交往的实践反思机制包括两类：一是正向的实践反思机制，这是学科生命生长的变革性力量，将多元学科主体对学科发展的正向信息与思考形成学科生长的实践经验，在多元声音中吸收多方智囊，不断优化学科生态组织系统，在反思中增进对学科发展与生长的实践经验与整体认知。正如哈贝马斯所言："一个个体的存在不是通过客观化命题的复杂描述去认知的，而是用'适当的整体性'方式认知的。"① 二是负向的实践反思机制，这是学科生命生长的自我纠错与反思力量，形成多元学科生长的自我反思实践路径，构建多元学科跨界发展的协同反思与问题纠错机制，在分析现有学科问题的基础上改进原有学科发展的旧观念与旧思路。负向的实践反思机制以解决学科联动发展的具象问题为核心，最终形成"观照学科现实问题—面向社会经济发展—回归学科生长本意"的学科反思想象力，提升以实践为引领的学科群落自我纠错与反思的综合发展力。在正向与负向双向互通的学科实践反思机制运作下，能够有效促进学科群在自生自发的交往秩序中形成创新反思的实践行动力与执行力。第三，建立多元学科群协同发展的第三方评价监督机制。本着公平、公正、独立的价值标准建立独立于高校与政府的第三方多元学科群协同发展评价监督机构，运用跨界融合的相关理论与模型着力对学科群共生发展的组织结构、运行逻辑、实践效果等全过程展开全方位监督与评价，形成自上而下、由内而外的学科信息传递与监督机制，发挥第三方评价监督机构的专业性与独立性，确保多学科发展的各个向、面都能得到全方面的润养与维护。

（四）卓越集群：知识制度推动学科集群空间发展

卓越集群鼓励大学与大学之外的研究机构开展合作，形成创新发展合力，淡化学科排名，真正练好学术发展的"内功"，固本培元②。其一，

---

① ［德］于尔根·哈贝马斯：《后形而上学思想》，曹卫东、付德根译，译林出版社2012年版，第143—144页。

② 黄新斌：《学科评判标准发展的逻辑进路——从以内统外、范式翻转到视域融合》，《重庆高教研究》2021年第1期。

形塑学科群组织的相互依赖生态。在整个学科生态系统中，学科间的发展具有某种程度的依赖关系，一门学科的发展水平会影响其他邻近学科的发展水平，学科是以群生关系存在于整个场域中，牵一发而动全身，因此，尚需构建相互依赖的学科命运共同体、形塑学科群组织的和谐关系。在内生与外推的学科生长环境中，将“兴趣”横贯于学科群成员交往的始终，形塑他们对整个学科命运发展的共在荣誉感与使命感，促进不同门类学科在相互倾听与帮扶中获得共生发展，摆脱学科霸权主义的单边压制。“兴趣的目标是生存或定在（das Dasein），因为，它表达着我们感兴趣的对象同我们实现欲望的能力的关系”①，培育学科群组织相互依赖的实践兴趣，增进彼此合作与探究未知领域的能力，进而形成相互支撑、相互认可的学科命运共同体。其二，形塑学科群组织科际共生的群落生态。虽然在学科群落的生态场域中，每个学科有其自身的生态位，在不同的场域空间中占据不同的位次，但整体性生态系统主张的是集群、跨界发展，学科生命生长中的知识、学者以及环境处于协同发展的状态，学科组织集群发展需要形成交互作用、相互融通的生命体征。因为跨学科交叉融合的前提是不同学科在研究方法、研究内容、学术思维以及研究范式等方面存在共通性与兼容性，唯有彼此在宽松、包容的氛围中共生与探讨，才能避免装腔作势的虚假研究，真正磨练学科群落组织成员批判性创新的真功夫。正如米尔斯批判道：“社会科学研究的客观性需要我们做不停的努力，以清楚地了解这一行业中所包含的所有内容；需要学者们广泛地而且是批判性地交流他们各自的努力。社会科学家可别指望通过科学方法的教条模型或装腔作势地宣告社会科学的问题，来富有成效地积累和发展他们的学科。”② 其三，形塑学科群组织的知识生产创新力。作为集群共生的学科群组织需要以知识交往和知识生产为内核，提升学科参与竞争的原生创新力，激发学科生命体与知识深度融合的能量。知识生产创新力是指学科群落组织中的知识生产与创新的综合能力，

---

① ［德］尤尔根·哈贝马斯：《认识与兴趣》，郭官义等译，学林出版社 1999 年版，第 201 页。

② ［美］C. 赖特·米尔斯：《社会学的想象力》，陈强等译，生活·读书·新知三联书店 2016 年版，第 139 页。

即知识在持续基因变异、环境变化中彰显的自我适应能力与创新融合能力。有学者指出："一个大学的学科建设目标就是在于提升学科组织在知识生产上的能力，所谓学科建设就是让围绕某个知识生产上的能力不断增强，能够产生高水平的学术成果，提高高质量的专业课程。"① 新时代的话语体系下，学科间的集群发展需要大学借助国家的宏观政策，鼓励知识生产者"在原创中积累知识，在融合中增生知识"②，同时根据社会特定的需求开展面向应用、面向需求、面向社会的学科知识创新生产活动，提升知识创新的生命品位，形成学科群知识联合的混合实践创新道路。

第四节　知识制度的价值逻辑

从学科到知识的变革，既是知识内核的真理回归，也是学科制度从时间和空间上的拓展，是一个更宏阔的知识活动视域和格局。知识制度的价值在于它关照"人的需求"并解决"活的问题"。从这一点来看，无论是前述的文化逻辑或者生态逻辑，都要观照社会逻辑这个价值起点，最终满足"人的发展"这个价值终点。因此，知识制度的价值逻辑，虽然谈论学科制度到知识制度变革的价值，但根本上谈论的是人的发展如何通过知识制度的变革最大化。

一、学科制度与学科人的危机

当人过于追求事物的外在技术层面或将技术作为一种达成目的的手段时，"有用性"将使人沦为工具的"奴仆"，严重侵蚀人的理性精神，扭曲学科本身的逻辑结构与系统关系。在权力干预与行政设计的工具主义环境影响下，学科治理会偏离善治轨道越来越远，愈发陷入价值危机，阻滞正义能量的有效释放。

（一）技术理性疯癫中的学科规训主流地位凸显

学科治理是大学学科（群）有序运行与向善发展的有力调节器，是

① 宣勇：《大学学科建设应该建什么》，《探索与争鸣》2016 年第 7 期。

② 龙宝新：《论面向知识生产力提升的一流学科建设逻辑》，《南京社会科学》2018 年第 9 期。

助推学科生态系统形成良性互动与精神生命理性复归的明智选择。这就必然会涉及学科治理的价值选择，即什么样的学科治理是有效的、正义的；好的学科治理应具有怎样的价值理念。然而，从现实的学科实践来看，人们对这一价值选择与理性判断尚存认识盲区，“短平快”的应急式学科加速论、学科拼凑论已成为技术时代高校冲击重点学科、一流学科的主要方式，技术控制的学科治理常常以一种反复强化的方式试图在短时间内实现既定的治理目标，将学科视作了一种利器工具，忽视了学科本身的内在逻辑，缺少批判与反思精神。在这种观念的影响下，学科制度的价值在于满足政治统治的“有用性”，以便能够在“政治认同”的庇护下获得更多的学术资源与资本，泯灭了学科人对自身发展和学术职业的自主性与正义性，技术宰制与权力规训已逐渐横行于学科制度主导下的治理场域之中，成为一种隐性“暴力”。

（二）“上有政策、下有对策”的投机与趋同建设

当有限的资源和机会仅向少数优秀群体有限开放时，各高校为了能够“取胜”，减少探索建设一流学科的经济成本，通常会“钻研”学科评价体系中的遴选标准、资源分配方案以及学科规划方式等内容，采取“最优化”的方式尽最大可能竞标入选。这种“最优化”的方式主要有两种表现形式：第一，高校会利用最节省成本的方式，采取“有效”的应对策略，移植国外知名高校的学科建设、人才培养以及学科组织建设的经验，以此来对标、照搬重置本校的学科布局，致使千校一律地冲击学科排行榜成为常态。第二，高校会费洪荒之力重点建设一门学科，给予诸多政策支持，按照既有的规划设计来提升该学科的影响力与排名，力保其进入重点学科梯队，形成了倾斜重点发展、追逐量化指标、重科研轻教学的乱象。这些所谓的“有效”举措很容易陷入趋同发展的模仿式建设泥潭，偏离学科制度“求真”的价值轨道。

（三）工具主义遮蔽下的学科治理目标与理念紊乱

学科治理工具主义的依赖路径吞噬了学科治理应有的教化作用，“利欲”成了高校治理学科的首要价值，忽视了学科育人、成人的终极价值。在这种虚无主义的价值熏染下，学科治理仅仅是为了“迎评”而达到短时目的的一种手段，治理方式随时会视政策的改变而做出“临时抱佛脚”的应景调整，所有的“努力”都缺少了生命灵动和创新精神，难以萌发

出学科生长的幼芽。学科治理的动力更倾向于获取利益、博得政府以及社会的认可，学科治理的目标与理念出现了严重错位与紊乱，泯灭了学科治理的人文关怀与教化善的价值，存在“为了治理而治理”的虚假治理乱象。这种价值尺度虽在短时能够给人们带来获取“竞争”的砝码，但从长远来看并未能真正唤醒人的内在精神。

学科制度的价值危机根本上也是学科人的危机甚至人类发展的危机，这种价值危机不是学术人造成的，更不是高校生成的。要解决这种价值危机，学科制度的变革必须以学科一域牵连起整个知识领域，这个知识领域不仅仅是高深知识的生产传播场所，更有实践知识的泛在社会场域。如此，才能真正观照到人的价值需求。

二　知识治理的价值关系证成

知识治理的价值逻辑是把学科治理价值事实所呈现的张力关系与其所指涉的这种关系的前设性问题——即公共理性作为逻辑支点，将“目的性”善的价值正义与“过程性”善的价值正义始终贯穿于整个学科治理逻辑，从人的角度出发，积极介入具体实践场域中并把思考对象所汇聚的意识形态性、主体性、生命性以及规范性等价值关系阐释清楚。目的性“善”的价值正义是知识治理价值逻辑的方向指引者，以价值理性为核心，从人的主体性出发，凸显人的主观能动性，倡导一种迈向自由自觉、共在交往的治理活动。“过程性”善的价值正义要求知识治理的每个过程与环节都要凸显公共理性的善态价值，形成多主体间的协同共治与相互承认的治理生态，努力将知识治理形塑成一种公共能力，进而提升现有学科的“可治理性”。“在秩序良好的民主制度及运作良好的公共领域存在的情况下，公共能力而非权力或资源等的发展，就是有效政治自由的基本检验指标”①，知识治理作为一种公共能力，需要凸显公共意志性，充分彰显多主体间基于专业学术判断的学术自由与话语表达，建立日常学科交往对话的平等关系。

---

① ［美］詹姆斯·博曼：《公共协商：多元主义、复杂性与民主》，黄相怀译，中央编译出版社2006年版，第112页。

基于这种“目的性”善的价值正义与“过程性”善的价值正义的旨意，知识治理首先体现的是站位高远的意识形态性。其一，意识形态是一个总体性的社会性概念，它作为价值观的理论总体系，涉及政治思想、道德伦理以及广泛的社会认识论等见解，具有明确的意向性。这种意向性是社会存在的一种表征，把道德伦理、社会观念、历史文化等意识形态与人们的实际生活联系在一起，进而在行动中呈现一定的思想倾向与目的指向，与知识的产生和发展有着内在的必然联系。学科知识是一种经过选择、规划与有序组织而形成的共同实践话语谱系，是社会政治、历史、文化以及主体建构等意识形态表征相互作用的结果，而对学科进行治理与规划也要考虑其价值信念、政治经济文化等意识形态的实质功能。意识形态往往通过宏观的政策导向、中观的历史文化以及微观的价值信念等方式潜移默化地渗透、指引并规范着学科知识的产生与建构、学科组织的完善等，这是学科治理价值逻辑的方法论前提与合法性基础。其二，有效落实知识治理的意识形态性，主体性因素发挥着重要作用。因为人是学科治理的主体，因共生共在关系而形成的主体性价值，基于共同目标与互利共生关系的“你中有我，我中有你”的知识共同体命运，是学科治理走向知识治理的关键。主体性价值是整个价值善的意识形态体系的内核，强调求同存异、兼容并包的交互主体间性，竭力打造汇聚共同利益、共同责任、共同文化于一体的学科治理价值共同体。其三，涵养人性的生命性价值是促进学科（群）在自生自发秩序空间内进行新陈代谢、相互吸收养料，实现人与知识生命共生的重要保障。因为共同体在交互实践的过程中试图实现的是知识与人类主体的生命相遇，能够在共生共荣的关系中更好地服务于人的全面发展，关注多主体间的精神世界，释放知识育人、成人的正义能量。人可以通过知识的润养来实现自身生命价值的生长与理智超越，不断满足人对于生命的想象力。生命性价值也是在“善”的包围下知识育人、成人的共意表达与基本立场。其四，实现知识治理意识形态性、主体性与生命性的多元价值共生是学科治理迈向善态的持久承诺与公共善念，需要充分考量治理的正当性与合法性，彰显公平、民主、正义与秩序等规范性价值，以便能够确保学科治理形成合意的契约。“一个共同体的建设主要是依靠制定自己的规定，自己的架构宪章，以此作为基础并与他人联系的社会契约"①，这是基于民主协商的规范性价值，是知识治理共同关系结构化的外在表现，构成了维护彼此共在利益关系的黏合剂。

总而言之，知识治理的价值逻辑框架是以公共理性为支点，在价值善的秩序逻辑润养下，以意识形态性价值为总领，从"人"的主体性价值出发，关照学科知识与人之间的内在关系，彰显知识生态系统的规范性价值。生命性价值是主体性价值得以实现的内在力量，规范性价值是主体性价值得以实现的外在形式，规范性价值是在主体性价值共意互动中得以承认的，同时又会保障意识形态性的有效伸张，对生命性价值起到引领与规约作用，主体性价值的释放与拓展反过来又会促进意识形态性价值、生命性价值与规范性价值的形成与互动，四者在公共理性的善态循环中形成多维联动互通的良性生态关系。

三　知识制度在新时代的价值旨趣

（一）坚守新时代国家意志的主流意识形态性价值

学科治理是新时代国家对世界一流大学与一流建设的总体政策期待与宏观设计，彰显了国家对高等教育发展的重视程度。这种主流的意识形态会在反复强化的"知识—权力"双向关联的互动中形成符合社会政治文化场域的实践惯习并得以有效落实。阿普尔指出："教育与文化政治有着很深且密切的牵连。课程从来都不仅仅是知识的不偏不倚的汇集，正如一个国家教科书里以及课堂中所显现的情形。它总是一种选择性传统的一部分，是某人的选择的结果，是某个集团对合法性知识的见解。"②从这一层面而言，知识治理的合法性价值根基源于国家主流的意识形态性，服务于国家重大现实战略发展需要，彰显知识制度的公共意志属性，这是对知识制度公共服务的理性召唤以及有效管理知识公共组织的一种深厚、持久的价值承诺。

（二）凸显学科共同体间的共生主体性价值

"技术世界体现出和我们对'伟人'的形象联系着的那些特征。也像

① ［法］皮埃尔·卡蓝默：《破碎的民主：试论治理的革命》，高凌瀚译，生活·读书·新知三联书店2005年版，第81页。

② ［美］迈克尔·W. 阿普尔：《文化政治与教育》，阎光才等译，教育科学出版社2005年版，第24页。

伟人一样，它是创新性的、精力旺盛的，同时既是培养生命的又是毁灭生命的，它和原始形态的自然界结合成一种复杂的关系。技术正像人本身一样形成了一种人为的性质”①，它最终指向的是作为社会场域中的人，复原人在社会共同体中的话语表达与生命气质，凸显人的主体性价值，进而能够形成相互承认的法权结构。知识制度导向的知识治理需要在相互承认的共同体法权结构中形成公共信任的价值许诺，凸显知识共同体间的共生主体性价值，这是学科治理迈向知识治理的内在价值诉求。

（三）维系知识与人的精神生命性价值

知识不仅指引学科的生长方式，而且还形塑着学科与人共生发展的生命样态，通过学科知识生产、转化、运用等方式唤醒人理解生命生长的理性意识。知识制度框架下的治理本身具有内在的人文精神，“寻求的是人的关联，是一定程度的相容性，不是寻找存在的落脚点，而是存在的方向”②，是对学术共同体学术心灵真善美的唤醒。知识制度内涵公共理性品质，它不仅促使学术人的价值存在指向美好学术生活的探究与交往，形成一种学术场域诸要素的理性认知，而且还表现为学术共同体成员对学科生长与育人、成人之间生命关系的整全理解。不同学科在整个高等教育场域的发展脉络中所带给人们的远非事实层面的知识介绍，而是价值层面的体悟感念，人们在与学科知识交往与对话中实现着生命价值的生长与超越，感受着超越理智的思想启蒙。从这个意义上而言，知识治理的诸要素（内外部组织、学科文化以及学科环境等）需要关注人的生命生长，彰显共生主体性价值，形成符合人类生命生长的内在规律，启迪心智、健全人格，最大限度释放知识育人、成人的教化善态能量。

（四）彰显知识生态系统的结构规范性价值

知识制度的规范性价值是学科共同体关系结构化的外在表现，主要体现在规范性民主与规范性公正两个方面。第一，规范性民主是一种合意民主的价值秩序，旨在强调在“生活世界”中建立共在交往的行为准则与秩序规范。知识治理规范秩序与行动准则需要在实践中得到整个共

---

① ［德］阿诺德·盖伦：《技术时代的人类心灵：工业社会的社会心理问题》，何兆武等译，上海科技教育出版社 2003 年版，第 4 页。

② ［美］A. J. 赫舍尔：《人是谁》，隗仁莲等译，贵州人民出版社 1994 年版，第 47 页。

同体成员的广泛认可，达成规范性的共识，这样才能更加有效地得以实施。第二，规范性公正是一种兼具公平与正义的价值秩序，旨在为协调社会共同体成员多方利益以及解决彼此间的矛盾与冲突提供一个公共性契约准则，确保共同体成员在社会实践场域中遵守社会公共善，促进公共福祉，不侵损他人的合法权益。罗尔斯指出："在目标互异的个人中间，一种共有的正义观建立起公民友谊的纽带，对正义的普遍渴望限制着对其他目标的追逐。我们可以设想一种公开的正义观，正是它构成了一个组织良好的人类联合体的基本条件。"① 从这一意义而言，作为一种实践性的学科治理，知识制度彰显内在的公平与正义价值秩序，是对现有学科治理整个价值逻辑的终极"善"的回应与规范，是维系学术公共福祉、实现美善学术生活的有力保障。

四　知识制度的未来价值指向

知识制度是面向现代化过程的，它将着力强化在治理体系、服务社会发展以及人才培养等方面的改革力度，凸显学科应用逻辑与学术逻辑双向互动的社会价值。更加注重学科知识与人生命相遇的"善"性价值，形成以价值善为引导的学科治理脉络，注入关系性思维与创新驱动发展等元素。从宏观的制度设计到中观的要素合作再到微观的育人教学等层面，充分彰显知识制度的"善念""善态"与"善行"。

（一）促进学科人信仰协同共生的价值善念

一方面，优化制度结构，理顺学科人的关系结构。首先，形塑与协调学科治理多元权力之间的关系，还原学科自治的治理效能。"大学中各种不同学术科系的存在并且由此而生成的学科边界、结构和人事等组织制度，乃是以捍卫各自学科的集体利益和确保它们的集体再生产为目的的，其间充满着广义的'政治性'和人为性。"② 从这一意义而言，学科治理需要秉持学术自由与学术自治的契约精神，形成符合学术逻辑运行的权力结构，明确学科治理的法律属性与权力边界，协调与处理好学术

---

① ［美］约翰·罗尔斯：《正义论》，何怀宏等译，中国社会科学出版社 2009 年版，第 5 期。

② 邓正来：《学术与自主：中国社会科学研究》，北京大学出版社 2008 年版，第 68 页。

权力与行政权力之间的关系。学术权力在学科结构调整、学科评价与规划以及学科产出等学术专业判断权方面发挥着重要作用，需要秉持公平正义、兼容并包等价值理念，在协商共生的环境中充分发挥其学术决策与评价的作用。而行政权力作为一种执行权力，需要尊重学术权力做出的学术专业判断事项，扮演好服务与保障的角色，两者处于和谐包容与互动共赏的状态。其次，整合学科治理各主体、组织、制度以及文化等要素，凝聚基于共商与共赏的合作互动的善意能量。基于此，优化学科治理组织结构，以激励为导向，形成良性互动的治理生态，实现学科治理体制机制改革创新，提升制度运行的效力与公信力。另一方面，达成目标共识，确保善治能量的有效释放。学科治理的目标不在于技术导向的排名、钳制与规训人的思维，而在于获得学科共同体内外的承认。正如康德所言："一个完全善良的意志，也同样服从善的客观规律，但并不因此就被看作是强制着符合规律来行动的。"① 一门学科的产生、发展与独立与学科共同体在多大范围上达成共识密不可分，承认是学科认同以及学科主体性形成的必要条件。② 从价值功能的角度而言，知识制度的完善作为学科制度的变革目标，其善制标准在于是否获得学科人的共同信服。总而言之，指向共同体承认的学科治理目标也是回应学科治理主体性价值与生命性价值的实践路径与真实写照，为知识制度的善制形态生成指明方向。

（二）在合作导向的交往谱系中促成价值善态

知识制度与学科制度最大的区别在于它放大了学科制度的合作维度，改变了学科制度的竞争本质。可以说，知识制度是合作导向。一是力求塑造多学科交叉融合与协作的共生交往愿景。未来的学科制度需要努力为多学科交叉融合与协作创造条件，在价值善道的导引下形塑彼此共在交往的性格特质。首先，弱化学科边界，组建具有卓越集群特性的跨学科群落组织。突破单一学科固有的知识边界，形成以解决不同问题为主的学科知识群落网状组织，明确其功能与任务，以创新驱动发展为诉求，

---

① ［德］伊曼努尔·康德：《道德形而上学原理》，苗力田译，上海人民出版社 2005 年版，第 24 页。

② 王建华：《学科的境况与大学的遭遇》，教育科学出版社 2014 年版，第 22 页。

注重提升组织间的多层次、集群式与多维度的跨越式创新力、沟通力与发散力，强化学科逻辑与应用逻辑间的多元互动，促成基础科学研究发现向国家现实需要的应用成果转化，在实践创新中逐渐形成卓越集群的跨学科组织意图。因为“组织的意图为判断已知知识的真实性提供最重要的基准。如果没有组织的意图，若想对察觉或创造的信息或知识的价值作出判断，是不太可能的。”① 其次，关注问题导向，形塑多学科间的交叉融合与交往生态。若想实现学科知识群落网状组织间的有序互动，需要多学科在智识生活中形成互赏、互动的协商信任话语表达，在合作交往中提升彼此商谈与争辩的真实性与真诚性，注重在具体应用的情境中解决实际问题，善于将单个问题集合成问题域，通过“问题发起—概念化与模型化—开展理论与实践研究—知识成果转化”的具象化合作研究，促进学科间的交叉与融合，最终激发出多学科整合的潜力。

二是培育学科创新驱动发展的“企业家精神”。“企业家精神是一种行动，而不是个性特征。它的基础是概念和理论而不是直觉。”②“企业家精神”并不仅仅限于经济性机构中，而是广泛存在于社会领域、文化领域以及教育领域。一方面，要正确理解“企业家精神”的本真要义，促进学科创业在变革与可持续性间实现良性互动与优质发展。对于大学学科治理而言，学科的知识逻辑与应用逻辑间的创新驱动是永无止境的，学科组织与学科制度也需要在这种多元化的创新运行轨道上做出适时调适与更新，在变革中深度理解“企业家精神”的要义。“企业家精神”是一种合意化具象表达，不仅仅限定在创新这一狭隘的范围，是一种精神的引领。现代大学的学科建设以创新创业作为转型发展的契机，意味着学科建设聚焦于培育这种创新创业精神，这是一种实实在在的“突破式”创新，学科的转型发展既需要有创新创业精神的学科领袖以及学科共同体来参与，也需要通过科技创新和企业社会联动创新来引领，更需要激活学科与学科间的创新创业因子，构建政府、企业、其他机构共同参与

① ［日］竹内弘高、［日］野中郁次郎：《知识创造的螺旋：知识管理理论与案例研究》，李萌译，知识产权出版社 2006 年版，第 67 页。

② ［美］彼得·德鲁克：《创新与企业家精神》，蔡文燕译，机械工业出版社 2007 年版，第 10 页。

的学科创新创业生态系统，减少阻碍这一精神养成的制度阻力与环境阻力。另一方面，要认真践行“企业家精神”，扎实推进学科群落组织以及社会各方机构的创新创业行动。创新创业精神不是自发形成的，而是需要国家、社会等主体认识到建立学科创新创业生态系统的重要性与迫切性，做好顶层设计、宏观规划与行动指引，在此基础上各主体明确其分工，各司其职，付诸创新实际行动。高校、社会各方机构等多元主体需要正视学科知识产权、校企联盟、成果转化协议等问题，多方在商讨相关事宜中达成合作协议，以实际行动助力大学学科创新活动导向生产性，形成“引导好奇心、跨界合作与精心策划的商业化”[①] 于一体的有组织的创新。各主体必须积极地拥抱学科创新创业过程中的多重对立矛盾，通过“颠覆性创新”正面培育各种矛盾，运用矛盾作为寻觅最佳途径的请柬，[②] 为学科创新创业发展留有相应的成长空间。

（三）围绕“人”的教学改革中实现价值善行

知识制度最终彰显的是育人、成人的生命自觉善行。知识制度必须通过现实场域的学科教育教学活动，知识活动具象化、实践化，围绕“人的需要”和“活的问题”，启发学生形成求真、务实、创新、求善的整全人格，培养学生在实践中形成独立思考、发散创新的思维品质，促使学生生命个体在学科知识润养下实现更高、更深层意义上的超越与生长。

其一，形成“人—知”双向互动的人才培养目标。知识是一种“意义领域”，蕴含着引导学生发现社会、探索人性的社会意义的使命，对于学生的成长具有重要价值。因此，人才培养目标以及教学制度的设计需要充分考虑到学生的接受度、理解度以及悦纳度。所以，知识教育需要从学生实际出发，建立学科知识与学生生活之间的互动协作关系，强化教师对学生探寻“生活世界”的引导与示范作用，形塑学科知识与课程教学、实践创新的多元互动关系。“人—知”互动的旨意在于提升知识与学生之间相遇的情感性，促进学生学习知识的积极性。而这种积极性的

① ［美］史蒂夫·C. 柯拉尔等：《有组织的创新：美国繁荣复兴之蓝图》，陈劲等译，清华大学出版社 2017 年版，第 56 页。

② 王建华：《以创业思维重新理解学科建设》，《清华大学教育研究》2018 年第 4 期。

提升需要教师将课程教学、实践创新与学科知识有效结合，真正将学科知识内化到教学实践活动中，形成以学生发展为中心的人才培养善行，关注学科知识与学生生命相遇的耦合性，摒弃“唯分数”的培养目标。

其二，重视教学内容实用性与精神性间的渗透与融合。学科教学知识内容并不仅仅局限在实用性与有用性，更应注重对学生智慧、人格以及文化修养等精神层面的渗透，强化思考与反思。正如杜威所言：“把教育制度割裂开来，使处境比较不幸的青年主要受特殊的工艺预备教育，就是要把学校视为一种机关，把旧时劳动与闲暇的划分、文化修养与社会服务的划分转移到号称民主主义的社会中去。这种职业教育不可避免地忽视所用的材料和制作法与科学和人类历史的联系。”[①] 因此，知识制度框架下的教学活动应注入“思”的教学内容，转向思维训练，融入理想信念教育内容，引导学生思考“人为什么而活”的人生意义。在此基础上，鼓励学生以宽容豁达的态度去思考每一种生活方式，通过思考与反思的过程来引导他们去体悟学科成人的价值与观念，构建以创新能力提升为内核的多元化、情境化教学内容体系，培育学生的人文主义精神以及致力于人生意义问题的探究。

其三，践行学科教学过程发展性与启发性的创新精神与责任使命。知识制度导向的教学过程不拘泥于学科之界，重在给予学生充分的想象与创新空间，鼓励并启发学生在“试错”的过程中形成对某一问题领域（而非知识领域）的独特见解与分析问题的创新方法，为其敞开通往质疑、辩论之门。正如哈耶克所言：“使智识自由对知识的进步起主要推动作用的根本之点，不在于每个人都可能有能力思考或写点什么，而在于任何人对任何事由或意见都可以争论。只要争论不受禁止，就始终会有人对支配着他们同时代人的意见有所疑问，并且提出新的意见来接受辩论和宣传的考验。”[②] 教学过程需要引导学生形成合作交往意识，秉持开放包容、谦虚乐观的心态与共同体成员展开知识研讨、知识创新等活动，

① ［美］约翰·杜威：《民主主义与教育》，王承绪译，人民教育出版社 2001 年版，第 337 页。

② ［英］弗里德里希·奥古斯特·冯·哈耶克：《通往奴役之路（珍藏版）》，王明毅等译，中国社会科学出版社 2016 年版，第 180 页。

培养学生积极主动的参与感与实践感，为其今后的职业选择打基础。“如果说成年人尚且必须注意不被其职业所压倒和桎梏，必须注意不会因为其职业而变得僵化，那么，教育者更应该关注的是，青少年的职业准备在于使他们自身参与到目的和方法的不断重组中去”[①]，启发学生在深刻理解学科与知识的内在逻辑与价值旨意的基础上，提高自身的实践创新能力，促使学生生命个体在学科知识润养下实现超越与生长。

① ［美］约翰·杜威:《我的教育信条》，彭正梅译，上海人民出版社 2013 年版，第 132 页。

第三章

知识治理导向的学科体系现代化的探索

学科治理的核心是知识治理，而知识治理并不只有学科治理这一个方式。大数据时代正在赋能各行各业成为知识生产和知识治理的主体，知识制度随着技术的加速迭代和社会生活的加速反馈而更加灵活。高等教育要想不被时代淘汰，传统的学科知识治理必须拓展更为广泛的知识治理，既包括高深知识，也包括经验知识、技术知识以及社会泛在的一般知识。高等教育如果要全面审视和深刻融入、引领工业社会后期到后工业社会过渡的转型社会，就必须从高高在上的“精英知识”治理模式（传统学科治理）转向深入社会大众的“一般知识”治理。这并不是提倡高校摒弃传统学科治理的卓越品性和高深追求。相反，这种知识治理的转向一方面可以为重大的基础理论和基础研究提供转化和开发力量，充分挖掘现有基础理论的应用空间，因为理论的面向始终是社会的需要和人类的发展。另一方面，对国家和人类社会发展具有革命性意义的理论创新往往是在少数人、少数学科、少数高校中完成的，无论是自然科学还是社会科学的基础研究都是一个长期、艰巨和孤独的过程，对这类知识的治理需要更多的空间、时间和资源。这也决定了“高深学问”很难在所有高等教育机构和所有受教育者中普及，因为资源和社会的加速发展特性与之矛盾。此外，在所有高校中普及高深学问的治理方式，这本身也违背了教育规律尊重差异的原则。这说明，从学科治理到知识治理不仅仅是知识治理的范畴拓展，也使教育治理“尊重人人”的本质得以彰显。

知识治理要关照新时代的系统性未知和变革需要。“系统‘不是根据一个单一尺度，如目的，而加以理性化的’，而是必须‘以多重功能的方式来加以组织起来。’……不能再从‘完全一致性与绝对的稳定性是系统必不可少的’这种想法出发。相反地，人们必须接受一件事，就是系统偏偏需要不一致性，才能在一个原则上从来无法被完全掌控的环境中生存下来。”① 这就需要面向未来的学科治理要从系统思维和整体思维来完成到知识治理的转变，这种转变大致有三条路径：一是基于大学发展的整体转型，从传统的研究型和教学型大学迈入创业型大学的过程中完成学科制度的创新。二是基于传统学科组织的跨学科组织转型，从知识创造知识到知识创造价值的组织创新。三是基于学科知识集成的生产范式转型，从纵向知识生产范式到横向知识生产范式的集群创新。

第一节　迈向创业型大学进程中的制度创新

随着国家层面制定的《统筹推进世界一流大学和一流学科建设总体方案》《统筹推进世界一流大学和一流学科建设实施办法（暂行）》《关于高等学校加快“双一流”建设的指导意见》等政策文件以及遴选确定的世界一流学科建设名单，各地方也针对国家的政策有针对性地研制了本地的一流学科发展与资助政策，相关的一流学科也是在这种政策的支持下加速发展。在政策规划与量化排名的反复作用下，中国首轮世界一流大学与一流学科建设取得了一定的成效，但现有的政策环境依赖以及人们对政府计划与量化排名的热衷，造成中国的大学治理与学科发展仍旧难以突破传统学科治理范式的束缚，大学的知识治理与社会断层而缺乏新的活力和生命力。创业型大学是后工业社会转型的时代产物，由知识生产的学术逻辑逐步转向适应社会经济发展的市场逻辑，学术研究更加关注知识创造社会价值与社会责任，“创新创业”成为实现全球共同利益的道路选择，推动大学内部走向基于市场逻辑、依靠市场力量开展学

① ［德］汉斯·约阿斯、［德］沃尔夫冈·克诺伯：《社会理论二十讲》，郑作彧译，上海人民出版社2021年版，第240页。

术研究。正如克劳利所言："大学必须对整个知识谱系中的投入进行表彰。斯科尔科沃科学技术学院强调从知识发现到应用、从想法到结果的知识连续体，最终使得这所大学在诸多传统大学和科研机构中脱颖而出。"[①] 现代以降，评判大学还能否以专门高深知识生产、技术层面的精确测量为依据？大学在生产知识与创造价值之间如何平衡？解决这类问题，唯有从认知上理性审视迈向创业型大学进程中学科治理的变革方向与变革要义，才能更加凸显学科治理服务社会经济发展与人的发展的终极价值，才能真正彰显新时代一流大学与一流学科应有的卓越品质。

一　创业型大学与学科建设的关系逻辑

中世纪大学已初步显现出作为现代大学源头应有的与时代相呼应的发展逻辑。"二战"后，大学的作用发生了根本性的变化，"有一张庞大而复杂的关系网把大学和社会其他主要机构联系起来"[②]，大学与社会保持适度的张力，回应社会发展的现实需要，已是时下大学走出"象牙塔"、成为人类社会发展的"动力站"的应有之义。自洪堡创立现代大学以来，大学从教学型向研究型转向，推动工业社会发展取得了举世瞩目的成就。某种意义上而言，大学的发展既是社会进步的产物，也是社会进步的重要组成部分。亚伯拉罕·弗莱克斯纳就强调大学从事的科学研究旨在解决社会突出的现实问题。步入后工业社会，高级知识经济逐步成为社会演进的直接驱动力，有学者指出："作为框定、鼓励大学系统发展的大学分类，相应地，应该在经典文理传统中划出创业能力的领地，引导大学进行合理定位，从而实现'大学系统'的'多样性'发展。"[③] 当前，创新创业已然成为社会进步的正确选择，知识促进组织创新创业与应用成果的转化，是时代赋予大学新的发展愿景。特定时代决定了相应的大学发展之路，而大学发展的不同路向又决定其学科治理的不同方

---

① ［俄］爱德华·克劳利：《建设斯科尔科沃科学技术学院：一所推动经济发展的大学》，载［美］菲利普·阿特巴赫等《新兴研究型大学：理念与资源共筑学术卓越》，张梦琪等译，上海交通大学出版社 2020 年版，第 146 页。

② ［美］德里克·博克：《走出象牙塔——现代大学的社会责任》，徐小洲、陈军译，浙江教育出版社 2001 年版，第 7 页。

③ 吴伟：《面向创业时代的研究型大学转型发展研究》，人民出版社 2014 年版，第 42 页。

式。教学型大学、研究型大学到创业型大学的历史脉络和走向，深刻地揭示了大学演进与社会演进之间的同步关联，如果把这种同步关系看作历史规律，那么如何把握规律、找准切口，高质量推进传统大学的市场转型，走出一条具有中国特色的创业型大学发展之路就十分必要。

创业型大学建设进程是一个系统过程，涉及各种关系影响，而从“关系”的方法论意义上看：“关系的整体分析是有限的分析，需要以问题为中心划出整体分析的适当边界，剔除不必要的关系”①，遵循这一思路，要探明创业型大学建设的中心关系，必然离不开学科与创业型大学的关系逻辑分析。“大学要么指学生而言，要么指学科而言。”② 从这个意义上而言，学科是联结学生与大学的中介，也是中心。创业型大学的建设进程首要解决的是学科创业转型的难题，创业型大学的学科制度要如何重构知识生产，要如何链接知识创新与应用，根本上要清醒认知创业型大学进程中学科转型对整个大学创业文化和生态建构的关键作用。实际上，高校的创业转型并非难在实操，总有求新求变的人们在为追求卓越而奋斗努力，但关键是这些高等教育“创业者”的创业行为必须赢得广大教育人士和社会人士的认同。可见，创业型大学的学科制度创新转型难在解放思想、重构创业与教育的认知基础。

（一）学科创业转型是创业型大学建设的核心动力

学科创业实质是学科学术价值与社会价值、市场价值和文化价值的深度融入，是知识与经济、社会、政治耦合互动、同步演进的学科发展道路。美国教育社会学家亨利·埃兹科维茨提出：“创业型大学不应当只保持一个孤立于社会之外而存在的象牙塔形象。”③ 作为大学发展核心的学科自然也不能独立于社会而存在。创业型大学是高级知识经济社会发展的必然产物，是高等教育与社会进步发展的自然选择，但并不意味着创业型大学会随大学转型的历史趋势而自然产生。每一次高等教育与社会的同步转型都会面临教育传统和组织结构变革的阵痛，其中作为高深

① 王前：《中西哲学比较视角下的关系范畴探析》，《哲学分析》2018 年第 1 期。

② ［英］约翰·亨利·纽曼：《大学的理想（节本）》，徐辉等译，浙江教育出版社 2001 年版，第 20 页。

③ ［美］亨利·埃茨科威兹：《国家创新模式：大学、产业、政府“三螺旋”创新战略》，周春彦译，东方出版社 2014 年版，第 57 页。

知识生产和组织方式的学科制度，自然成为大学创业转型过程的“痛中之痛”。换言之，学科创业既是创业型大学建设过程中的痛点难点，也是“关键点”，从古典纯学科知识传承到学科知识精深细化再到学科知识的应用转化，充分印证了学科驱动大学发展定向的核心作用。有学者对学科进行了明确的界定，即“人们在认识客体的过程中形成的一套系统有序的知识体系。当这套知识体系被完整地继承、传授并创新发展以后，学科就表现为一种学术制度、学术组织教学科目，或表现为一种活动形态”①，简言之，学科实质是系统知识与学术制度的二维结合。从知识维度而言，尽管分门别类的知识体系逐渐被知识整合的时代需求所诟病，但正因这些深度细分的知识体系让大学具备走向知识整合的学术深度和学术广度，这一点是社会组织（企业研发机构、行业协会、重大课题攻关项目）难以比拟的。这也决定了大学学科创业具有深厚的基础研究一手成果支撑，具备生产出“四个面向”成果的知识基础。从制度维度来看，学术制度的科层结构是阻碍知识、信息流通的体制障碍，将知识按照传统体系进行划分、将学者按照知识领域进行组织是这种结构的根本特点。创业型大学的建设就是要从根本上将知识和学者的组织方式交给市场和社会来决定，将学术制度变革的动力从行政命令转向市场选择。学科作为大学知识和学者的唯一组织结构，势必要先于大学的其他领域展开创业转向，以此驱动整个大学的创业进程。

（二）学科知识重组是知识社会大学变革的应然选择

后工业社会是知识与经济双向耦合推动社会融合发展的知识经济社会，其知识内涵突破了传统的高深学科知识局限，融汇了应用知识、社会知识、情境知识、技能技术等方面。换言之，所谓“知识社会”也是一种知识结构重组的社会，它包括学科知识的内部重组，也包括学科知识与非学科知识的内外连接。知识经济社会的突出表现是迈入后工业化的各种结构性变革：产业价值地位高端化、职业形式形态灵活化、战略决策依赖数字化信息化支持等，主要关注“从产品经济转为服务性经济；专业与技术人员阶层处于主导地位；理论知识处于中心地位，它是社会革新与制定政策的源泉；对科技的控制以及技术评估；创造新的‘智能

① 周光礼、武建鑫：《什么是世界一流学科》，《中国高教研究》2016 年第 1 期。

技术’”①。从知识社会的诸多特征可以看出，社会知识的重组需求必然牵连学科知识的跨界重组，即学科知识生产模式的转型：应用情境中的知识生产、跨学科、异质性与组织多样性是知识生产模式Ⅱ的主要特征，强调大学作为社会整个知识活动的子系统，在大学、政府、企业等多主体间形成的是一种网状互通的循环链条，注重知识的实践性与同知识域的异质性知识构建，在协同合作中对理论知识的重组与再创造。为学院科学时代的大学发展与学科建设逐步迈向后学院科学时代奠定了社会基础，形成大学、政府与企业联动的多中心共同体，面向社会实际问题。正如约翰·齐曼指出：“后学院科学不仅仅是知识生产的一种新模式，它是一种全新的生活方式。它是对紧迫的实际问题的即时解决的结果；是权宜之计的产物，而不是设计的结果。”② 而知识的跨边界重组则是大学和学科迈入创业型发展的必然选择，创业型大学是一种组织体系的创新，通过纯学术组织向创业型学术组织的社会转向来回应广义知识社会对大学的发展定位。知识本身具有整全性，无所谓边界，知识边界实质是学术制度的边界、是学术组织的边界。从这个意义上看，创业型大学作为整个大学体系的创新型组织，本质上是学科制度在现有格局上的拓展，从学科制度走向更加开放包容的知识制度体系。

（三）学者“企业家精神”决定创业型大学发展的理性方向

随着经济全球化的迅猛发展，企业家精神已存在于经济范畴、文化范畴、政治范畴等广泛的社会生态子系统中，学者作为知识创造的学术人逐步向知识创业的社会人转变，学术精神的内涵亟须在新的时代背景中予以拓展和更新。学者是大学的灵魂，即便是大学的决策层仍然由绝大多数兼具学术背景的管理者组成，研究职能始终是大学发挥其他职能的灵魂。因此，对“学者”这一身份的认识定位亟须在创业型大学的建设中予以厘清，否则创业型大学将会在实践中走向“商业型”“市场型”大学，理性的学者认知和学者精神将匡正创业型大学的正确路向。创业

① ［美］丹尼尔·贝尔：《后工业社会的来临》，高铦等译，江西人民出版社 2018 年版，第 11—12 页。

② ［英］约翰·齐曼：《真科学：它是什么，它指什么》，曾国屏等译，上海科技教育出版社 2002 年版，第 82 页。

型大学的知识生产需要面向市场和社会关切，追求知识的使用价值与再生产价值。学科与学者必然要同步转向，知识的资本化趋势极易让学科和学者的市场化转向带来认识误区，将“市场价值”约等于“市场价格”，这种错误的认识一方面将学者的创业活动窄化为学者商业活动，导致同行批判或学术活动异化，二者均不利于学科和大学的创业转型；另一方面将学术精神窄化为象牙塔精神，不利于知识的学术与社会双向整合创新价值发挥。这就必然要明确创业型大学的学者定位和学术精神。熊彼特从经济领域对“企业家”进行了深刻的剖析，并将“企业家精神”作为创新（生产要素的新组合产生）的前提，由此他认为“每一个人只有当他实际上‘实现生产要素的新组合’时，才是一个企业家”①，而“任何一个人在他的几十年的活动生涯中很少能总是一个企业家”②。熊彼特对企业家的定义不仅在经济领域，在教育领域也十分契合，“除了那些称之为‘存在主义’和‘社交’的行为外，它适合于人类的所有行为”③。学者作为知识生产的核心力量，其学术职责和价值全在不断地实现知识的“新组合”、完成知识的“新生产”、实现市场和社会的“新价值”。因此，创业型大学的学者并非传统意义上的知识生产者，而是一个不断完成知识重构、实现知识价值的创业者，要想保持学者的创业者身份不变，就必然要塑造学者的“企业家精神”，保持创业型大学的创业生态。实际上，学者的“企业家精神”也是一种“国之大者”的奉献精神，是学者创业创新的理性力量，一旦这种精神成为一种文化体系与责任使命，学科与大学的创业型建设将会在学者的创新自觉与创业风险中寻得理性导向。正如沙克尔和普莱特所言：“世界一流大学只有一个集体的且共同的选择。大学对全球共同利益的承诺是成为‘世界一流’的核心，这些高校必须服务于社会。高校的领导可能会发出这一号召，却将由个体教师来履行这一职责。最好的老师视他们的工作为一种‘使命’，如果是这样，那么世界一流大学为社会贡献最大的共同利益这一承诺和潜能

① ［美］约瑟夫·熊彼特：《经济发展理论》，何畏等译，商务印书馆 1990 年版，第 89 页。

② ［美］约瑟夫·熊彼特：《经济发展理论》，何畏等译，商务印书馆 1990 年版，第 89 页。

③ 王建华：《创新企业、企业家精神与大学转型》，《教育发展研究》2019 年第 11 期。

应该是牢靠的。”①

二　迈向创业型大学中的学科转型的视角转换

迈向创业型大学进程中的学科建设需要站在时代的高度，将知识创造价值与知识生产两者有效结合，遵循传统的学科逻辑与后工业社会的应用逻辑双向互通的发展脉络，加快构建以国内大循环为主体、国内国际双循环相互促进的学科治理新生态，形成学科（群）服务于国家重大战略需求以及社会经济发展的新发展格局。这种学科创业转型根本上要以解决现实问题、服务社会经济发展为增长点，不能仅仅停留在知识的创新层面，更重要的是如何延展知识创新的价值长度，实现创新成果的应用转化，本质上是一种学科创业。要完成学科从创新维度到创业维度的丰富和拓展，具体可以从三个视角切入。

（一）学科创业的跨学科视角

学科创业作为迈向创业型大学的核心驱动力，形成知识的跨学科交叉融合发展是联结起传统高深知识领域、跨越学科边界、推动创业型大学服务“四个面向”战略定位的根本。正因“现代大学的失败在于不愿意进行跨越学科边界的‘整体性的’思考。进行身心分离的假设，是对自我所有成分相互依存的误解”②，大学的任务就是在社会中开放交往的场所，为跨学科知识提供相互交往的成长渠道与发展空间。具体而言：其一，学科创业理念的建立。创业型大学进程既包含了知识生产的社会化、市场化进程，也包含了在这种进程中大学应对未知和挑战所需秉持的创业精神。正如熊彼特所言，“企业家”并不是一个职业，而是一种特性，这种特性指导企业家在市场竞争和市场变化中持续奋斗、面对未知、未雨绸缪、自我革新，既是企业家精神，也是创业精神。学科创业不仅是学科知识的市场价值、区域价值甚至全球价值的彰显，更重要的是学科人（学者、师生、管理者）对创业达成共同的认知，这种认知的转型

① ［美］吉纳维茨·G. 沙克尔、［美］威廉·M. 普莱特：《美国世界一流大学在贡献全球共同利益中的作用》，载吴燕、王琪、刘念才主编《世界一流大学：面向全球共同利益 服务本土社会》，陈珏蓓等译，上海交通大学出版社2020年版，第127页。

② ［美］雅克·巴尔赞：《美国大学：运作和未来》，孟醒译，浙江大学出版社2015年版，导论第18页。

比学科本身的知识转型还要难。无论是历史上的欧洲创业型大学，还是美国的麻省理工、斯坦福两所大学的创业成就，最初都遭受了来自传统高等教育界的怀疑甚至批判。唯有坚持学科相关者的创业信念，才能驱动创业型大学的发展。其二，跨学科创业平台的支持。以项目合作和产品研发为依托，突出知识创新创业的社会效应，以解决现实问题为出发点，打造学科卓越创新发展的生态场域空间，组建以学科跨界对话的研究院（所）为轴心的多门类综合实践平台，形成交叉学科融合创新的研究团队，不断激发研究人员的研发创新驱动力、学术创业支撑力以及沟通协调组织力。如伊利诺伊大学在校园里诞生了一股强大的跨学科力量，著名的贝克曼研究院一直致力于在生物和计算机智能、电子及分子纳米结构方面的跨学科研究。其三，多维人才培养体系与实训基地的建立。跨学科的复合人才始终是推进学科创业转型的第一资源，高校在课程设置、学术研究、产品研发、组织结构安排等方面融入“跨学科”基因，全方位释放产教研一体化的创新因子，与企业开展项目合作，夯实创业教育实践平台，[①] 建立基础研究与应用研究跨界交往的创新创业实训基地，建立跨学科海外游学研修点，努力拓展学生的职业生涯发展渠道，[②] 为应用技能型创新人才培养搭建平台。如“中国香港科技大学认识到需要确保教育与时俱进，同时使其毕业生具备必要的技能以满足社会需求并促进其终身学习。因而学校将继续开设独特而灵活的课程，使学生从各学科领域的广度和深度方面充分获益，并鼓励他们参加海外游学。”[③]

（二）学科创业的跨领域视角

学科创业不能孤立在大学内部，它需要以不同的组织方式与企业、政府、行业组织等多方主体形成良性互动的创新集群体系，从这个意义上而言，学科转型不仅局限于传统的知识创新领域（学术领域），还涉及

① 曹志峰：《高校创业教育能力评价及提升策略研究——基于贵州的实践与展望》，《贵州师范大学学报》（社会科学版）2020 年第 3 期。

② 胡德鑫：《卓越倡议背景下德国世界一流大学建设的战略转型与变革逻辑》，《西北工业大学学报》（社会科学版）2021 年第 2 期。

③ 陈繁昌：《塑造并保持学术卓越：中国香港科技大学》，载［美］菲利普·阿特巴赫等编《新兴研究型大学：理念与资源共筑学术卓越》，张梦琪等译，上海交通大学出版社 2020 年版，第 48 页。

知识价值转化的大学科体系建构（跨领域的知识制度体系建设）。具体而言，第一，发挥政府创新服务职能，畅通学术转化与产业推广的多方渠道。在推动学科创新驱动发展的过程中，明确创新型政府的“重点在于努力再造科学技术生产的源泉”① 职能与公共服务角色。政府除了在制定市场规则过程中发挥传统的管理角色外，还需建立支持大学学科创业发展的法律制度体系，增强产业界与学术界的自主性。更重要的是做好社会治理研究，畅通大学与企业信息通道、制度通道、人才通道，全方位鼓励双方开展应用合作研究。重视加大对前沿交叉学科应用成果的转化投入和支持，在知识产权分配、建立合法技术转移体系以及为创建学术创业公司提供风险资本等层面提供政策、服务和平台支持，努力让创新不只是表现在产品研发上，更是让创新成为一个“扮演其他角色”的可持续性内生过程。第二，发挥企业社会服务职能，实现学科生产价值与企业非生产投入的同频共振。大学的社会服务职能已然成为大学发展的重要价值取向，但企业的社会责任和社会职能仍未形成共同的组织文化。企业既要以贴近社会与国家安全和发展的重大关切为己任，也要将这种社会责任转化为对大学学科建设的非生产性投入上，唯有不计得失地持续性、非生产性投入学科和学术创新领域，才能产生出学科的生产性价值。重大的学术创新成果也必然要依靠企业的社会性投入与支持，这是学科创业转化的根本所在。第三，发挥行业组织的凝聚职能，培育行业组织的学术创新意识。无论是学术行业、协会、学会，还是产业行业协会，这些组织本身就凝聚业内顶尖、一流的高校、企业，是天然的人才库、信息库和应用知识库，某种意义上而言，实现学科创业转化的捷径就在于紧盯行业组织与组织之间的跨领域合作和交流，往往会从中产生人才和知识的对流。大学科体系的构建必然要以行业组织为重要平台，搭建起学术与非学术、学者与企业家、高深知识与应用知识的激烈碰撞，在冲击自身组织知识结构的同时，产生新的知识，正如“创新是创造性破坏的过程，它是一种不断内生变革经济结构、不断破坏旧的并创造新

---

① ［美］亨利·埃茨科威兹：《国家创新模式：大学、产业、政府“三螺旋”创新战略》，周春彦译，东方出版社2014年版，第107页。

的产业变革的过程。”[①] 这种行业领域间的合作与碰撞孕育着重要的创新来源，尤其是制度创新潜力。概言之，大学科体系的建构思维不能局限于学科本身，就事论事已然无法解决学科交叉的融通问题，要从系统思维上着力解决学科在创业转型过程中的制度、知识、思维隔阂，整体思考关涉学科建设的多方主体功能。

（三）学科创业的超领域视角

所谓学科创业的超领域，不仅仅要跨学科、跨领域，还要超越学术组织的文化禁锢，敢于在某些具有条件和基础的学科组织、学科主体之间培育具有公司文化意义的学科制度。创新和技术发展联盟已经在改变科学界以专业和机构组织为代表的模式，大学和公司正在承担过去相互弥补的任务：“共有和私营科技之间、大学与工业之间的界限越来越模糊不清，当大学在和工业发展的新联系中跨越传统界限之时，将设计合适的模式使研究、教学和经济发展相辅相成”[②]。在这种变革的环境中，“学术机构被期待着在产业支持下进行更多的研究，产生更直接商业价值的成果”[③]，正如埃兹科维茨指出：“大学的研究团队有许多类似于公司的特征，例如一种企业的动力、募集资金的责任、人事管理的问题和在宣传小组的成就上的公共关系任务。因此，学术界和工业间的文化差距往往比我们感知到的要短”[④]。在这一趋势下，学者的企业家精神不能是个体的、瞬时的创新，而要通过学术制度的变革推动这一精神成为学科组织的文化本质，让学者从追求个人学术声誉和头衔，转向创建学术事业的创业追求，唯有这样的学科组织才更加熨帖市场和企业，使具有公司文化意义的学科组织成为创业型大学学科发展的未来方向。

具体而言，第一，培育学科组织的公司文化价值理念。大学在致力于创造新知识的商业应用价值过程中，知识的交易价值（exchange value）

---

① ［英］傅晓岚：《中国创新之路》，李纪珍译，清华大学出版社2017年版，第5页。

② Etzkowitz H., Leydesdorff L.,“A Triple Helix of University-Industry-Government Relations”, *Industry & Higher Education*, Vol. 12, No. 4, 1998.

③ ［英］约翰·齐曼：《真科学：它是什么，它指什么》，曾国屏等译，上海科技教育出版社2002年版，第94页。

④ ［美］亨利·埃茨科维兹：《三螺旋创新模式：亨利·埃茨科维兹文选》，陈劲译，清华大学出版社2016年版，第283页。

与象征意义价值（symbolic value）需要由相互排斥不断走向融合，强化文化再生产与财富创造之间的密切联系。学科组织作为实现学术研究社会化的重要机构，需要明确知识交易价值与象征意义价值之间的关系，在交互融合的环境中形塑公司文化的价值理念，即认识到知识资本化、战略规划和市场调查的重要性，明确公司化管理的制度与范式，以创新创业精神融入学科组织的整体构架中。第二，拓宽学科组织的学术企业氛围，践行一种后学院学术企业文化观。大学虽不能像企业一样盈利，但这并不意味着不可能具有企业家精神，大学的学科组织管理、机构设置以及活动开展等方面需要随着外部环境变化而做出变革，凸显“创造性破坏”的创新精神。同时，知识社会中的大学需要不断拓宽学科组织的学术企业氛围，依据社会生产力的发展与需求，在技术、管理以及运行等层面变革学科组织的生长样态，寻求以多种方式开发新产品潜能的设计构架，不断发现更加有效地与环境互动的方式，在合作与竞争之间保持平衡成为一种核心性的挑战。① 在此基础上，培养大学学科组织的责任感与使命感，不断提升大学的创业活力。第三，组建学科服务企业、社会创新发展的专门机构。德鲁克指出：“组织建立的目的是不断的变革。组织的功能是让知识工作，作用于工具、产品和流程；作用于工作的设计；作用于知识本身。”② 组织学科服务企业、社会创新发展的专门性机构的目的在于变革学科知识产生方式，最大限度形成知识创造价值的新格局，让知识更好地作用于生产与创新。在以大学学科建设为核心的创新创业组织机构中，需要激活组织协同互动的创新因子，形成以“创业型管理”为引领的变革管理方式，培养新时代探究驱动型学习者与研发者。

三　知识创造价值是创业型大学的文化内涵

“大学是一个自然的孵化器。大学是一个大型的、灵活的组织。像中

① ［英］迈克尔·吉本斯等主编：《知识生产的新模式：当代社会科学与研究的动力学》，陈洪捷等译，北京大学出版社 2011 年版，第 52 页。

② ［美］彼得·德鲁克：《巨变时代的管理》，朱雁斌译，机械工业出版社 2018 年版，第 67 页。

世纪的教堂一样，当连续地追求多重目标时，它能够调和明显的矛盾。很早以前，麻省理工学院就将实践和理论进行了结合，而且这两者并不相互排斥。”① 大学的每次范式转型与变迁都是大学可持续性变革与可持续性发展的一种重要形态，而在大学范式转型与变迁的基础上观照学科建设更是新时代知识经济与社会发展的真实写照。迈向创业型大学的学科建设是在后工业社会知识创造价值的时代脉搏中应运而生，凝聚的是知识生产与知识应用的共在能量，彰显大学追求学术卓越与经济卓越的双重精神，重在通过解决社会以及全球面临的公共性问题，回应全球公共利益。作为新时代的学科治理，重中之重就是以一种“颠覆式创新”的企业家精神观照现实中的学科实践问题，增强学科服务社会经济发展的解释力、执行力与创新力，突破已有的浪漫“象牙塔式”的本本主义研究范式，与社会、市场、企业等外部力量形成知识联动创新合力。学科制度已经不仅仅是学术本身的制度，它关切跟知识相关的一切领域，倘若知识社会让“一切领域”都打上了“知识价值”的烙印，那么学科治理向知识治理的过程必然关涉到知识制度的创新，而创业型大学进程恰恰为知识制度和知识治理提供了一个完整的体系和实践路向。

与此同时，需要强调的是，面向社会与市场的学科建设并非把大学的学科变成企业的附属品与学术资本主义的产物，而是站在时代发展与社会变革的高度，形塑大学作为公共利益机构的学科服务社会的应用功能，最大限度释放学科持续变革的“善态”能量，真正激发知识的创新创业潜能。未来的知识治理需要在维系大学公共性的基础上，以全球公共利益为出发点，在创新中创业，能够在知识生产与创造、回应社会现实需要中寻找制衡点，在保护和传递知识、整合教学和研究以及支持创新等方面形成一体化的学科发展新常态，最大限度实现学科发展的知识逻辑与市场逻辑的互动共生格局。唯有如此，不同的大学才能基于创业特色和创业精神培养出具有责任感和使命感的复合创新型人才，“人才”不再是一个笼统和抽象的概念，学科创业教育下的人才培养更加具体和有效。

---

① ［美］亨利·埃茨科维兹：《三螺旋创新模式：亨利·埃茨科维兹文选》，陈劲译，清华大学出版社2016年版，第286页。

第二节　基于知识创造价值的跨学科组织融合

以智能化为标志的第四次工业革命正深刻改变着社会生产方式，创新驱动经济社会高质量发展的知识经济时代更加强调知识创造价值的应用性。从而，知识生产从基于学科、认知语境的模式 1 迈向跨学科、应用情境的知识生产模式 2 和 3。顺应知识生产模式变革，推动学科交叉融合发展，已成为引领智能化革命浪潮的必然趋势。这一趋势为学科治理改革提出了要求，2020 年 12 月，国务院学位委员会、教育部联合印发了《关于设置“交叉学科”门类、“集成电路科学与工程”和“国家安全学”一级学科的通知》。“交叉学科”成为中国第 14 个学科门类，“集成电路科学与工程”和“国家安全学”成为交叉学科门类下首批设置的一级学科。2021 年 11 月，国务院学位委员会印发《交叉学科设置与管理办法（试行）》，为交叉学科发展提供了制度保障。2022 年 2 月，三部委印发《关于深入推进世界一流大学和一流学科建设的若干意见》，提出推动学科交叉融合，建立交叉学科发展的引导机制。跨学科研究越来越受到政策层面的重视，大学中的跨学科组织也越来越多。但从实践层面来看，中国大学跨学科组织总体上处于由单学科向多学科、跨学科发展的初级阶段，还没有形成比较成熟的学科交叉融合机制。[①] 跨学科组织管理条款分割，运行机制不明晰，制度建设滞后，资源投入“单、小、断、散、硬”，评价模式“三重三轻”，文化方面“四多四少”。[②] 如何真正治理好跨学科组织，有效达成学科之间的共识，真正实现学科知识对流和学术文化渗透，根本在于学科治理目标是知识创造价值，而非知识创造知识，前者是知识治理的内涵，后者是学科治理的传统。如果遵循后者，跨学科组织融合就只能是形式融合而无实质意义。

---

① 孟艳等：《我国研究型大学跨学科组织建设的困境与突破》，《现代教育管理》2021 年第 1 期。

② 柳洲：《高校跨学科科研组织成长机制研究》，博士学位论文，天津大学，2008 年，第 140—143 页。

一 跨学科组织融合的分析框架

组织生态学的理论体系为跨学科组织融合发展提供了生态学分析框架。同构于组织的普遍性，大学跨学科组织也有其创立与发展的生态学特点。跨学科组织的创立受到跨学科组织种群密度、跨学科组织生态位、跨学科组织合法性与社会支持等因素的影响，跨学科组织的成长与进化是在生态位状况、特定社会环境等要素支持或制约下，已有分化学科组织积极适应与能动变革的有机结合。学科组织是学科的制度化载体，也是构成大学的主体。总体上，大学学科呈现出“无学科—单学科—跨学科”的发展脉络，与此相伴，学科组织呈现出“无学科组织—单学科组织—跨学科组织”的发展与运行逻辑。推动大学、学科组织与学科变迁的力量融汇了人类认知方式与研究对象的内部因素、社会变革与需求的外部条件以及在内外部条件交融、激发下人们的能动性创造。同理于大学的生态学特性，大学的学科组织也是遗传和环境的产物，院系学部的设立、分化、整合既有源于学科内部知识生长的继承与进化，还有来自外部社会发展与经济需求的形塑和推动。此外，作为制度化的学科组织变革在内外因素共同构成的特定时空场域中更需要人的主观能动性的充分发挥，学科组织的从无到有、从分化到融合都是无数思想家、改革家们审时度势、大胆创新的结晶。组织生态学的适应性理论认为，组织形式会随着环境条件的变化而变化，组织变革反映了组织应对环境变化、外部威胁和机会时对组织战略和结构所做出的调整。[①] 因此，大学中学科组织的具体形态是学科知识生成、外部环境变化与自身动态适应三种力量综合交叠的结果。基于此，借用组织生态学相关理论建构跨学科组织融合发展的三维分析框架，有助于我们深度探究跨学科组织融合的内外部动力机制与现实推进策略。(如图 3－1 所示)

---

① ［美］Michael T. Hannan、［美］John Freeman：《组织生态学》，彭璧玉等译，科学出版社 2014 年版，第 8 页。

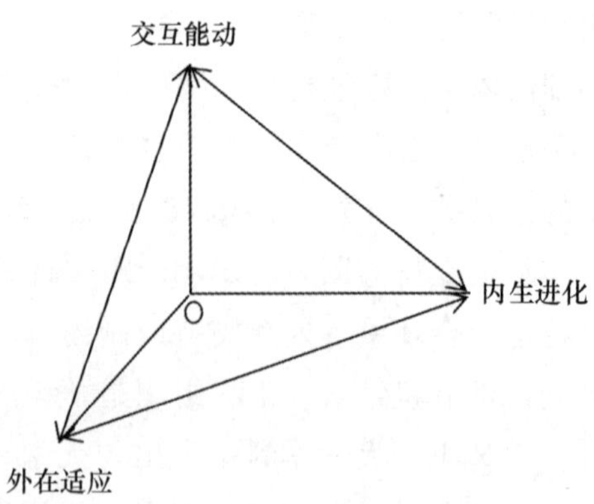

图3-1　跨学科组织融合发展的三维分析框架

二　跨学科组织融合的内生逻辑

大学学科组织变迁以组织生态学视角观之，表征出“内生需求—外部推动—内外结合”的逻辑路线。“内生需求”即随着新知识的不断生产与积累，知识生产模式与条件的持续变化催生学科组织自身不断调整，以适应这种变化。这是学科组织交叉融合的首要动力，包括知识生产的范式转型、主体辩证自新发展以及作为生产对象的知识的整全本性回归三个方面。

（一）知识生产的范式转型

在科学知识生产的资源禀赋、需求空间与人们对科学知识生产规律的理性认识和价值判断的共同影响下，形成了三种不同的知识生产范式。[①] 第一，是古代“哲理思辨式”和“经验试错式”知识生产范式。古代社会知识生产主要包含并依附于哲学家的理论思辨和工匠、技师的劳动实践。工匠和技师在物质生产活动中通过反复试错与纠错获得知识的方式，哲学家在探索和解释自然世界与社会本源的过程中通过构造哲学理论体系获得知识的方式，主要以实际问题与现实任务为导向，具有无目的性、从属性、非系统性。[②] 此时，知识生产的制度化并未成型，他

① 李正风：《科学知识生产方式及其演变》，清华大学出版社2006年版，第129—140页。

② 李正风：《科学知识生产方式及其演变》，清华大学出版社2006年版，第142—155页。

们生产的知识尚未分化，没有现代意义上的学科划分，更无建制化的学科组织。第二，是近代“实验为主式”知识生产范式。资本主义生产方式发展催生出社会功利主义与鼓励创新的社会环境，推动实验型知识生产方式迅速成为主导，使知识生产成为相对独立的社会活动，被纳入整个社会分工体系。随着学术专业化、百科全书式的研究传统被专业化研究所取代，学科不断进行分化。对应的大学学科组织主要是依据特定学科的特征和属性设置的院系等单一学科组织。第三，是当代“实验全面渗透式”知识生产范式。随着实验型知识生产方式持续演变、知识生产走向社会中心且主动引领社会生产，科学知识生产转为应用型导向，外部社会需求对科学知识生产产生更大影响，跨学科研究日益盛行。其与吉本斯描述的知识生产模式 2 具有内在一致性，有五个基本特征，即学术语境与应用语境并重、学科研究与跨学科研究并重、同质性互动与异质性互动并重、学术使命与社会责任并重、稳定单一与敏捷多样并存。学科壁垒与学科界限不断被消解，跨学科大学和大学中的跨学科组织悄然生长。美国洛克菲勒大学基于跨学科研究设立了 75 个开放实验室；日本筑波大学创建时以有利于跨学科教学和研究的“学系”“学群”代替了传统的学部—学科—讲座组织体系；东京大学创建了具有跨学科研究和研究生教育功能的综合学院。[①] 跨学科组织的知识生产方式兼具三种知识生产范式，其跨学科知识的融合过程是三种范式的共处与平衡过程，这意味着，学术生产在新的学科治理时代并无固定的范式，只有针对具体问题和现实困难的适合的范式。

（二）知识主体的辩证自新

促使知识生产主体完成超越突破的力量主要来自三个方面：一是价值实现激发的学者个体创新突破。视觉是人类探求世界最为直接且先要的方式，“看”世界的活动在根本上是源于对自然万物的惊异，即好奇心。亚里士多德认为好奇心不附带任何实用目的，仅满足探索求知的欲望。[②] 它指引人们从“眼目之欲”跃升至“理智之欲”，这一跃升过程便

① 王建华：《跨学科性与大学转型》，《教育发展研究》2011 年第 1 期。

② 阮伟聪：《奥古斯丁论“好奇心”》，2016 年 8 月，中国社会科学杂志社（http：//sscp. cssn. cn/xkpd/zx_ 20145/201608/t20160809_ 3154269. html）。

是价值实现的过程。亚当·斯密认为采取方法获得便利或愉快常比便利或愉快本身更为人们所看重，获得便利或愉快的过程才是全部价值所在。[①] 由好奇心或欲望激发的智识探索，从过程中体会满足和赞同情感正是创新的内驱力。这推动知识贡献与社会贡献内外弥合，激发学者基于学科又超越学科开展科学研究，从而实现创新突破。如 17 世纪，英国物理学家牛顿潜心科研，在力学、数学、光学、天文和哲学等领域取得伟大成就，开辟了向科学进军的新纪元。二是现实需求驱动的学科组织及其成员创新。工业社会的到来使知识逐渐成为社会前进的原动力，大学、科研机构等组织逐步成为知识生产主体，国家开始资助大学。1889 年，英国设立大学学院拨款委员会，1919 年成立了统一的大学拨款委员会。[②] 美国研究型大学因在两次世界大战中的卓越贡献，得到联邦政府的大力资助。基于社会现实需求，大学的跨学科研究历史悠久。如威斯康星大学麦迪逊分校数学家梅森与物理学家路易巴克、特里在“一战”期间合作发明了潜艇探测器。[③]“二战”爆发更使美国政产学三方结成联盟，“大科学”得以实现，特别是曼哈顿计划的实施，加速了不同大学与学科组织的交叉协同，为美国战后科技领先奠定了坚实的基础。为落实科教兴国战略，中国陆续实施“211 工程”“985 工程”“双一流”建设，愈加重视科教融合、产教融合、学科交叉融合，从而促进社会学科服务经济的发展。三是时代使命驱使的学科组织及其成员创新。20 世纪中叶后，美国研究型大学成为国家科技创新引擎，使各国意识到以科技创新支撑和引领经济社会发展与国际竞争的极端重要性，大学被赋予新的历史使命。这重塑着大学的社会职能与内部结构，创业型大学兴起，三螺旋创新模式与学科交叉协同创新应运而生，跨学科组织深度融合。如加州大学的加利福尼亚灾害研究所，研究领域涉及地震、海啸、传染病、大风暴、干旱、火灾、洪水、火山爆发等，研究主体联结加州大学 10 所校区、3 个国家实验室，核心成员来自 3 所校区

---

① ［英］亚当·斯密：《道德情操论》，蒋自强等译，商务印书馆 2009 年版，第 226 页。

② 骆栋岩：《英国大学拨款委员会历史研究》，博士学位论文，华东师范大学，2011 年，第 13 页。

③ 杨九斌：《美国大学科研创新发展中联邦政府角色研究》，中国海洋大学出版社 2020 年版，第 9—10 页。

与2个国家实验室。[①] 党的十八大以来，为实施创新驱动发展战略和服务“四个面向”，中国大力推进“双一流”建设，持续推动学科交叉融合，在科技前沿和交叉学科领域培植与发掘创新增长点，跨学科组织融合发展成为教育强国建设的重要着力点。

（三）知识整全品性回归

一方面从本体论看，知识形态由原初总括性知识到学科分化式知识再到学科融合型知识，成为跨学科组织融合发展的历史基础。人类早期的科学知识活动具有朴素的综合性，诞生于中世纪的大学学科划分粗略，知识形态是以经院哲学为主的总括性知识。14世纪，大学分化出文学、医学、法学。17世纪，发展出物理学、化学、生物学。19世纪，教育学、社会学、心理学诞生。德国哲学家威廉·狄尔泰最早提出自然科学、社会科学的知识二分法，成为现代分科知识体系诞生的标志，[②] 在笔者看来，这种分化是历史的必然，是人类发现世界、改造世界由浅入深、由易到难的知识客观规律所决定的。而当前，人类站在空前的知识文明基础上，认识世界和改造世界进入了一个类似“黑暗森林”的高深知识领域，也面临“量子思维”带来的知识内涵转变，因此知识结构由碎版转为系统化也是历史的必然。现代学术问题、技术问题、经济问题、社会问题的复杂性，也要求综合的方法与技术合作。[③] 于是，20世纪四五十年代后，学科互涉、跨学科研究大量开展，知识形态趋向学科融合型，大学广泛出现跨学科组织。如纽约州立大学奥尔巴尼分校建立的世界首个纳米科学与工程学院，首要任务是在纳米技术的新兴跨学科领域发现和传播基础知识，学院师生与全球一流企业研发人员、其他大学的科学家和工程师协同合作，致力于解决产业发展最前沿问题。另一方面从价值论看，以学科视角考察人类科学知识，总体呈现哲学—自然科学—人文社会科学的发展轨迹。哲学重点关注自然世界与人类社会的本源问题。自然科学研究外在于人的物质世界，关注科技的发展与进步。人文社会

---

① 周朝成：《当代大学中的跨学科研究》，博士学位论文，华东师范大学，2008年，第140—141页。

② 王伟赟：《高校学科知识管理与发现研究》，电子工业出版社2014年版，第27—28页。

③ ［美］朱丽·汤普森·克莱恩：《跨越边界——知识　学科　学科互涉》，姜智芹译，南京大学出版社2005年版，第9页。

科学研究内在于人的精神世界，关注人的现实境遇与内在精神。三者虽有一定界限，但都共同指向和服务于人和人类社会，而人类社会自始至终都是人与自然、科技与人文的孪生共体。20 世纪 70 年代，阿什比就提出科技人文主义教育思想，主张"在科学教育中增设人文科学，并且着重阐明科技成就在伦理道德上和社会生活上所产生的后果"，以协调科学教育与人文精神。① 今天，人们正努力将自然科学的工具理性与社会科学的价值理性有机结合，以推进社会进步、文明弘扬与创新升级。

三　跨学科组织融合的外部机制

在组织生态学视角下，大学跨学科组织融合发展除"内在需求"外，更有"外部推动"。"外部推动"即大学所在国家与地区的历时性外部社会需求，推动大学学科组织不断重组优化，趋向跨学科融合。其主要包括多元需求推动、学科组织变迁、文化同源凝聚三个外部机制驱动。

（一）多元需求推动跨域融合

从社会职能发挥视角看，大学历经"教学型大学—研究型大学—创业型大学"，形成了三项主要职能。在不同时代与国家里，其具体内容因相关主体的力量强弱与需求差异而不同。20 世纪 80 年代，美国学者伯顿·克拉克提出"三角协调模式"，认为现代大学发展受国家、市场和学术权威的影响。② 时至今日，大学已深深嵌入三者交织的网络中，他们的新需求正推动学科组织跨域融合。

一是人才培养方面，大学回应社会对复合型人才的强烈需求。从经济发展逻辑看，数字化时代的到来加速了中国经济转型升级，智能制造业与现代服务业的产值快速增加、占比迅速扩大，刺激市场大量需求既具备行业专业能力又精通数据技术的高层次复合型人才。③ 从大学学术逻辑看，当代知识生产更关注解决社会提出的紧迫或长远问题，为此须动

---

① ［英］阿什比：《科技发达时代的大学教育》，滕大春等译，人民教育出版社 1983 年版，第 47—48 页。

② ［美］伯顿·R·克拉克：《高等教育系统——学术组织的跨国研究》，王承绪等译，杭州大学出版社 1994 年版，第 159 页。

③ 张车伟主编：《中国人口与劳动问题报告 NO. 18：新经济 新就业》，社会科学文献出版社 2017 年版，第 44—63 页。

员多学科或跨学科的专家来共同研究，需要更多具有跨学科意识与知识、掌握跨学科研究方法与能力的复合型研究者。从个人需求逻辑看，专业教育虽使人的知识和能力具有较强专业性，但其分化与封闭性不利于人的综合素质提升与全面发展。[①] 因此，须积极构建跨学科组织或平台，培养社会急需的复合型人才。

二是科学研究方面，国家对前沿关键科技领先的迫切需求。当今世界，跨学科创新范式已成为科技创新的主流趋势。从国际趋势看，英国自 1987 年以来设立跨学科研究机构、资助跨学科研究，在高温超导、分子医学、纳米技术、清洁能源等领域科技领先。[②] 美国自 1920 年以来，尤其是“二战”在原子能、雷达系统、航空航天等军事领域及后来的信息技术、新材料、医学等新兴领域的跨学科研究，成了遥遥领先的科技强国。[③] 从国内趋势看，新时期“双一流”与教育强国工程更突出以学科组织跨域融合攻克新一代信息技术、先进制造、深空深地深海、生命健康等“卡脖子”技术。

三是社会服务方面，社会对大学服务广度深度的更高需求。随着大学与社会交互加深，社会对其提供服务的需求更高。从广度看，国家寄予大学既面向前沿科技开展自然科学研究，突破工业、国防、医药等领域关键核心技术，又面向国民幸福生活开展人文社科研究，实现经济增长、教育公平、民主法治等社会目标。从深度看，社会期望大学在科技领域实现从基础研究、开发研究到应用转化的全流程服务，在人文社科领域既提供量多质优的“产品”，又均衡分配它们。而现实社会需求总是不同学科交织的复合体，大学要更好契合社会需求，学科组织跨域融合与研究是优选路径。[④] 习近平总书记提出“四个服务”高等教育发展方向、“四个面向”科技创新方向、国家推进“四新”学科建设，也正是中

① 张庆君：《高校复合型人才培养变革：逻辑、实践与反思》，《现代教育管理》2020 年第 4 期。

② 杨连生等：《英德日高校跨学科研究组织的运行机制及其启示》，《学术论坛》2013 年第 9 期。

③ 焦磊、谢安邦：《美国研究型大学跨学科学术组织的建制基础及样态创新》，《中国高教研究》2019 年第 1 期。

④ 陈亮：《新时代学科治理的发生机理》，《高校教育管理》2022 年第 2 期。

国新时代经济社会高质量发展对大学服务需求的生动体现。

（二）组织变迁追求制度融合

从学科组织变迁视角看，大学先后经历“教师/学生自治型大学—院系分科治理型大学—学科/产教融合型大学”。大学外部形态融合型转向带来了内部学科组织在组织形态、组织目标与组织成员等方面的深刻变革。在此背景下，大学学科组织追求维系自身生存、运行与发展的制度趋向融合，将是其重要诉求。

一是组织形态维度，学科组织从学科导向的科层制转向问题导向的矩阵式、纯粹实体型转向虚实并存型。近年来，公共技术平台、集群聘任式跨学科团队等跨学科组织不断涌现。[①] 跨学科组织的广泛出现使其隶属关系、权力结构、人事关系等发生改变。隶属关系由归属二级学院转向独立建制、隶属学部或直接隶属学校，不同学科协调整合、校内外各方信息沟通更加畅通。内部权力结构由垂直型趋向扁平化，决策程序更趋简化，分权与授权成为常态。人事关系由个人利益主导的人身依附关系趋向目标任务主导的分工合作关系。此时，要确保学科组织高效运转，其组织制度则需向跨界融合转型。

二是组织目标维度，学科组织由知识生产与传播拓展到同时促进知识应用。“二战”期间，美国政府与研究型大学合作并取得显著成就，开启政校合作历史，促进战后政产学研深度融合。这使在校园内部比较固定的传统学科组织向社会开放，变得灵活，特别是弗里德里克·特曼教授创建斯坦福工业园区与斯坦福大学奠基硅谷，形成大学科技园模式。[②] 这一模式加速了学科组织与社会跨界融合进程，组织资源更加丰富，组织运行也需更多协调。资源来源由单一来自所在大学及其二级院系，变成来自政府、企业、学会、基金会等多元途径；资源分配由主要基于职能履行的成本高低，转向更多基于成果产出的价值大小；组织运行目标由基于知识生产与传播的程式化运行，转向知识生产、传播与应用的三维协同。如此，要实现学科组织三维目标，其组织制度则需加速融合

---

① 刘凡丰等：《高校促进跨学科研究的组织设计策略》，《清华大学教育研究》2017 年第 5 期。

② 钱纲：《硅谷简史：通往人工智能之路》，机械工业出版社 2018 年版，第 20—25 页。

转型。

三是组织成员维度，学者由知识生产者与传播者增加了知识应用促进者与转化者。大学和学科组织走向跨界融合将学者从校园推向市场，“纯粹学者”变为“市场学者”。从组织归属看，学者从单一、确定学科组织进入多元、灵活学术组织，同一学者可能服务多个学科组织、跨越多个学科领域、涉及政产学研用多个环节。从组织角色看，他们既是知识生产者与传播者，更是知识应用促进者与转化者。从贡献评判看，学者由学科组织同行评价转向学科组织和社会机构共同评价，贡献大小从仅看理论型成果的数量和质量增加应用型成果的数量和质量，“破五唯”即是重要体现。加之，学科组织之间为抢占创新先机、获取资源等进行竞合博弈更是弱化了学者的学科界限与身份固化。这迫使学科组织正视与顺应学者跨界融合趋势，进而通过制度融合为其履行更高职责集聚更多智力资源。

（三）文化同源凝聚融合共识

从文化职能发挥视角看，大学历经“文化传承型大学—文化创新型大学—文化引领型大学”。大学引领社会文化发展需在传承与创新中保持张力。中华文化源远流长、博大精深，源头与精髓在于“和”。中华民族继承与弘扬“和”文化，凝练出特色鲜明的时代内涵，为中国大学学科组织融合发展凝聚了共识。

一是传统的和合共生文化，凝聚学科组织开放合作共识。中国传统文化根植于农耕文明，表现出一种“静态”的特征，重视人与自然、人与社会、人与人之间的和谐，认为外部天人合一、内部身心和谐与内外知行合一是宇宙的存在形式。正如《荀子·天论》所言“万物各得其和以生，各得其养以成”。如此逐渐形成人们认识事物的整体认知观，主张万物和谐相处方能共同生存、相互合作就能创造新生。要实现大学与社会、文理学科专业和合共生，必须走跨界融合之路。大学以尽可能满足国家和地方需求为己任，国家和地方为大学高质量发展创造条件。自然学科与人文社会学科协同合作培养人才、科研创新与服务社会。中国传统哲学的和合价值哲学与学科组织凝聚共识完全契合。

二是近现代开创进取精神，凝聚学科组织集成创新共识。近代民主教育家受民主、科学思潮影响积极探新的教育模式，如蔡元培鉴于当时

“治自然科学者，不知哲学即科学之归宿；治哲学者，不知哲学之基础不外科学”，提出“大学者，‘囊括大典，网罗众家’之学府也”。[①] 新中国的革命史、改革开放史与中华优秀传统文化融合为社会主义的先进文化。以强调稳定、贬抑变化的“后喻型”传统文化正加快转向以开拓未来为使命的“前喻型”现代文化，[②] 打破学科制度的传统范式、推进学科组织交叉融合与集成创新，成为新时代文化社会的广泛共识。

三是新时代共建共享理念，凝聚学科组织跨域协作共识。党的十八大以来，中国特色社会主义进入新时代，经济社会发展进入创新驱动新阶段。对学科组织产教深度融合提出了更高的要求，高等教育机构的改革从学部制、协同创新中心建设到现代产业学院建设不断完善。国家、大学、企业、行业都被知识价值和知识经济驱动，走向共荣共享。跨学科组织理念深入学科治理和知识治理主体之间，推动了跨学科组织的生成和发展。并推动形成共建共享的新型学科治理文化，即知识治理共识。

四 跨学科组织融合的能动策略

从组织生态学分析框架看，大学跨学科组织融合发展正进入“内外结合”共驱时代。“内外结合”即大学学科组织在知识生产与社会需求双轮驱动下的主动求变与超前引领，承担起培养创新型人才、夺取科技前沿制高点、增强国家竞争力的应有使命。为此，大学促进跨学科组织融合既需要外部的政策支持与资源优化配置，又需要内部的组织变革与制度激活。

（一）基于需求导向的国家政策导引

一是国家立足社会全局提升宏观支持政策的系统性。重视交叉学科发展，激励自然学科与人文社会学科的内部交叉和科际融合；纵向促进基础学科与应用学科的互馈支撑。重要学术机构增设交叉科学研究机构，重要行政审批机构增设交叉学科评审组，单独立项、资助学科交叉与交

① 中国蔡元培研究会：《蔡元培全集（第三卷）》，浙江教育出版社1997年版，第451页。

② 吴康宁：《教育社会学》，人民教育出版社1998年版，第94—100页。

叉科学研究项目（课题）。[①] 支持跨区域、跨学校、跨层级设置交叉学科组织，研究制定跨学科组织在人才联培、科研合作、考核评价等方面的支持政策，完善区域协同创新机制。在创新主体协同中，构建校企研互补互动创新共同体，促进研究型大学与应用型大学、上中下游企业全链条创新。二是地方立足区域实际提升中观配套政策的针对性。央地科技创新政策的协同性与创新性，既有利于中央政策发挥最优效果，也有利于促进地方科技创新水平的提升。[②] 一方面地方政府应为提升国家科技整体实力提供支撑。支持省域内不同高校、科研院所以及跨省域跨学校跨行业联合申报交叉学科、共建交叉科学研究平台，地方科研机构积极推进三大学科的内部学科交叉以及跨域交叉融合。另一方面立足本地区经济社会发展特点与实际，因地制宜出台具有针对性的地区科技创新促进政策，引导指导区域高校、科研院所和企业组建跨学科研究机构，在专业设置、课题申报、人才或团队资助、职称评审等方面向跨学科组织与跨科学研究倾斜，促进区域科技创新主体积极通过学科组织融合与交叉科学研究，为区域经济社会发展提供新动能。三是高校立足服务面向提升微观激励政策的实效性。高校应紧密对接国家和所在区域重大战略和工程实施、经济社会高质量发展，结合自身办学定位、综合实力与优势特色找准"细分市场"，以微观政策引导学科组织融合与交叉科学研究。[③] 以主动求变应对社会之变，结合需求逻辑与学科逻辑，可适时将同一科学领域内相邻学科专业整合为一个学部，适时组建隶属于学校、单独建制的跨学科组织或研究团队。建立健全跨学科组织与跨学科研究的项目立项、经费支持、设备购置、人员流动、绩效考评、收益分配等政策体系。打破教研人员单一院系归属的身份固化，赋予跨学科组织人、财、物相应的自主权，以国家实验室或大科学装置为依托，实行跨学科研究团队集体式聘任、考核、职称评聘、成果署名与收益分配，给予跨学科

---

① 路甬祥：《学科交叉与交叉科学的意义》，2021 年 12 月，国家自然科学基金委员会（https://www.nsfc.gov.cn/publish/portal0/tab1344/info85559.htm）。

② 刘晓燕等：《关系—内容视角下央地科技创新政策协同研究》，《中国科技论坛》2020 年第 12 期。

③ 张务农、李爱骥：《世界一流学科建设战略定位的理论视点与价值选择》，《西北工业大学学报》（社会科学版）2021 年第 4 期。

组织或跨学科研究项目的创新领军人才更大技术路线决定权和经费使用权。

（二）基于创新导向的多方资源重整

一方面通过国家侧重基础研究配置资源，以基础研究驱动应用研究。基础研究在科技创新中具有先导性、决定性地位，主要依靠政府投入。充分发挥社会主义制度集中力量办大事的政治优势，央地政府加大财政投入，坚持问题导向与任务导向，组建研究型大学跨学科组织、国家实验室，重组现有国家重点实验室，打破地域、校际、身份、专业技术职务等限制，整合优化科研人员、经费与装备等资源。同时，发挥国有企业龙头作用，加大基础研究投入，强化基础研究队伍，独立或共建基础研究实验室，打造原创技术策源地，以原始创新提升国家和企业的核心竞争力。提升基础研究全球学术影响力，办好一流学术期刊和各类学术平台，加强国内国际学术交流，汇聚国内外基础研究高水平成果。加强国际科技合作，聚焦人类健康、气候变化等共性问题，加强同各国科研人员的联合研发。逐步放开在中国境内设立国际科技组织、外籍科学家在中国科技学术组织任职，使中国成为全球科技开放合作的广阔舞台。① 另一方面利用市场加强应用研究配置资源，以现实需求反哺原始创新。应用研究兼具公益性和商业性，需要各方主体共同投入，包括市场主体。对于新型基础设施、航天工程、军事工业、深海科技、新药研发等公益性应用研究，应主要由中央政府和国有企业以问题和成果为导向加大投入，同时鼓励社会以建立基金和捐赠等方式多渠道投入，拓宽资金来源。商业性应用研究可假借市场行业主体投资和参与，以成果和绩效为导向增加投入，并充分发挥政府规划引导与政策杠杆作用，实现两类研究“互惠互利”。此外，可通过财政奖补、金融信贷、税收优惠等举措引导、鼓励各类企业加大科研投入。加强军民融合科技创新与成果转化。支持企业特别是跨国企业充分利用国际国内两个市场、两种资源，增强面向港澳台以及全球的科技研发资源配置和整合能力。

---

① 《习近平：在科学家座谈会上的讲话》，2020 年 9 月，中华网（https：//news. china. com/zw/news/13000776/20200911/38737714. html）。

（三）基于问题导向的学科组织革新

首先，确立解决现实问题、追求创新增值的组织目标。2020 年 10 月，《中共中央关于制定国民经济和社会发展第十四个五年规划和二〇三五年远景目标的建议》提出了人工智能、量子信息、集成电路、生命健康、脑科学、生物育种、空天科技、深地深海八个前沿领域，它们是未来一个时期需重点攻克的关键领域与创新增值的主要空间。为此，中国大学跨学科组织发展需在专业设置与调整、重点学科培育与学科群建设、人才培养、科学研究、社会服务中进军这些领域，以基础学科融合征服其原理性问题、以应用学科融合破解其技术性问题，致力于实现自主创新。[①] 其次，构建学科交叉、跨界跨域、权变灵活的组织形态。新的创新模式下，嵌套交错的科学命题与现实问题既需学科交叉又要产教融合方可突破，这要求跨学科组织以交叉学科为底色、以多元参与为标准色、以灵动应变为特色，淡化学科边际、参与单位及人员的身份差异、组织结构稳态惯性，先根据研究问题动态设置任务小组、项目团队等，再逐步建成相对固定、功能健全的实体型跨学科组织。再次，汇聚掌握跨学科研究范式与方法的团队与成员。具备跨学科素养、掌握跨学科研究范式的领军人才是跨学科组织取得成功的必备要件。目前，中国这方面人才比较紧缺，可采取外引内培并举策略，一方面大力从国外和港澳台的研究型大学、科研院所与一流企业中引进，另一方面积极探索跨学科人才的招生考试、本硕博贯通培养与国（境）内外联合培养办法，汇聚、造就越来越多的跨学科研究新生力量。最后，培育忠于使命、有机团结、勇攀高峰的组织文化。组织变革最深厚、最无形的力量是组织文化。当前，官本位、过分迷信权威、一元化评价标准、小生产意识、诚信缺失等制约了中国大学学科组织创新文化的形成。[②] 推进跨学科组织发展需摒弃落后的学科组织文化，以文化自信与他山之石可以攻玉的胸襟培育新型跨学科组织文化。培育团队及成员忠于祖国、矢志真理、科技为民、

---

① 田贤鹏、徐林：《面向高等教育强国的前沿学科布局：战略图景与政策取向》，《重庆高教研究》2022 年第 1 期。

② 吴金希：《创新文化：国际比较与启示意义》，《清华大学学报》（哲学社会科学版）2012 年第 5 期。

无私奉献的学者使命文化；基于使命的合作与交流、有组织地学习和持续改善、诚信立身立业的有机团结文化；理性批判、敢为人先、宽容失败、拼搏奋进的组织创新文化，使创新活力竞相迸发。

（四）基于情境导向的运行机制生成

一是以任务情境中成员契约生成日常运行规范。跨学科组织具有强自组织特性，日常管理力促目标达成。运行规则以团队及其成员在任务情境中共同约定、认可而生成，变传统惩罚式规范为激励型规范。管理者的权力由行政职权转向学术影响力，领导风格由权威型转向民主型，组织氛围更趋和谐、平等、自我约束，以尽可能为组织成员的创造性工作提供环境支持。二是以价值贡献构建学术评价、职称晋升与薪酬分配机制。以激发创造性、积极性为旨归，以科学、规范、高效、诚信为目标，结合学科分类评价与跨学科综合评价，构建跨学科组织的学术评价体系。基础前沿研究突出原创导向，以同行评议为主；社会公益性研究突出需求导向，以行业用户和社会评价为主；应用技术开发和成果转化评价突出企业主体、市场导向，以用户评价、第三方评价和市场绩效为主。[①] 评价标准上，以学术研究成果的科学价值与社会价值、学术研究所取得的突破性进展与创新性思路、科研成果的转换等作为主要参照。[②] 评价对象上，探索完成重大科研/工程/社会服务等项目（课题）、产出具有全国性/国际性重大影响力的标志性成果的团队集体评价模式。评价程序上，精细化三公原则，健全事前承诺、事中公开、事后惩戒闭环监督，充分吸纳被评价的团队和成员参与专家提名、过程监督等评价环节，将所有参与评价人员的诚信遵守情况纳入个人诚信记录。评价周期上，项目评审根据难易程度、实际进度、国际平均完成时限等因素综合、动态确定，职称评审不设固定期限，以学术研究、科研创新和成果产值达到学科组织要求为准。同时，慎重处理新兴学科与交叉学科研究的非共识项目，以跨学科视野组建评审专家团队、确定评审标准和程序。最后，

① 新华社：《关于深化项目评审、人才评价、机构评估改革的意见》，2018 年 7 月，中华人民共和国中央人民政府官网（http：//www. gov. cn/zhengce/2018 – 07/03/content_ 5303251. htm）。

② 陈亮等：《大学学术文化生态及其治理》，《现代大学教育》2021 年第 5 期。

以团队及其成员获得的学术界和社会对其学术贡献的科学、公正评价为基准，确定职称晋升和薪酬分配。三是以团队合作和成果产出为导向建立人事管理制度。跨学科组织的交叉、跨界、创新内核要求人事管理制度以合作促产出。赋予团队领军人物更多的用人自主权，在产学研跨界合作特别是交叉科学研究项目中打破不同性质单位、编制与师生身份束缚。奖励制度由申报制改为提名制，强化对人的激励，汇聚更多创新资源。①

第三节　步入知识集成的学科集群协同机制

集群作为一种可持续的创新系统，越来越成为国家（区域）高质量发展的必由之路，正如迈克尔·波特所说，“集群已经成为促进经济发展的一种新的思维方式”②。由于“世界经济发展模式正由传统‘要素驱动’和‘效率驱动’向‘创新驱动’转型”③，低级知识创新的“效率增长”已然不能满足高级知识经济社会的“质量需求”。一种更为复杂、灵活、高级的知识创新网络组织——“知识集群”成为学科交叉发展的必然趋势。具体而言，“‘知识集群’具有明显的超时空性的优势，能够跨越不同地域和部门界限，穿越多层知识谱系”④，因此，知识集群越来越成为高校学科治理的理性样态。但知识集群化最大的困难“根源于对学科的边界分野与内在特质认识不清”⑤，知识集群这种互动互通的创新生态生成必须突破学科对知识分门别类的制度安排和牛顿思维（非此即彼、机械线性）束缚。实际上，这种束缚正在阻碍学科到知识的治理转型，有学者在分析国内六个学科联盟后发现，这些联盟均是同类应用学科或

① 王思懿：《我国研究型大学长聘制改革的制度逻辑与优化路径》，《重庆高教研究》2022年第2期。

② ［美］迈克尔·波特：《国家竞争优势》，李明轩等译，中信出版社2012年版，序言。

③ 武学超：《模式3知识生产的理论阐释——内涵、情境、特质与大学向度》，《科学学研究》2014年第9期。

④ 武学超：《模式3知识生产的理论阐释——内涵、情境、特质与大学向度》，《科学学研究》2014年第9期。

⑤ 张彦：《新文科育人的总体性规定及实践诉求》，《西北工业大学学报》（社会科学版）2021年第4期。

自然学科联盟①，这充分说明当前学科交叉的各种形态本质上仍然是牛顿经典思维的延伸。工科集群、文科集群、农科集群等这类“亲缘”学科集群，本质上而言并未消解学科知识和文化之间的冲突、软硬学科之间的冲突、纯学科与应用学科的冲突、趋同学科与趋异学科的冲突。知识本体、知识应用以及知识主体仍然面临着挑战，而颠覆性的创新和卡脖子的问题解决往往来源于这类冲突之中。学科集群机制的形成必须直面这些冲突，尤其是直面学科和学科文化之间冲突的负向功能，分析冲突的正向价值，探索将冲突的“破坏性”转化为“创造性”的可能性，为学科集群转向知识集群发展带来重要的认识转变，在直面冲突、分析冲突、利用冲突、解决冲突的过程中，实现知识融合与学科集群。

一　学科集群的冲突样态

学科冲突是必然的，是学科集群和知识集成必须面临的问题，学科之间也不存在必然融合的逻辑前提。但关键在于学科之间的冲突类别和冲突形式，把握学科冲突的类别、范畴和结果，是正确理解学科冲突正向价值的前提。现实样态下，从学科知识本体、知识应用和知识主体三个维度透视出不同的学科类别，不同的学科类别具有不同的冲突负向功能，形成了软学科与硬学科、纯学科与应用学科、趋同学科与趋异学科之间在集群发展过程中集而不群、界限明显的负向冲突，导致了集群同质化、制度化与主观化困境。

（一）软学科与硬学科冲突致使学科集群同质化

托尼·比彻和保罗·特罗勒尔从学科知识本体论的角度，将学科划分为“硬学科”和“软学科”，二者之间边界清晰，具有强烈的聚合冲突。具体而言，硬学科知识严密、系统性强，重在探究主宰人类认识领域的普遍法则，具有笛卡尔所谓的理性知识客观中立的价值走向，注重因果逻辑，具有线性特征。这类知识的生产、传播对人类社会物质文明进步具有决定性意义，多存在于科学领域的基础性学科和重大研究攻关领域。软学科知识松散、分散性强，由于没有共同的学科问题和界限，

① 闫建瑋、郑文龙：《“双一流”建设背景下的学科联盟建设困境与优化路径》，《现代教育管理》2021 年第 9 期。

其探究领域呈现多元特征，甚至同一个问题域也具有不同的参考视域和价值走向，对人类社会精神文明进步具有调适性意义，多存在于人文领域的基础性学科和社会关系领域。由于软、硬两类学科间的差异性与特殊性，导致两类学科知识的认识论属性、学术共同体的社会特征存在着一定程度上的不同点，也映射出不同的学科权力观与学科话语意识形态。在加速变革的知识社会中，需要一种可叠加、不确定性、非定域的集群建设思维，即量子思维。这意味着，学科集群需要凝聚不同类别学科知识智慧，尤其是软硬学科之间的集群和跨越，方可最大限度释放学科创造价值的正能量。但由于现有的软、硬学科知识具有强烈的结构性冲突，就知识论视角而言，二者各有限度。对于硬学科而言，知识结构越严密代表其学科领地越加不容侵犯，这些领地“容易通过流放和驱逐内部的持不同意见者、拒绝身份不明的外来者的进入以保持学科教义的完整性”①。对于软学科而言，尽管自身的知识结构较为开放、边界模糊，但硬学科分明的边界在圈定自身疆域的同时也将软学科知识排除在外，倘若软学科知识的关联逻辑与硬学科知识的因果逻辑无法融合，软学科要实现其社会性价值和应用性功能就只是“空谈”。二者的鲜明冲突往往让行动者退避三舍，进而导致学科集群同质性发展，即软学科内部集群或是硬学科内部集群，无论跨越了多少学科门类，这些集群本质上仍甩不掉“软性”或者“硬性”特征。某种意义上而言，在“四新”建设背景下，新文科、新工科、新农科、新医科的“新”是彼此之间的软硬知识集群，“为知识再造提供新的思想资源与学科建设自由”②，这才是解决那些“面向世界科技前沿”的重大战略性问题。

（二）纯学科与应用学科冲突导致学科集群制度化

托尼·比彻等从知识的社会维度，即知识应用层面将学科分为“纯学科”与“应用学科”。在纯学科领域中，学科由“知识逻辑”主导，知识生产与社会应用的联系程度较低，往往位于宇宙知识谱系的基础层

---

① ［英］托尼·比彻、［英］保罗·特罗勒尔：《学术部落及其领地：知识探索与学科文化》（重译本），唐跃勤等译，北京大学出版社2015年版，第101页。

② 张彦：《新文科育人的总体性规定及实践诉求》，《西北工业大学学报》（社会科学版）2021年第4期。

面或抽象层次，偏重于知识理论层面的元研究探讨，对社会而言具有“无用之用”的基础性和普适性价值。正因这类学科的价值是间接和长期积累而成，社会直接关联度不高，导致知识权力不够大、学科地位不够高、学者声誉不突出，由此可见，学科与应用层面的关联度与学科获取资源的能力正相关，也与学科权力和地位密切关联。在应用学科领域恰好相反，学科由“社会逻辑”主导，知识生产与社会生产力结合较为紧密，甚至应用学科与社会的联系程度直接决定了区域或地方经济社会竞争力，是一种“有用之用”的行动知识实践体系，学科的资源获取和配置能力较强。[①] 事实上，两种学科在应用维度上的分类，充分突显了理论学科的“充分合理性”与实践学科的“有限合理性”冲突。[②] 一旦两种理性无法调适，“破坏性”极易导致冲突的强化，突出表现在学科集群的制度化走向，譬如，固守在纯学科领域的“学术集群”，或停留在实践领域的“应用集群”在各自边界的内部互动，而不涉及二者之间的知识对流。这意味着：一方面，学术集群内部的知识聚合尽管一定程度上可以改变纯学科知识结构，但本质上与社会的关联度仍然不高。它们的社会权力和学科地位仍不会因集群化的发展有任何改变，反而更加固化了纯学科集群原有的权力结构。另一方面，应用学科的集群化发展会推动学科与社会关联更加紧密，使得学科的社会权力和地位较高。但从长远来看，缺乏理论学科和基础学科融合支持的应用学科集群，极易形成区域价值链中低端重复生产的低质化结构。在一定程度上，职业教育和民营企业的合作发展更要警惕这样的集群结构固化。纯学科对社会经济发展之用是需要时间累积的，更需要应用学科的技术支持与智慧注入，倘若没有应用学科的融入，基础理论终究在“形而上”的层面飘忽不定。对于应用学科而言，虽然是直接作用于社会生产，但若没有纯学科原理性知识的渗透和深彻，这种应用集群实则是一种低质量的重复或聚合，并非集群的本质，难以在社会经济领域产生革命性和颠覆性的创造力，降低社会经济结构尤其是产业结构的更迭速率。

---

① 陈亮、倪静：《从分化到聚合：应用学科建设的社会逻辑》，《大学教育科学》2022 年第 3 期。

② 石中英：《教育哲学的责任与追求》，安徽教育出版社 2007 年版，第 9 页。

（三）趋同学科与趋异学科冲突面临学科集群主观化

学科主体是学科集群化的关键力量，按照比彻对学术部落的划分，从人的角度即知识主体层面考虑，学科还存在趋同和趋异之分。趋同学科的知识主体之间联系紧密，趋异学科的知识主体之间联系松散。事实上，趋同学科在知识层面具有硬学科的某些特质，也因其理论体系较为完整、严密，有着共同的思维方式、研究标准和话语模式，故学者之间的联系紧密，具有共同的学科信仰与学科自信。这一切让趋同学科具有一个较为稳定的学术精英队伍。而趋异学科则与之相反，“趋异学科在观点和问题上缺乏一致性，没有统一的范式和标准，很大程度上容许知识的反常，在某些情况下甚至会允许能导致自我毁灭的争论存在”①。这种具有强烈软学科特征的知识主体之间缺乏共同的价值导向和问题视角，因此趋异学科的学术队伍呈现分散的多中心模式。可见，趋同学科因统一的范式和共同的研究标准更易打造成熟的学术共同体，进而能够形成共同的学术话语与学术向心力。与此同时，由于趋异学科本身的知识体系结构分散性、无法弥合彼此间的差异性等特点，因此，趋异学科知识主体的合作聚合缺乏黏合条件。更重要的是趋同性领域的学者常会要求趋异性学科领域的尊敬、钦佩和羡慕，以此被称为学术界的精英，同时，“趋同性学术群体可以牺牲处于不利地位的同行群体利益，来提升他们自己的群体利益（因为他们知道他们的共同的利益是什么，因而团结一致，共同促进其共同利益的意识非常明确）”②。趋同学科知识主体在合作中愈发具有学术自信。反观趋异学科的知识主体因知识维度的多元与多中心生产模式导致学术研究个体化，容易产生学科怀疑与学术自卑心理。如此，缘起于知识维度的学科冲突，在知识主体的主观意识层面愈发加剧，导致趋同学者和趋异学者的合作意识不强。而知识主体避让冲突的最好方式即避免合作，即趋同学科主体将一如既往在习惯的领域和思维方式中开展合作。而在熊彼特看来，“只要是当‘新组合’最终可能通过小步

① ［英］托尼·比彻、［英］保罗·特罗勒尔：《学术部落及其领地：知识探索与学科文化》（重译本），唐跃勤等译，北京大学出版社 2015 年版，第 193 页。

② ［英］托尼·比彻、［英］保罗·特罗勒尔：《学术部落及其领地：知识探索与学科文化》（重译本），唐跃勤等译，北京大学出版社 2015 年版，第 218 页。

骤的不断调整从旧组合中产生的时候，那就肯定有变化，可能也有增长，但是却既不产生新现象，也不产生我们所意味的发展”①。换言之，趋同在旧有结构中的调整并不能导致创新。趋异学科知识主体则一如既往地各行其是、分散行动。这种学科知识主体层面的冲突将会预设学科集群的很多不可合作的前提，导致学科集群的竞争力和创造力在主观性的驱使下陷入集群的形式化和集群主体的思维僵化怪圈。

二 学科集群冲突的功能

如果“将冲突看作是有关价值、对稀有地位的要求、权力和资源的斗争”②，那么“在这种斗争中，对立双方的目的是要破坏以至伤害对方，这个工作定义只是一个出发点”③。科塞继承了齐美尔对“冲突”的定义，冲破了传统社会学经典对“冲突”的负向评价，并将冲突的“破坏性”功能作为其正向价值研究的出发点，“更加关注社会系统及其运行过程的能动性质、利益性质及冲突性质”④。这意味着学科在知识维度、应用维度以及主体（人的）维度中所面临的冲突样态仅仅是学科集群发展的起点，科塞进一步指出“没有哪个组织是完全和谐的，因为那样的话，就将使组织缺少变化过程和结构性。组织既需要和谐，也需要不和谐；既需要对立，也需要合作。它们之间的冲突绝不全是破坏因素”⑤，学科集群化发展要充分利用冲突理论的“校正作用”：立足软硬知识的交叉冲突构筑集群发展的持续力，立足知识应用的共有冲突形成集群的内聚力，利用学术群体的外部冲突助推集群的竞争力。

（一）软硬知识的交叉冲突促使学科集群可持续

软硬学科间不同知识的冲突程度和范围决定了软硬学科构成的学科集群具有多重的交叉冲突特质，导致集群内部的冲突程度和类别多元多

---

① ［美］约瑟夫·熊彼特：《经济发展理论》，何畏等译，商务印书馆 1990 年版，第 75 页。

② ［美］L·科塞：《社会冲突的功能》，孙立平等译，华夏出版社 1989 年版，前言第 2 页。

③ ［美］L·科塞：《社会冲突的功能》，孙立平等译，华夏出版社 1989 年版，前言第 2 页。

④ 廖荣谦：《功能主义与冲突理论视野中的社会怨恨》，《贵州师范大学学报》（社会科学版）2019 年第 5 期。

⑤ ［美］L·科塞：《社会冲突的功能》，孙立平等译，华夏出版社 1989 年版，第 16 页。

样，反而促进了学科集群在稳定的结构中持续发力。“每一种冲突形式都阻碍着社会中的其他冲突”[①] 且“一个沿着多种对立方向发展的社会可能比仅沿一个方向发展的社会被暴力分解或肢解的危险要少”[②]，这说明组织内部的多重交叉冲突具有稳定功能。软硬学科之间最根本的冲突是知识本体的冲突，即知识的严密结构与松散结构之间的冲突。如果冲突是解决问题的起点，那么就需要直面两种知识结构的冲突，详细考察二者的冲突样态。实际上，如果学科集群化发展最大的阻滞是软硬知识结构的冲突，那么这种冲突也并非在时间和空间上始终占据绝对地位。换言之，软学科知识与硬学科知识并非“全面对抗关系”，这突出表现在某些学科的专攻发展呈现出软硬属性的交叉态势。譬如，地理学科知识分化为自然地理与人文地理，前者与物理、化学等系统知识更加亲近，而后者则与经济社会、历史等松散知识结合紧密。再如，杨振宁先生在《美与物理学》中深刻地诠释了科学之美与文学之美的异曲同工之妙，他认为：“极度浓缩的数学语言写出了物理世界的基本结构，可以说它们是造物者的诗篇。”[③] 由此可见，软硬知识之间的冲突尽管尖锐，但也只是一种知识的部分参与而非全面参与的对抗，这种冲突导致的裂痕尽管清晰分明，但却也不是学科集群中唯一的冲突。进一步思索发现，软硬知识始终部分参与学科冲突的结论可以推导出软硬学科集群的冲突是多重、多层的，这意味着，有的冲突叠加强化，有的冲突此消彼长，共同构成一个多样动态的稳定结构。譬如，“经济学与数学有一个共同的邻接领域，与政治学有另一个共同的邻接领域；与历史和社会学有某些贸易关系，与心理学、哲学和法学则有较小的共有领域。”[④] 这充分说明软硬学科集群可以推动同一学科的不同知识部门、不同程度地参与到不同的软硬学科领地之中，这一学科融合的多样性也反向论证了学科冲突的多重性和交叉性，譬如，经济学与前述学科互不交叉的领地之间也同时产生多重的冲突样态。事实上，学科集群化的组织结构和发展方式反而弱化

① ［美］L·科塞：《社会冲突的功能》，孙立平等译，华夏出版社 1989 年版，第 64 页。

② ［美］L·科塞：《社会冲突的功能》，孙立平等译，华夏出版社 1989 年版，第 64 页。

③ 杨振宁：《美与物理学》，《物理教学》2008 年第 5 期。

④ ［英］托尼·比彻、［英］保罗·特罗勒尔：《学术部落及其领地：知识探索与学科文化》（重译本），唐跃勤等译，北京大学出版社 2015 年版，第 69 页。

了软硬知识之间的尖锐冲突，稳定了集群的正向功能。某种意义上而言，人们之所以将软硬知识冲突视为难以跨越的隔阂，只是习惯于在知识宏观结构中探索而不能深入知识的微观细节中去感知。正如科塞所言："决策者也可能更多地考虑冲突对总体结构的反功能，而不注意冲突对总体结构中特定群体和阶层的功能"，① 而这需要研究者更为广博的学科背景和深入的理论阐释。

（二）学科权力作为共有冲突推动学科集群擅创新

学科权力是一种真正的"权力技术"，其功能在于实现最大的学科绩效和学科产出，这是纯学科和应用学科冲突的一致背景和共同目标，在这一共有基础之上的学科冲突将会推动学科集群更具创造力。"权力"绝不仅仅是一个简单的司法概念，其功能并不在于"禁止"或者"允许"任何事情，法律和司法系统仅仅是权力的表征。福柯认为，要深入权力的真正运作中去分析就"必须摆脱那种权力的司法概念，那种源自法律和最高统治权、源自规则与禁令的权力概念"②。并提出"权力技术"的概念——"权力机制、权力程序，必须被视作技术，即被发明、完善和不断发展的程序"③ 这种权力观转变的最大价值在于权力改变了从"强制"中获取和掠夺的消极本质，转而通过技术创新的积极意义获取更佳的绩效和产出，并以社会生产力决定事物的等级和地位。因此，作为技术的权力就与传统的核心权力（最高统治权）相反，权力技术在细节和局部环节自下而上地影响着整体运转。在这样的权力系统中，权力是多样的，技术创新也是多样的。学科权力正是基于技术视角的权力运作的核心内容。无论是新的程序、新的制度还是新的科技（福柯认为这些都属于权力技术的范畴，这里的技术具有更宽泛的内涵），都与学科创造力高度伴随，而学科的创造力与竞争力在权力技术语境下则等同于学科的"最佳绩效"，即学科权力。如果创新替代了规则来决定事物的位置和等级，那么作为技术的学科权力始终关注的是"最佳绩效（创新）"如何发

---

① ［美］L·科塞：《社会冲突的功能》，孙立平等译，华夏出版社1989年版，第13页。

② ［英］杰里米·克莱普顿、［英］斯图亚特·埃尔顿：《空间、知识与权力：福柯与地理学》，莫伟民等译，商务印书馆2021年版，第191页。

③ ［英］杰里米·克莱普顿、［英］斯图亚特·埃尔顿：《空间、知识与权力：福柯与地理学》，莫伟民等译，商务印书馆2021年版，第193页。

挥？“创新性是集群式发展思维的本质要求”①，学科集群无疑是最优的创新组织形态，它致力于提供一个学科知识自由流动的创新空间。而以创新绩效为价值旨归的学科权力也是所有学科集群的共同基础和一致原则，其中包括纯学科与应用学科。实际上，纯学科与应用学科的冲突根源是创新基础上的应用程度差异而并非用与不用的根本性冲突。具体而言，无论是纯学科还是应用学科最终归宿是“用”而不是“无用”，纯学科关注“无用之用”，应用学科关注“有用之用”，前者重在“间接之用”，后者重在“直接之用”。这种区别是理论创新与实践创新的价值冲突，根本上不动摇二者的权力（创新）基础（追求）。由此可见，纯学科与应用学科的冲突是基于创新追求的“共有冲突”，而“以共同承认的基本目的为基础的冲突是整合性的”②，二者的冲突将会推动学科集群因更加内聚而更有创造力。

（三）学术主体作为外部冲突推动学科集群易整合

知识层面与应用层面的学科冲突伴随学科主体的主观冲突得到强化，趋同学科群体构筑起强有力的领地意识，而趋异学科群体则彻底放弃闯入外部领地的想法。两种学科（趋同、趋异）主体之间的冲突因领地之间的裂痕加深而成为彼此之间的“局外人”，进而两种学术主体在主观信念中构建出各自的学科意识形态。两种相互排斥的学科意识形态在主观上构建出“外部冲突”。但“外部冲突有着某种整合的而不是瓦解的影响”③，这对于趋同学科与趋异学科的学术主体集群具有重要的正向价值，而一旦两种学术主体在学科意识形态上实现整合，将会推动知识层面和应用层面的冲突（正向）功能发挥，互为局外人的学术主体合作将推动学科集群更具竞争力。具体来讲，“外部冲突”竞争潜力分为两个方面：一方面外部冲突加速内部集群的调整整合。随着趋同学科与趋异学科两类主体的社会地位分化，前者为了保持自身的学术声誉，也将迎合社会需求和时代境遇展开调整，如前所述，一些大学学科群的建设尤其是信

---

① 陈涛、唐教成：《高等教育如何推动成渝地区双城经济圈发展——高等教育集群建设的基础、目标与路径》，《重庆高教研究》2020 年第 4 期。

② ［美］L·科塞：《社会冲突的功能》，孙立平等译，华夏出版社 1989 年版，第 62 页。

③ ［美］L·科塞：《社会冲突的功能》，孙立平等译，华夏出版社 1989 年版，第 81 页。

息技术主导的学科群建设成为重点。后者为了提升学术地位、缩小社会差距，也会努力参与到趋同学科领地中去，譬如经济学、社会学与统计学的合作。当然，这样的调整并非绝对的，前面也提及有可能趋同学科与趋异学科的外部冲突导致这种冲突的加剧，但科塞的冲突理论最重要的价值在于他提供了一个理论可能，而这个“可能”具有“校正”的作用，而非一意“纠正”。另一方面，一旦趋同与趋异两类学术主体共同参与到集群合作的组织模式当中，二者之间的冲突就是“内部冲突”而非“外部冲突”，尽管这个“内部冲突”一如既往地存在，但一旦有更加严峻的“外部冲突”袭来，就会形成两类群体基于“对抗的合作”。例如，互联网和自媒体时代民间知识权威就对学术专家群体带来了冲击，“网站新闻报道、手机 APP 新闻以 76.65% 的比例成为公众获取科技信息的第一渠道”①，社会大众的知识基础在自媒体时代得到整体抬升，高级知识社会对学术群体的知识传播方式带来了巨大冲击，继续沿用工业时代的知识生产模式将带来巨大的“专家信任危机”。据悉“对专家具有中等以上信任的累计仅有略高于半数的 56.27%。数据表明：在当代，作为‘社会良心’的专家也遭遇了前所未有的信任危机”②。这种外部的信任冲突影响到共同的学术地位和学科权力，这将会暂时弱化趋同与趋异学科主体的对抗，“他们可能联合起来以保护这种共同利益，并继续在他们各自独立拥有的其他领域竞争”③。

三　学科集群超越冲突的区域价值

利用学科冲突生成的学科集群本身也处于真正的知识集群样态。这种超越冲突的学科间的发展机制，既可视为学科集群机制，也可视为知识集成机制，并且这种知识集成与产业集群之间还存在连锁嵌套的协同机理。因为“集群”本身就是一种“独立”而“互联”的空间样态，一个要素结构的改变或空间秩序的位移，都会造成整个集群的功能和作用

① 郭喨、张学义：《“专家信任”及其重建策略：一项实证研究》，《自然辩证法通讯》2017 年第 4 期。

② 郭喨、张学义：《“专家信任”及其重建策略：一项实证研究》，《自然辩证法通讯》2017 年第 4 期。

③ ［美］L·科塞：《社会冲突的功能》，孙立平等译，华夏出版社 1989 年版，第 125 页。

改变。当通过知识集成实现的学科集群治理样态超越冲突本身，推动区域经济社会发展的时候，一定也是知识与产业之间的共轭发展实现的时候。如果前面的内容我们谈论的是如何利用集群内部的学科（知识）冲突实现知识集成，那么本部分我们要解决的是集群与集群之间的合作和协同。也唯有这种集群之间的合作，才能驱动更大的区域价值产生。因此，我们把讨论的重点放到了知识与产业两个集群来完成。从现实的情况来看，知识集成在区域经济发展中属于潜在要素，而产业集群是可视化的显在要素。这并不是说产业集群随处可见，而是产业集群的理念、实践和案例说明这种企业和行业的空间集聚价值是可以被实现，也得到认可的。作为推动区域经济社会协同发展的一潜一显两种要素，我们要关注的是区域潜在要素与显在要素的协同机理与共同原理，唯有实现两种关键性要素的同构联结，才能超越集群冲突的功能，凝聚全要素合力推动区域经济协同发展。

（一）知识主体与产业主体共生，企业家主体引领区域创新

知识主体与产业主体协同是区域经济协同的前提，企业家主体是统摄两种主体的内在形式。从知识等级论的视角而言，学术主体是推动人类发展的重要知识主体。雅思贝尔斯明确定位“大学教师是研究者”[①]，高等教育以其对学术志业的追求为天职，成为集聚高深知识主体的重要场域。高等教育对区域经济高质量发展的作用效果有赖于高等教育人力资源[②]。从区域经济学研究视角来看，大学知识创新的溢出将为区域内经济增长提供动力[③]。因此，我们探索知识主体与产业主体的协同，学术主体是关键群体。如果两种主体的协同从“校企合作”“产教融合”中寻找出路，那么我们讨论的仍然是一个方法层面的应然问题。而真正的问题是知识主体（与学术主体同一理解）与产业主体怎样合作，如何融合？进一步分析两种主体的组织属性发现，研究成果以个人名义署名，知识的首创意味着知识主体的竞争本性，而企业效益是集体协作的成果，根

① ［德］卡尔·雅斯贝尔斯：《什么是教育》，童可依译，生活·读书·新知三联书店 2021 年版，第 150 页。

② 王淑英、郜怡飞：《高等教育支撑区域经济高质量发展的多元路径》，《重庆高教研究》2023 年第 2 期。

③ 赵冉等：《地方引进高校推动了区域经济发展吗》，《重庆高教研究》2022 年第 3 期。

本上具有合作本性。如果两种主体始终存在于各自的组织文化、组织结构和组织利益中，这样的隔空“融合”，使得“合作”终究是“口号”。那么，有没有一种可能，两种主体间不存在知识与信息上的阻碍，真正实现知识资源在产业领域的高效利用。答案是肯定的，与其努力寻求“融合”“合作”，不如让知识主体成为产业主体，让产业主体成为知识主体，实现两种主体属性的“共生”与“内化”。事实上，这也正是很多伟大的理论与实践产生的重要原因：科学管理之父泰勒在工厂的每一个岗位都是他理论创造的知识来源，爱迪生既是发明家也是企业家，现代管理学之父德鲁克同时也是通用汽车、克莱斯勒、IBM 等大型企业的管理顾问。换言之，所谓“共生”，即知识主体与产业主体“合二为一”，两种职能“相互兼容”。这种将知识基础与产业实践合于一体的方式，可以超越“合作”，“内化”为强大的企业创新活力。这样的主体就是熊彼特眼中不断追求生产要素“新组合”的“企业家”，它是一种主体，而非职业。[①] “企业家精神”就是这一创新主体的持续创新行动。德鲁克认为“创新”既是理性，也是感性的，[②] 学术主体与产业主体要具备持续的创新行动，既要立足自身的理性认识，也要加强对现实的感性把握。区域创新体系是国家创新体系的重要组成部分[③]，唯有“企业家主体”既具有知识理性，又充满实践感性，是持续推动区域协同创新的理想主体。这样看来，区域经济主体的多重身份与职能叠加，区域企业、高校、政府、行业协会之间的岗位交流与实践淬炼应该成为区域创新主体成长的重要方式。

（二）知识生产与产业生产同频，企业家管理深化区域治理

知识生产与产业生产的过程交融是区域经济协同的途径，企业家管理是融合两种生产过程的内在保障。当代社会，知识生产模式正在发生变化，原始的知识生产方式正在缩减，吉本斯把新的知识生产模式称为“知识生产的模式 II”。它具有内在的跨学科性和外在的应用情境性，从

① ［美］约瑟夫·熊彼特：《经济发展理论》，何畏等译，商务印书馆 1990 年版，第 89 页。

② ［美］彼得·德鲁克：《创新与企业家精神》，蔡文燕译，机械工业出版社 2007 年版，第 44 页。

③ 洪银兴：《论区域创新体系建设——基于长三角区域一体化创新体系的考察》，《西北工业大学学报》（社会科学版）2020 年第 3 期。

经济发展的视角来看，这是一种知识生产与产业生产同频共振解决问题的知识生产方式。具体而言，一是新方法的应用与新市场的获取同步。这是直接面对不平衡发展矛盾的方法，传统知识生产对新方法的应用具有昂贵的经济成本。而在知识生产的应用情境下，新方法可以不顾“科学原理”，具有更加敏锐的市场感知，是一种直接面向市场的知识配置，往往可以推动后发经济体的崛起。譬如，日本就将“创造性模仿”的方法与市场创新紧密结合，打通了应用研究的“末梢神经”，在战后的废墟上实现崛起。二是新技术的发明与新产品的获取同步。这是直接解决技术—产品（服务）转化矛盾的方法，传统学术主体生产的“形式知识”具有较强的结构化特征，应用转化难度较大。而弥散在产业中的各个主体（技术工人、工程师、专利律师、企业法人、投资者等）生产的“暗默知识”才是行业技术与产品同步的根本。更重要的是，大多数产业主体对自身的暗默知识并不自知，这就进一步淡化了学科意识，强化了问题解决。三是新原理的探索与新战略的实施同步。这是解决学术价值与社会价值对立的方法。区域产业战略的选择长久以来只是治理主体或行业主体的工作，他们决策的基础是政策、现象与比较，要么战略抽象，要么战略跟跑。产业战略制定必须建立在区域原理研究之上，它综合理论与实践研究，研究过程与实施过程同步，从区域发展本质矛盾上思考解决问题的方法论，是一个复杂的跨学科综合实践研究。两种生产同频同步，是极具变化的时代特征决定的，尤其在新冠疫情、逆全球化的加持下，区域经济时刻面临“崩溃”的危机，就算学术组织也面临着被时代淘汰的“生存”危机。最好的应对是企业家主体的社会创新本领。而它来源于“企业家管理”，这是推动两种生产方式协同的制度保障，是对两种主体的创新精神和创新本领的培育，本质是对不同创新种类（科技创新、社会创新等）和来源（危机、问题、变化）的规律探寻。唯有充分协同各自的创新规律，利用共有的创新来源，不断深化两种生产方式的创新治理，大学的知识生产与区域产业生产才能带动区域的创新生态。

（三）知识分类与产业分类重组，“企业家精神”驱动区域发展

知识分类与产业分类重组是区域经济协同的关键，“企业家精神”是两种分类重组对接的内在动力。学科是最直接的知识分类，黑格尔认为“把握一个对象，不外用一个认识有条件的、有中介性的事物的形式去认

识那个对象"[①]，知识本身的整体性、系统性、无限性要让其变得"具体可识"，就必须用有条件的中介物进行规定，让"虚空的无"变为"具体的有"，这也是知识分化的合理性基础。问题的关键是，这种知识分类的有条件的中介物源自何种标准与背景，不同的时代背景决定不同的知识分类标准，最终决定不同的认知结构。譬如，西方的知识分类从最初的古代"三艺""四科"到现代工业社会更加精细的学科制度，是资本主义经济发展的产物。事实上，正是这种传统的学科分类完美熨帖了资本主义经济对工业化发展的知识需求，才推动了社会发展。在后工业社会，知识逐渐成为一种重要的生产资源，信息化、智能化、网络化这些共性使技术让知识从分化走向聚合。这种需求首先在产业分类的需求侧被感知，在供给侧被实践，表现为界限分明的"工业"缩减，"智能制造"让传统制造业变为"新兴产业"。产业分类因其强大的市场感知，不断重组、更新。但这种变化倘若没有知识分类更新衔接，就极易产生某些战略性新兴产业"高端产业低端化"，在国际分工中仍处于"担水劈柴"的境况[②]。产业业态、功能不断变化的实质是产业分类的深化，知识类型必须与产业分类之间有一个动态的循环路径，才能让两种分类具有衔接可能。日本学者提出知识社会的知识应该分为"形式知识"与"暗默知识"两种，其标准是"是否容易被表达"[③]。这两种知识分类构成一个知识生产促进产业发展的动态螺旋结构。"暗默知识"是一种被内化的知识，传统产业要实现向新兴产业的转化，必须注重"暗默知识"向"形式知识"的转化。"形式知识"是一种系统化、可视化便于传播的知识，当"形式知识"被内化为"暗默知识"的同时，也是产业领域新方法、新知识、新结构的来源。无论是知识从抽象"感知"到具体"表达"，还是知识在实践中"内化"创新，无不体现精于奋斗和创新的"企业家精神"。同时，知识的两种分类并非自然转化，这种转化仍然充满"创新思维"和"实践行动"，缺乏二者任何一项，这种动态螺旋的知识分类过程都将走

① ［德］黑格尔：《小逻辑》，贺麟译，上海人民出版社2009年版，第153页。

② 贾根良：《国内大循环——经济发展新战略与政策选择》，中国人民大学出版社2020年版，第129页。

③ ［日］竹内弘高、［日］野中郁次郎：《知识创造的螺旋——知识管理理论与案例研究》，李萌译，知识产权出版社2006年版，第3页。

向静态固化。最终“企业家精神”是持续推进知识分类与产业发展的核心力量，是区域内外联动的新发展格局形成的根本动力。

四　学科集群的协同机理

在加速发展与深化变革的时代背景下，学科集群实则是国家战略发展的重要部署，这不仅仅是学术问题，也是社会问题，需要大学跳出教育看教育。这样一来，学科集群的要素就更加复杂和多元了，因此以学科集群为平台的创新内涵就更加宽泛。集群中跨领域、跨地域、跨文化、跨组织的协同机理成为学科集群能否真正实现内聚效益的关键。

（一）以创新人才为第一资源，强化学科集群非共识性创新理念

无论是学科治理，还是知识治理，根本上意在人的全面发展，实现创新育人。[①] 打破千校一律的人才培养格局，通过创新人才培养，强化非共识性创新理念是学科集群的目的，也是学科集群的手段。“现代学院和大学是人类文化曾经兴盛的最为典型的代表。作为培养心智的沃土，它们是前所未有的；作为知识的温室，它们没有千篇一律。它们是人类培养智力进步的最有效的机构之一。尽管如此，如果学院和大学不能创造性地应对它们所面临的挑战，它们会变得无足轻重”[②]。无论是历史，还是新时代的学科治理，都要努力让知识引领时代的发展。这种努力在学科集群的治理样态下，更加需要自由人类的智慧与勤奋，创新人才始终是学科集群持续创新的源泉。

1. 以创新人才培养为着力点

想象力是驱动知识生产的动力因素，也是学科交叉融合创新的心智品质，正是因为有了想象力，人才能借此来表达他们最为坚定的学术信念，形成尊重共同学术利益与权力制衡的发展共同体，避免“把社会科学当作一套科层式的技术手段”[③]。在双循环经济发展格局的驱动下，学

① 张彦：《新文科育人的总体性规定及实践诉求》，《西北工业大学学报》（社会科学版）2021 年第 4 期。

② ［美］约瑟夫 · E. 奥恩：《教育的未来：人工智能时代的教育变革》，李海燕等译，机械工业出版社 2018 年版，第 140 页。

③ ［美］C. 赖特 · 米尔斯：《社会学的想象力》，陈强等译，生活 · 读书 · 新知三联书店 2016 年版，第 18 页。

科集群的内聚和外溢效应，需要激发人的想象力。知识爆炸与信息网络的建立，让人类进入了大数据时代，在这个时代，信息能力和知识能力决定了人的发展能力。似乎在一个信息网络发达的时代，人类获取信息和知识的便捷度增加，人的发展能力也会自然增加。但实际上，人的想象力却随之降低。因为信息和知识视野的拓宽，使得深度思考和迁移想象变得不那么需要，或者缺乏足够的时间（加速社会中人们的生活节奏变快，时间变得有限）。学科集群的目的就是要发生知识和信息的对流，在这种对流过程中培养人的想象力、迁移力、共情力。这些能力往往是创新的来源、文明繁荣的基石。高校把创新人才作为学科集群化发展的第一资源、第一手段来运用，要把创新人才的培养作为平衡科研和教学两大职能的中介，要在创新人才的培养中促进二者的共同发展。全面提升创新型、应用型、复合型人才的培养能力，全面协调交叉学科知识结构与产业需求、科学研究成果转化、大学学科资源配置之间的关系，进而为面向行业产业链提供多元服务和技术支持。① 除此之外，大学在人才培养的过程中应注重学科知识（内在性）与企业需求的应有情境性（外在性）的有机结合，即知识生产与企业需求同频共振来解决产业发展中的难题，将企业管理中的“创造性模仿”想象力运用到知识创造价值的实践层面中，从市场需求和社会发展着手，努力将原始的创新变得更加完善与系统化。

2. 充分尊重非共识性创新成果

学科集群是不同学科知识的融合与交流，这种交流既存在共有性冲突，也存在非共有性冲突。前者基本底线和目标一致，可以利用冲突的功能加以调和。但后者具有根本性冲突，不可缓解。因此，集群需要更加开放和包容的运行理念，坚决贯彻到群内的学科人之中，使得集群能够允许容纳冲突存在，并且充分尊重不同的创新成果。教育部、财政部、国家发展改革委联合发布的《关于深入推进世界一流大学和一流学科建设的若干意见》指出，完善大学创新体系，深化科教融合育人。重点支

① 武建鑫、蒲永平：《行业特色型大学如何塑造世界一流学科——基于单案例的探索性研究》，《重庆高教研究》2021 年第 6 期。

持基础性、前瞻性、非共识、高风险、颠覆性科研工作。[①] 激发学科人走出一条“非同寻常”的创新道路，努力将集体的创新活动转化为每个学科人自生自发的创新行为。如今，许多高等教育发达的国家在开展非共识性创新时已经逐步将商业因素、更加多元开放的社会因素融入高等教育的人才培养等诸多环节中。着眼于现实问题来塑造高等教育创新驱动发展已成为多数国家的选择。“大学在当地社区中扮演着一种独特的角色。他们能够提供一个平台，让所有的利益相关者齐聚一堂，共同解决寻找拨款和其他资金来源这样的地方发展所面临的重要问题”[②]。从这个方面来看，大学在发现人类发展中的问题要更加敏捷与专业。这就要求大学打破旧有固化的学科育人理念和模式，将集群模式和集体创新建立在不同个体的非共识基础上，维护个体的发展触觉。因为“新的知识总是源自个体。研究者的真知灼见很可能会引出一项新的专利，中层管理人员对市场趋势的直觉可以成为一个重要新产品概念的催化剂”[③]。

（二）以知识的应用价值为评价标准，形塑颠覆性创新的生态观

学科集群的内聚机理必须以知识的应用逻辑与社会属性发挥为评判标准。这种知识的社会应用情境即是吉本斯所指的“社会性的弥散”，强调知识在大范围的潜在知识生产场所之间和不同的应用环境之中进行传播，注重人、知识以及社会组织之间的多维互动性，凸显知识的默会性。实际上，学科集群的竞争力关键在于知识对流过程中知识的默会部分比明言部分更加活跃。实现非线性、非结构化的默会知识的传播交流，是知识集成和颠覆性创新的关键。

1. 重视社会情境中的默会知识

“一种跨学科模式存在于特定应用情境之中的临时聚合在一起的知识

① 教育部、财政部、国家发展改革委：《教育部 财政部 国家发展改革委关于深入推进世界一流大学和一流学科建设的若干意见》，2022 年 1 月，中华人民共和国教育部政府门户网站（http：//www. moe. gov. cn/srcsite/A22/s7065/202202/t20220211_ 598706. html）。

② 美国商务部创新创业办公室编：《创建创新创业型大学——来自美国商务部的报告》，上海科技教育出版社 2016 年版，第 51 页。

③ ［日］竹内弘高、［日］野中郁次郎：《知识创造的螺旋——知识管理理论与案例研究》，李萌译，知识产权出版社 2006 年版，第 30 页。

的集群和配置之中"[①]，学科集群具有很强的问题解决导向和外溢的竞争力，并非知识的简单叠加与组合，而是知识基于社会经济发展的持续内化与表出并形成知识螺旋转化结构。其核心是默会知识的表出与流动。默会知识属于高度内化的实践性知识，扎根于个人的行动和切身体验，内嵌于特定的社会实践与应用情景之中，不容易被发现，这就需要个人在跨学科研究以及具体的职业训练、经验积累中不断反思、观察、模仿与总结，善于将自己在社会实践中习得的真知灼见进行分享与体验，能够将自己的暗默知识与社会情境中需要解决的问题有效结合起来，促进默会知识的共同化、联结化转向，不断内化与吸收系统的形式知识，同时将形式知识融入自身的实践情境之中，构设知识生产与知识创新持续上升的螺旋。学科集群的内聚需要关注到那些普通的、泛在于社会的默会知识，它们作为技术技艺被"工匠"们熟知，作为"经验知识"被行业工作者奉为市场准则，作为"日常知识"被从未接受过高深知识的普通大众视为"不证自明"的规律。而这些知识的内部结构和原理，往往缺乏学科人深入底层探索，就像物理学前沿的微观粒子结构需要结构化、原理化探索一样。学科集群中的知识集成不能把这类知识挡在集群之外，要把默会知识与应用情景一起纳入知识集成的建设过程之中，甚至把知识资源的交流放到应用情境中，往往会带给学科意想不到的震惊与收获。总而言之，强化学科集群本质上需要在默会知识的社会情境性与应用性中发挥学科人的创造精神以实现知识的交融与集成。因此，大学需要在"认识世界"与"改变世界"两方面做好权衡，一方面大学开展科学研究需要强化基础研究，实现从"0 到 1"的重大突破，拓宽知识的广度与深度；另一方面大学需要转变观念，构建新兴研究型大学，形塑大学与城市间的良性互动关系，以国家战略需求为己任，坚持需求导向和前瞻引领，在实际问题与社会情境中推动技术革新与社会高质量发展进程。

2. 营造颠覆性创新的知识集成生态

与工业社会不同，知识社会的生产手段不再是机器，而是人富有创

① ［英］迈克尔·吉本斯等主编：《知识生产的新模式：当代社会科学与研究的动力学》，陈洪捷等译，北京大学出版社 2011 年版，第 25 页。

造的头脑和知识，强调人的自由而全面的发展①。而这一切都是源自于人在后工业社会中获得的自由探索与创新的自由。“后工业社会里知识被赋予的新的重要性为选择话语增加了权重……知识、思想和创造力不仅在工作上，也在生活里让我们获得更多的自主权。如果知识、思想、创新和创造力是我们私人生活中的重要特征，它们便无法长时间与公共生活隔离。随着公众对权威的尊崇的减退，知识顺势崛起，它扎根于富足生活，借着个性化和多样化的东风，为选择的文化带来了肥沃的滋生土壤。”② 在这种知识爆炸与创新发展的大背景下，大学若想在加速社会发展的“快车道”中取胜，不被社会发展所淘汰，就需要营造颠覆性创新的交叉学科知识生态，“在打破旧有格局中建立新格局”③，学科集群无疑是众多学科制度新格局中最具竞争力的一种。颠覆性创新与持续性创新不同，颠覆性创新倡导把新的生产要素与条件组合引入旧有体系中，对旧有体系做出彻底改变与颠覆，变革与破坏旧有生产结构和生产理念等，最终建立起适应大变局下的全新社会结构与社会关系。

基于此，大学需要更新教学与研究理念，打破原有“小修小补”的教学变革范式，激活大学教学与科研从现有“教”的范式转向面向社会需求应用“学”的范式，赋能大学与城市互动新的价值使命与新的增长点。大学需要根据自身发展与社会联动的关系制定课程计划，努力成为新时代社会创新的引擎和创业的孵化器，践行创新创业的“企业家精神”，抑制创新创业的制度“适应性”，脚踏实地地开展基础性、前瞻性的创新研究。在此基础上，大学需要将“创造性破坏”作为构建交叉学科知识生态链的行动指南，将“创造性模仿”作为交叉学科知识更新的方法论，在变化与发展中寻求突破常规的颠覆式创新路径，在变化中探究新技术应用产品研发与供给市场的新思路。正如德鲁克所言：“系统的创新存在于有目的、有组织地寻找变化，存在于对这些变化本身可能提

---

① 杜玉华、王晓真：《中国式现代化道路的理论基础、历史进程及实践转向》，《吉首大学学报》（社会科学版）2022 年第 3 期。

② ［加］贾尼丝·格罗斯·斯坦：《效率崇拜》，杨晋译，南京大学出版社 2020 年版，第 241 页。

③ 郭荣、贾永堂：《人工智能时代大学教学范式再造的依据、方向与进路——基于创造性破坏理论的分析》，《高校教育管理》2022 年第 1 期。

供的经济或社会创新的机遇进行系统化分析中。”① 如加利福尼亚大学、宾夕法尼亚州立大学、密歇根大学等大学在颠覆性创新的战略发展影响下已创建了有组织的区域技术转移中心，用以协调区域内大学研发的商业化相关事宜，确保大学之间能够在源自合作的创新商业化的过程中互相给予帮助与支持。未来中国大学在坚持“四个面向”的实践逻辑指引下，可与区域经济发展结合，开展前瞻性创新研究，充分利用就近资源，联合当地建立研究园区（设立技术转移和战略办公室、孵化器和催化剂），畅通资源共享渠道。

（三）以学科社会责任彰显制度逻辑，构筑人类发展共识

当下，“我们面临的挑战是：要么高等教育的利益相关者决定其未来发展方向，要么高等教育被无法抗拒的外力无情地重塑。在大多数情况下，这些外力都不会被服务公共利益的精神所鼓舞”②。大学作为社会中相对独立又富有建树的专业性组织，有责任利用交叉学科专业性与融合性的研究来促进整个社会的可持续发展，“服务于人类发展的能力以及创造经济增长所需的知识和创新”③，积极应对全球突发危机，将大学自身的发展与全世界人类命运共同体的利益联系起来，发挥知识创造价值的社会服务效应，④ 不断提高国家和全球社会的人类福祉。

1. 明确建构全球共同利益为学科集群的社会责任

学科集群的社会责任是以知识集成创新建构起全球的共同利益，为世界的可持续绿色协调发展贡献力量。“我们面临着多重相互交织的危机。不断扩大的社会和经济的不平等、气候变化、生物多样性减少、对地球资源的过度利用、民主倒退，以及颠覆性的自动化技术，是这一历史关头的重要标志”⑤。在这样的紧要关头，学科集群不得不面临社会契

---

① ［美］彼得·德鲁克：《创新与企业家精神》，蔡文燕译，机械工业出版社 2007 年版，第 42 页。

② ［美］克利夫顿·康拉德、［美］劳拉·达内克：《培养探究驱动型学习者：21 世纪的大学教育》，卓泽林译，上海科技教育出版社 2017 年版，第 48 页。

③ ［美］克利夫顿·康拉德、［美］劳拉·达内克：《培养探究驱动型学习者：21 世纪的大学教育》，卓泽林译，上海科技教育出版社 2017 年版，第 49 页。

④ 陈亮：《新时代学科治理的发生机理》，《高校教育管理》2022 年第 2 期。

⑤ 联合国教科文组织：《一起重新构想我们的未来：为教育打造新的社会契约》，教育科学出版社 2022 年版，第 8 页。

约责任，集群的知识生产范式、知识成果类别、知识主体地位等都需要在集群内外得到社会的广泛共识。这种共识并非指整齐划一的意识和理念，而是尊重不同、尊重非共识共同指向共同利益的责任意识。能够为不同领域学科共同体成员之间谋求共同利益而合作建立起默会协议。从一定意义而言，学科知识集群能否实现，取决于学科服务社会共同利益的效率和质量，集群在多大意义上能够解决社会乃至全球面临的公共性难题才真正决定了学科集群在世界中的站位。大学在设定学科群和知识群建设时，需要明确服务全球共同利益的社会责任，将共同利益作为学科群体发展的善意，学科彼此在相互团结努力的状态下形成解决全球公共性难题的凝聚力、向心力。大学应积极整合各自学科的知识内容体系，避免将社会复杂问题简单成几个公式或数据方案来解决，“不受事实或理性支持的论断及其衍生出的政策规划”已不是解决知识社会全球公共性难题的最佳方案。“在公共对话里，特别是当美国总统如此贬低对真理的承诺时，大学就有特殊的责任作为反作用力，向社会宣告这些奠定了大学根基的主张：所有的知识都是积累得来的……对学术的最终考验是时间，那些挑战当前思维范式的观点可能最终会被证明是真实的”[①]。学科集群不能仅仅关注学科排名与运行效率，尚需在继承、批判的对话互动中能够承认理论的多样性与包容性，关照实践问题，积极推动解决全球性、公共性难题，例如，如何解决全球气候变暖、环境破坏、温室效应，如何保护持续紧张的全球资源，如何有效应对全球新冠疫情等公共健康安全问题。学科集群唯有形成发展合力与向心力，才能将彼此排斥与恶性竞争的自私行为抛出公共空间，以备在社会、经济和环境正义的基础上，开创面向所有人的可持续与和平的未来贡献智慧。

2. 建立学科集群持续完善的革新机制

学科集群作为一个知识和制度融合的知识治理策略，本质上需要形成边缘科学、横断科学、综合科学和软科学之间的互动联通，打破学科领地的边界意识，突破现有一级学科的理论范畴，构建文理兼容的学科交叉融合知识理论体系与方法论脉络，产生重大原始创新的前沿研究成

---

① ［德］约翰·塞克斯顿：《据理必争：教条主义时代中的大学》，刘虹霞等译，华东师范大学出版社2021年版，第25页。

果。显然，集群的运行机理在一定的时间机制中是可以完成这样的任务的，但要持续实现集群的创新和竞争力，必然要有集群自我革新的保障机制，即不断感知学术界、自然界、社会界的发展变化，并相应做出正确应对举措的反馈调整机制。若想实现这一可持续发展的学科集群目标，各学科主体需要共同分担责任、精诚团结，促进学科治理结构从“金字塔”转向“蜘蛛网”样态的分散性知识制度体系。这种扁平化、平级化的学科融合与交叉的组织群落，可以增强学科间的互动与“异质内聚”效果，减少科层化的不平等状态，强化主流学科知识体系与支流学科知识体系间的融通，“必须探究主流知识模式之外的其他各种知识体系，必须承认和妥善安置其他知识体系”①，探究其他学科知识对社会而言具有“无用之用”的基础性和普适性价值。

集群的可持续保障机制：一方面，要加强分散性知识生产机构的信息链建设。需要大学的学科组织整合学术资源，参与合作联盟，并共享创新人才资源。当知识生产的分散性和问题领域越加分化的时候，对大学的知识整合能力要求就越高，而信息链的发达程度决定了学术组织的知识整合能力。大数据技术的赋能为这种信息链的发展提供了技术支持，大学如何高效利用大数据时代的信息网络完成分散性知识的整合决定了学科知识集群的生命力。另一方面，要持续优化学术权力的结构运行方式。学科集群中的知识、组织和个体都是独立而互联的状态，应该说从专业权力上讲他们是平等的，但学科本身并不仅仅是知识的交融，组织和学科人的关系结构始终存在，这决定了学科集群仍然是一个社会集群，需要厘清学术权力的运行方式和机制。而这种运行方式并不是通过理性的思索和封闭的反思而来，而是在学科集群建设的过程中，在知识集成的组织载体中不断试错、优化而来。因此，学科集群的可持续创新样态要保持下去，另一个重要的前提是必须有一个学术权力的修正机制，要建立起集群中不同学科人的民主意识和修正文化，无论是从知识创新的本体视角还是制度创新的客体视角，学科集群都应该建立起批判文化和相应的权力修正机制。

---

① 联合国教科文组织：《一起重新构想我们的未来：为教育打造新的社会契约》，教育科学出版社 2022 年版，第 22 页。

第四章

知识治理导向的学科评价创新性改革

在知识经济与人工智能导向的后工业社会中，大学与社会之间的互动更加迫切。大学不仅仅是一个知识传授与积累的场域，它迫切需要拓展整合、创新的聚合功能，为人类面向人工智能时代的未来学习做好准备，为与人类幸福攸关的民生领域以及人类命运共同体的和谐发展等问题提供前瞻性建议和创造性模式。这意味着，大学与学科的发展要更加关注人的系统性思维、创业精神、文化敏捷性以及批判性思维的培养，学科制度要培育出未来人重塑美好生活的多元能力。正如奥恩所言："高等教育的主要目的之一是传授内容，但智能机器正在颠覆简单的知识。现在，信息是即时的、无处不在的、免费的。因此，我们需要一种教育来教导人们终身学习，增强他们的才能去做机器做不到的事情。"① 人要超越人工智能的机器职能，必然要放弃机器智能。实际上，学科制度变革已经超越全才培养还是专才培养这一争论，无论是哪种"才"的培育，都无法超越机器，唯一的路向是转向人的"能"的培养。这是知识制度育人的核心原则，知识的维度超越学科的分类，知识是被验证和确证的人的主观信念，这就决定了知识既是客观的，也是主观的，它能够重构人的主观世界，也能够改造客观世界，而两者都统一为人的"能"的发展。知识育人力求以知识制度的多元蕴意和内涵导向，赋能学科建设和人才培养的可持续发展，为应对后工业社会不确定性风险攒聚知识协同

① ［美］约瑟夫·E. 奥恩：《教育的未来：人工智能时代的教育变革》，李海燕等译，机械工业出版社2018年版，第25页。

创新活力。

学科评估作为大学与学科高质量发展的“指挥棒”，旨在采用科学的评估手段对学术活动开展全方位的综合性评价，确保学科评价走向知识制度的善态循环，真正发挥评价赋能学科高质量发展的切实作用。然而，受实证主义、计算主义和唯科学主义等思潮的影响，学科评估在实践中将数据化、精确化、可排名的指标体系奉为圭臬，而忽视知识制度内蕴的多元化、人本性、创新性等内涵旨意，使学科发展被一组组冰冷的量化指标简单诠释，激化了大学之间过度的指标竞争，使学科评估逐步陷入了指标陷阱，严重阻碍了大学与学科的内涵式发展，偏离了知识制度的育能方向。新时期，学科高质量发展亟须深入剖析学科评估陷入指标怪圈的根本原因，强化知识制度和学科治理对大学发展和学科建设的善态价值，高质量牵引学科评估的现代化改革。“大学里面要有一脉精神生活之流作为思考的背景，它难以掌控，无法凭意志或组织机构人为地产生，它是一种个人的、隐秘的命运般的存在。”① 知识制度作为自生自发的善治准则，有助于促成学科评估改革逐步深入的理念背景，确保大学学科建设沿循高质量内涵式发展的正确方向。构想高等教育学科评估的美好未来，学科评估改革要建立起以知识制度为主轴的评估导向，确证学科评估制度的价值取向，推进第三方评估组织创新，健全完善学科评估的机制建设，构筑社会现代化转型所需的学科生态和人才培养环境。

第一节　学科评估制度的价值取向

“评估是根据一组显性或隐含的标准，有系统地衡量一项政策或方案的执行或效果，其目的是经由此项工具的使用来改善政策或方案的质量。”② 依照此理解，学科评估是根据不同学科生长的逻辑与规律，基于一定的显性与隐性标准，系统科学地衡量不同学科建设的成效，目的是通过这样一种自生自发的评估活动来推动并完善新时代学科建设的现代

---

① ［德］卡尔·雅斯贝尔斯：《什么是教育》，童可依译，生活·读书·新知三联书店 2021 年版，第 158 页。

② 官有垣等主编：《第三部门评估与责信》，北京大学出版社 2008 年版，第 6 页。

化水平与进程。某种意义而言，学科评估既是一种与时俱进、适应时代发展的学科治理理论谱系，又是一个基于学科实践发展诉求的宏观管理体系，属于学术共同体内部自治的范畴，需要正视学科评估的价值取向，评估本身只是一种改进学科生长与发育的理性方式、提升学科治理能力现代化的激励方式。怎样评估，决定学科怎样发展，知识制度的时代变革需要评估赋予动力。“评估方法在很大程度上受建构者本身价值观的影响，哪些价值观应得以考量和如何协调这些不同的价值观将成为最重要的问题。”① 知识制度需要怎样的评估价值取向这是改革的基础和前提。当然，学科评估是一个系统的复杂工程，需要关照和考量的要素和维度较多，手上千条线到底应该先穿哪一条呢？本书认为无论学科制度怎样变革，无论知识制度怎样发展，最终都要指向一个根本的问题，那就是“人”的发展。把改革的着力点和价值判断放到人的发展上来，是最为根本也是最为关键的。因此，知识制度的评估取向，应该以人的价值为最重要的维度，包括“善”治育人、“分”治容人、“和”治励人。把握这三个评估原则和价值取向，学科评估才能真正驱动学科制度走向知识制度的时代变革。

一 聚焦“善”治育人

坚持以人为本、立德树人，强化学科育人是新时代学科评估首要的任务，也是检验学科评估成效的根本标准。人本主义视野下的“人”兼具理性与感性，人不仅是知识探索的感性人，也是苏格拉底试图把人引向知识理性、探索人类精神灵魂“善”的理性人。苏格拉底倡导的“善”即知识美德善②：“人的行为受意志的支配，人是一个对理性问题能给予理性回答的存在物。人的知识和道德都包含在这种循环的回答活动中。正是依靠这种基本能力——对自己和他人作出回答的能力，人成为一个‘有责任的’存在物，成为一个道德主体。”在这种“善”的观照下，学科评估的首要价值在于育人，凝聚的是学科评估主体作为人的理性智慧、

① ［美］埃贡·G·古贝、［美］伊冯娜·S·林肯：《第四代评估》，秦霖等译，中国人民大学出版社2008年版，第2页。

② ［德］恩斯特·卡西尔：《人论》，甘阳译，上海译文出版社1985年版，第9页。

尊重大学办学自主权的价值判断以及满足不同学科在育人方面的不同需求，在与人善意交往的过程中彰显立德、育人的学科生命价值，致力于探究“人、学科、知识”之间的互动关系，始终将人的发展作为学科成长的关键。作为存在意义的“人”必须摆脱一切外在的偶然性因素，不能使他成为一个人的那些东西，根本就不能称为人的东西。人本质上只能依赖于自身灵魂的意向与内在态度。作为引领一流大学建设的学科评估，最终追求的是人类灵魂向善的转向，促进人类在知识选择、认知体悟实践以及践行学术价值观等方面实现理性价值转型，在评估中促进学术系统内部的学科组织成员有序互动①。

这种价值追求的评估导向与知识制度所追求的“善”治育人是一体的。学术系统中的核心单元是学科制度，最重要的成员群体也是由学科规制下的教师和研究人员组成。他们根据学科（或学系等）组成亚系统，他们的主要才能和专业身份基本上是与学科联系在一起的。同时，他们的工作的根本任务是“育人”，受教育者自然也在学科制度的规范之下。如此，无论是学者、教师、受教育者甚至学术管理和决策者，他们都是学科制度下不可分割的“学科人”。知识制度导向的学科评估是关于全体“学科人”的行为评估，不是某个部分、某个类别，而是一个整体的评估。这意味着，这期间没有人可以从这种善治评价中分离，因此，知识制度提倡的学科评估是对所有学科人的学科行为的“善治”，以求实现全体“学科人”的善态成长。

从这个意义上而言，前瞻性的学科评估（知识制度需要的学科评估）需要驱动一种“善”治，以实现真正的育人价值取向。具体而言，新时代学科评估需要着力探究人与学科知识间的互动关系，考究学科知识究竟如何能够影响与改变人的认知惯习与行为品德，如何能够实现人的生命与学科知识之间的良性互动交往。唯有如此，学科评估才能真正将学科建设看作一种育人、成人的文化实践与社会实践活动，关注人对新时代学科知识应用逻辑与理论逻辑之间双向互动的价值追求与真实看法，进而将育人的价值深度铸刻在学科评估内在逻辑之中。在这一过程中，

① ［美］伯顿·R·克拉克：《高等教育系统——学术组织的跨国研究》，王承绪等译，杭州大学出版社 1994 年版，第 33 页。

坚守以人为本的理念，凝聚学科知识生活的正义能量，鼓励教师与学生对学科设置、学科教学、导生关系等情况进行评价，充分听取他们的真实想法，有助于学科评估育人价值的最终确立和善态生长，使学科发展始终建基于立德树人的价值理念。同时，积极引导学术主体自由自主地进行学术探索，而不是人为地进行学术科研的过度量化，[①] 进而充分发挥学科育人的价值导向功能，切实把立德树人的成效作为检验学科评估工作的根本标准。

实际上，赋予学科评估“学以成人”的育人价值既是立德树人的根本任务的内涵深化，也是学科人共同成长的时代需要。学以成人意指发挥大学的育人功能，面向重大现实需要培育一流人才，回应好全社会的共同利益，最终实现人的再生产。人的生产是人怎么样被培养成一个人力资本，而人的再生产就是人怎么样再生产出更多的人力资本，自己成为目标，即让人成为更好的人。[②] 如今，中国社会主要矛盾已经转化为人民日益增长的美好生活需要和不平衡不充分的发展之间的矛盾。[③] 人民的美好生活既有物质需要更有精神层面的需要，让人成为更好的人是实现美好生活的必由之路。立德树人作为学科育人核心价值理念的体现，旨在推动学科评估的价值复归，实现“人的再生产”与“物的再生产”的融合共生。对经济社会发展的贡献主要体现在“物的再生产”，即通过科技创新不断提升生产力和生产效率；对人的发展的贡献主要体现在“人的再生产”，即让人实现向好发展。然而，受指标霸权影响，学科评估体系更多遵循“物的再生产”逻辑，相对忽视“人的再生产”，致使大学评价偏离育人本质和育人规律。为此，重塑学科评估观念，应将立德树人成效置于首位，以学以成人为根本尺度。而这种“人的再生产”并不限于受教育者的成长和成才，教育者、决策者、研究者也在知识制度的评估导向下拓展教育职能、提升教育视野、转变教育思维。对于学生以外

① 么加利：《高校学术不端的缄默向度及治理》，《吉首大学学报》（社会科学版）2018 年第 2 期。

② 项飙、吴琦：《把自己作为方法：与项飙谈话》，上海文艺出版社 2020 年版，第 246—247 页。

③ 习近平：《决胜全面建成小康社会 夺取新时代中国特色社会主义伟大胜利——在中国共产党第十九次全国代表大会上的报告》，《人民日报》2017 年 10 月 28 日第 1 版。

的“学科人”而言，育人的过程中实现“自育”成长，实现高等教育“学科人”的再生产是对“立德树人”的内涵再深化、再阐释。这种自我再生产的评估导向，有助于学科人在日常管理、教学中以“让人成为更好的人”为目标，加强对立德树人理念的学习、领悟与转化，促进教职工的思想与行动统一到立德树人上来，结合人性善在生产活动中的涌现和扩展，探索形成学术生产体系和人性善之间的相互增强关系[①]。

二 追求“分”治容人

知识导向的学科评估应该有多重标准、多把尺子，要摒除学科制度在社会学范畴的地位和层次差别，以类的眼光包容学科人的行为和成果。所谓海纳百川、有容乃大，知识制度导向的学科评估就是要在分治理念下形成百花齐放的学术争鸣盛景，在学术自由的氛围中实现人的自由而全面的发展。现实中，统一的评估标准无法完成不同类别的学科发展需要，自然评估的指挥作用和驱动作用在一定程度上阻碍着学科的高质量发展。不同的学科有不同的生长规律与知识属性，比彻按照“硬科学—软科学”与“纯科学—应用科学”两大维度将学科分为纯科学、人文学科、技术和应用社会科学四大类，在此基础上他根据知识属性、价值取向、研究成果以及学科文化等方面要素论证了这些学科呈现的特征。无论是纯科学型学科、人文学科还是技术型学科、应用科学型学科，他们的学科范围与界限都很清晰，主要表现在研究对象的特点、知识发展的性质、研究人员与知识的关系、研究程序、研究成果的信度和研究标准、研究成果的表现形式。[②] 人文学科偏重于对某种现象的理解或鉴赏，纯科学学科注重对现象或发现的解释，技术学科注重对产品与技术的研发，应用社会科学学科关注研究成果形成的程序以及个案开发。不同学科展现出多样化的发展样态和差异化的逻辑结构，纵使学科间存在交叉融合的互动关系，但四类学科仍根植在适其所适、各得其所的特定发展场域。

---

① 陈星：《学术生产体系的工业化倾向及其治理思路——兼论教育评价改革的社会视角》，《贵州师范大学学报》（社会科学版）2022 年第 4 期。

② ［英］托尼·比彻、［英］保罗·特罗勒尔：《学术部落及其领地：知识探索与学科文化》（重译本），唐跃勤等译，北京大学出版社 2015 年版，第 41 页。

从某种意义上讲，这也再次提醒我们，切忌用同一个标准去衡量所有学科与知识领域，每个学科都有其自身的发展独特性，需要尊重不同门类学科间的差异，设计多级化指标，开发科学、有效、适宜的质量评价工具，① 通过分类评估的方式来促进学科间的交叉融合与创新发展。具体而言，尊重不同门类学科间的差异，趋向知识制度的评估要强调“分”治容人，将其贯彻在学科评估的价值链条之中，需从以下方面入手：

第一，优化学术论文评价方式，凸显学科差异性。根据四大类学科的属性与知识构成的内在逻辑，着力构建体现质量导向的不同学科间的学术论文评价方式，采用分类评价与分类指导的综合评价方式，克服唯论文数量和国外期刊的评价方式，建立不同学科间的代表作制与量化指标相结合的同行评议论文评价制度。学科评估若是将学术论文数量简单化为唯一评价指标，对论文发表量、分区、影响因子、引用次数等紧盯不放，将会忽视各学科多元性的发展情况，导致以量化指标为核心的同质化学科竞争。为实质性地推动大学教育实现从数量到质量的高质量发展，必须要在实践中综合评价不同地区、不同类型高校的差异性学术成果，通过建立起针对学科特点的论文评价制度，改善“一把尺子量到底”的简单化评价标准，严禁评估机构与参评高校违背学科发展规律，千篇一律地盲目看重学术论文数量。

第二，针对不同学科的发展特质，增加学科社会贡献服务评价。针对不同地区、不同学校的不同学科发展情况，第五轮学科评估应增加对学科服务社会地方经济发展、产教研一体化成果转化以及学科特色化创新应用等方面进行差异化评价，单列评价指标，运用学科服务社会经济发展的案例作为评价学科声誉的一项重要标准，注重学科的内涵建设，凸显不同学科的特色化发展。教育内蕴创造性，学科发展更是如此，为社会高质量发展贡献创造性和想象力。人们正是希望大学通过学科建设来创造新的人与新的社会。生动教育实践往往与前人现成理论存在时空距离，因为理论往往滞后于变动不居的实践情境。因此，教育特别是大学教育需及时自我革新，在学科的传承与创新中提出新的实践方案，回

---

① 蔡红梅等：《普惠性幼儿园教育质量督导评价与分析——园长和教师评价的视角》，《贵州师范大学学报》（社会科学版）2020 年第 2 期。

应社会共同体利益和国家重大战略需要，需要特别关注学科的社会贡献，以及其能否解决国家、地区经济社会的实际问题。但是，标准化的管理往往追求确定性，对教育实践的情境性缺乏敏锐的洞察与应变，这使大学尽管感知到陷阱却在评价改革中难以摆脱。正如美国学者古贝所言："评估是人类思想的建构，它与某些'客观实际'的符合不是也不会成为一个终结。"① 展望人类社会的美好未来，理想的学科评估就应坚守服务社会发展的价值导向，不断去澄明这些客观实际进而生成合理的变革结构，尊重各学科驱动实践变革的差异性，形成包容性的学科社会贡献服务评价理念。

第三，在注重公平公正的基础上，给予西部高校学科发展更多的关注，建立鼓励性评价指标，激励西部高校学科发展服务地方社会经济发展，调动多学科间的交互融合创新的积极性，实现学科在继承中创新驱动发展的愿景。在国际变局加剧，不确定性增加，经济社会面临质量和结构性改革等诸多困境的情况下，科技攻关、技术攻关、社会问题攻关需要众多跨国境、跨文化、跨区域、跨领域的共同合作，合作大于竞争，竞争是合作中的竞争。大学是知识生产的核心机构，是引领完成重大变革任务的重要组织，尤其需要形成以共享发展为核心的学科发展方向，引导学科评估迈向高质量发展的前进方向。要以共享合作的价值理念审视学科评估活动，以合理性、包容性、共享性的评估理念鼓励学科集群发展，实现高校之间，高校与地方政府、企业行业、社会组织之间广泛的实质性合作。

三　彰显"和"治励人

学科评估是一个复杂系统，需要多方协同、多主体共推。这种协同本质上是将不同维度、不同主体、不同组织甚至不同范畴的利益相关方放到同一个治理框架下实现前述的"善治"和"分治"，而要实现"善治"和"分治"又必须达成"和"治，即和谐共生的群落生长态势。知识制度较学科而言具有更大的知识范畴和主体关联，涉及的治理范围更

---

① ［美］埃贡·G·古贝、［美］伊冯娜·S·林肯：《第四代评估》，秦霖等译，中国人民大学出版社2008年版，第1页。

大，评估工作需要在复杂的交往互动关系中实现对全体学科人的激励与促进，这也是共享学科发展成果，实现人人发展的根本动力。因此，维系良好的学科发展社会生态，形塑学科间的互动交往格局，是学科评估在和治中迈向善治、实现分治的价值逻辑。学科评估的目的在于建设学科，而非盲目的学科排名与无序攀比，旨在促进高校间、学科间的良性互动交往，着力培育一种和谐有序的评估文化，并非让每一门学科认为自己就是最特殊的，其他学科都不能与自己相提并论。正如希尔斯批判道："那些坚持使用自己直觉的人或者被排除在外或者受限制而服从现行学科。这个学科包括学习并肯定已经被知道的内容和接受现在通行的宣称的准则。一旦这个学科的过程被完成，那么助手就可以自由地通过研究来看出并且创造出新秩序。"①

知识制度需要学科评估促进学科间形成一种良性的竞争与互动关系，促进大学与学科之间能够形成协同互动、共生并进的非线性关系。"在不同的学科领地上所栖居的学术部落必然会有许多不同的文化传统、价值信仰及行为方式。"② 多样化的学科群落共同组成动态共生的学科生态系统，在开放共享的和谐场域空间中汇聚良序互动、相互信任的学术共同体。学科评估根植于学科生态系统的和谐关系之中，尊重学科生态系统的发展规律，促成学科松散耦合的互动效应，充分体现学科发展的健康性与和谐性。彰显学科评估的生态旨趣，打造学科共在交往的善态价值，需从以下方面入手。

第一，注重维护学科评估的生态和谐关系，引导学科（群）形成相互交流的跨界组织群体。通过开展绿色健康的学科评估，能够巩固学科组织系统结构、提升学科生态系统整体实力、形成学科组织间的跨界交往格局。新时代学科评估务必牢记使命，坚守评价底线，本着开放合作共赢的评估理念，形成学科学术人学术团队知识间的有序交往与对话，在此基础上，积极探索学科评价与学科建设双向互通的绿色开放生态系

① ［美］爱德华·希尔斯：《社会的构建》，杨竹山等译，南京大学出版社 2017 年版，第 102 页。

② ［英］托尼·比彻、［英］保罗·特罗勒尔：《学术部落与学术领地：知识探索与学科文化》（重译本），唐跃勤等译，北京大学出版社 2015 年版，第 4 页。

统，引导学科与学科间结成友谊，在学科声誉、社会责任、价值引领等方面需要融入组织生态学理念，摒弃异化的工具主义束缚。应协同运用质性评价与量化评价方式，加强学科评估的顶层制度设计与精细指标确定，在大学发展中“植入一种自我成长、自我进化的有效机制”①。多学科在自我生长和共在发展的生态环境中，推动评估体系的可持续发展，先行先试、边改进边完善。学科评估既要反映学科外在要素的显性增长，如政策环境、产业布局、区域发展；又要反映学科内在要素的隐性进阶，如学科理念革新、质量标准更新、跨学科创造活力提升、社会服务贡献提质，联动追踪学科在一段时间内职能发挥成效的变化，最终实现多元融合的学科评估体系，完善学科评估生态系统。

第二，引导高校将学科评估的重点聚焦于学科质量与学科组织间的常态化发展，淡化分数与排名。排名本质上是基于人类的比较天性，将复杂的问题通过简单的方式进行精准的表达。排名指向指标文化，深刻反映了当下学科的竞争意识和竞争思维。随着学科排名意识的不断提高，以量化指标为根本依据的排名方式策动了学科内卷式发展，进而增加了学术合作的壁垒，阻滞了学术成果的共享，甚至导致学术个体、组织之间的异化竞争。《深化新时代教育评价改革总体方案》明确指出，教育评价需要改进结果评价，强化过程评价，探索增值评价，健全综合评价。学科评估应淡化具体分数，避免学科间的盲目恶性竞争，注重学科组织发展的内涵式建设，营造和谐的学科共生发展环境，高校应通过评估来积极探索特色学科、优势学科、弱势学科错位发展的学科发展生态，逐步形成以强带弱、强强联合的学科发展谱系与生态链。同时，大学组织层面需要正向理解学科评估的意义，优化配置学科资源，整体推进学科质量，引导各学院树立正确的学科评估观，严禁互相打压与排斥，不搞一刀切，注重帮扶边缘学科、弱势学科，谋求学科整体协同共生发展。学者间要以合作共建的姿态在一定领域内形成学术共同体，开展实质性跨学科合作提升学术组织整体实力，以开放与合作的姿态打造高等教育应有的良性竞争生态。

---

① 龙宝新：《论一流本科教育的核心要素与内涵建设》，《内蒙古师范大学学报》（教育科学版）2020 年第 4 期。

第三，改善学科竞争冲突样态，实现学术共同体和谐发展。趋同的学科竞争窄化了高等教育原本多样化的竞争赛道，形成千军万马过独木桥的情况，在激烈的竞争中难免形成某些学术异化生态。在量化指标的支配下，营造出一个学术生产与时间赛跑、与同僚竞争、以个人利益为主的异象学术生态，并且固化了学术共同体的学术秩序。学科知识生产陷入唯数量、唯效率、唯产出的陷阱，催生出的学术竞争生态愈加恶化，严重阻碍学科的多样化、差异化、特色化发展。联合国教科文组织《一起重新构想我们的教育未来：为教育打造新的社会契约》报告指出："对共同问题和共同项目的关注，意味着我们要优先考虑研究、调查和共建通过强调如何共同发挥自主性，强调知识自身的多样性和相互交织的向度"①。学科评估理应积极引导学科良性竞争，调动各学科和谐共处与交叉融合的主动性，建立起学术共同体积极冲突的价值观念，应对学科高质量发展面临的共同问题。这要求鼓励学科间具有正向价值的冲突，以负面评价的方式抑制学科恶性冲突，通过学科生态系统的自组织和能动性，科学评估多样化的学科竞争样态。

四　重视"术"治助人

学科评估离不开技术层面的赋能和支持，尤其是人工智能时代的知识制度评价需要在超出人力所及的关系范畴中厘清标准、类别、过程。评估制度必须尊重"术"这个层面的发展治理。实际上，新时代学科评估的目的不是让我们思考"什么学科最有价值""哪个学科最能提升学校的整体排名"，而是需要我们思考学科本身存在的内在价值、学科评估的内在价值判断标准以及其他外在手段与内在价值之间是什么关系②。当我们说一件东西具有内在价值，就是说它本身就是人的活动目的，仅仅它本身就值得人们去重视、去追求。相反，说一个东西具有工具价值，就是说它是达到某个目的的手段。它之所以重要，只是因为它是达到这个

① 联合国教科文组织：《一起重新构想我们的未来：为教育打造新的社会契约》，教育科学出版社2022年版，第54页。

② Freier P., *Pedagogy of the Oppresse*, Ramos et al trans, New York: The Continuum International Publishing Group Inc, 2005, p. 35.

目的的手段。理想的状态是手段与目的的合一，技术与价值的合一，而这意味着我们需要正确对待技术发展对学科评估和知识制度发展的价值，唯工具主义和指标主义不可取，但在何种程度上重视“技术”赋能，这决定了知识制度在人工智能和大数据时代对人的新需求的满足程度。

从这个意义而言，学科评估的内在价值即目的在于追求一种“至善至美”的技术—价值的平衡观，评估主体与客体在交往互动的过程中促进知识与学科实现生命相遇，在主体与客体间达成基于学科发展的共识，保证学科与学科群的健康发展。学科评估的外在价值即评估手段，是为评估目的服务的，是实现评估目的的方法和途径，两者相辅相成，通过工具理性的评价手段达成人们对学科理性的共在追求。通过对学科知识的理解与解构，学科人可以获得精神自由解放，拥有探究智慧、发现真理以及独创质疑的心智品质，在反思中慎思与拷问学科发展的现实问题。正如哈贝马斯所言①：“我们只有在进入自我反思的维度之后，才能从方法论上确信自然科学和精神科学的指导认识的兴趣。理性在进行自我反思的过程中能认为自己是人们感兴趣的理性。”教育是面向理想的事业，高等教育的目标就是为了培养理想的人②。育人、容人、励人、助人根本上也是学科评估的内在价值目标，关涉教学管理、学术声誉、专业设置、课程模式以及创新文化、校园文化等多维度的制度设计与治理模式共同作用。忽视内在价值的学科评估会走向工具主义的泥潭，使学科评估的复杂任务被主观简化为竞争工具。但一方面，缺乏工具价值的学科评估也不能解放人的思想禁锢和认知局限，尽管人的学习与成长是一个充满不确定性的过程，“术”“道”之间的育人差异往往呈现在时间上，我们在强调育人的内在价值的过程中，要清楚明确对人的影响是一种复杂的长期过程。在这个过程中学科评估如果忽视工具价值，则会陷入虚无缥缈的理想主义，使内在价值的实现成为遥不可及的梦想。杜威指出：“目的与手段之间的区别只是暂时的、相对的。两者处于连续性的共同体之

① ［德］哈贝马斯：《认识与兴趣》，郭官义等译，学林出版社1999年版，第214页。

② 王洪才：《面向2035本科教育：诉求·挑战·应对》，《西北工业大学学报》（社会科学版）2021年第2期。

中，每一个相继的阶段都既是目的又是手段。”① 另一方面，内在价值与工具价值的平衡与统一，需要监测人才培养的全过程并持续供给有助于学科发展的良性反馈，而不是成为竞争学科建设资源的外在手段，在学科竞争游戏中迷失了学科评估的价值本真和可持续发展目标。基于此，新时代学科评估要求实现目的与手段的协调统一，正确理解评估目的与评估手段之间的辩证关系，在工具价值与内在价值间寻找利益的制衡点。需要清醒认识的是，人需要在术这个层面上点滴积累和进步，如果短期的育人成效是必不可少的，那么只要这个追求效率的技术层面的价值育人追求符合长远的知识制度的内在价值方向，这样的“术”治评价就是值得肯定的。同时，也需要在动态的协商过程中建立相互认同的学科评价多维体系。

有机统合学科评估的工具价值与内在价值，建立高质量学科评估机制，应更加注重评价目标、评价过程、评价结果之间的互动关系，在遵循评价工作适度原则的基础上，灵活打造可选择性的过程性评价体系，提高学科评估的发展性、综合性和客观性，进而摆脱以工具价值为核心的评估模式束缚。在评价过程中要特别注重增强数字治理能力和构建智能化评价体系，使数字技术赋能评价，而不是技术工具主宰评价，进而主宰大学。“研究人员必须弄清楚通过数字研究工具可以实现什么、不能实现什么。得到更多的数据未必就更好或更精确，这取决于探究的目的。我们的立场是要以目的为中心，而不是以工具为中心。”② 这强调学科评估在一定限度内采用物联网、大数据、人工智能等技术，开发价值高度涉入的智能评估系统，使大学学科评估得以熨帖教育本质，脱离竞争博弈的工具性存在。在此基础上，应构建一个能够较好体现自身办学理念变革、管理模式更新、教师发展历程、学生成长轨迹的历时性学科评估体系，并与社会经济各个领域形成信息和技术沟通交流，强化学科创新发展及职能发挥与经济社会高质量发展需求的双向滋养、互促共长。同时，学科评估要形成反思的治理实践思维，改变政府主导评估的工具主

① ［美］约翰·杜威：《评价理论》，冯平等译，上海译文出版社2007年版，第50—56页。

② 联合国教科文组织：《一起重新构想我们的未来：为教育打造新的社会契约》，教育科学出版社2022年版，第131页。

义观念，淡化学科评估的功利色彩，逐步形成以第三方学科评估、高校以及社会多方参与的共生评估格局。

第二节 学科评估的组织革新

学科是知识规划与制度演进过程中的特定产物，知识是人类智识生活的结晶，知识话语体系的形成需要借助学科这一载体，实现知识应用逻辑与学科逻辑间的生命相遇。教育部学位与研究生教育发展中心每四年组织一次的学科评估，是对高校各学科综合发展水平的客观评价，力求反映各学科在实践运转过程中的质量。与此同时，2018 年，中国在《关于高等学校加快“双一流”建设的指导意见》中明确指出，要以学科建设为基础，构建协调可持续发展的学科体系，完善以社会需求和学术贡献为导向的学科专业动态调整机制。由此可以看出，学科的发展离不开学科评估，学科评估能够促进学科建设实现可持续的健康发展。然而，通过检视前四轮学科评估的情况发现，一些单位将学科评估的结果与“双一流”建设“悄然”结合，过度看重排名，出现了学科建设目标趋同、学科竞争盲目攀比、学科组织异化等学科虚假建设危机，客观的学科排名被高校理解成控制学科资源、获得优势实体平台的标签，“重点规划”成了学科评估背后的“歇后语”，学科评估失去了其本初的警示功能。多年来，大学评价在内外部环境的共同作用下逐步陷入指标陷阱。深陷指标取向的大学评价不再是客观、独立的评判大学发展的工具，转而成为大学各利益主体在评价过程中互相博弈的零和竞争场域。挣脱评价的指标陷阱，需要着力培育独立于政府行政指导的第三方学科评估组织，才能有效规避和化解上述问题，充分依托和尊重学科的发展规律，提升学科本身的话语权，实现学科评估组织系统的创新发展，充分彰显学科评估推动知识制度变革的时代意义。基于此，探究第三方学科评估组织生长与运行的内在逻辑，使大学评价中的利益主体发挥民主自治、沟通协商、自下而上的智慧合力，推动知识制度导向的学科评估改革迈向高质量发展的新阶段。

一　第三方学科评估组织的核心要点

学科评估的本意旨在促进学科与学科间的协同创新发展、最大限度实现学科育人的发展目标以及揭示学科生长规律，其在一定意义上能够对学科发展起到预警与提醒的作用。知识制度作为学科制度的拓展与延伸，囊括了横向与纵向的学术行为和研究范式，强调了对知识的不同层次和类别的包容与尊重。应该说，知识制度需要一个更加多元和多样的评价指挥棒以满足知识制度适应未来社会所需要的活力。然而，现实中的学科评估背离了评估初衷，一定程度上偏离了学科评估的生长逻辑与运行轨迹，学科评估组织缺乏独立性，大学的学科建设目标趋同、过于追逐排名，知识制度的变革取向不被重视甚至受到阻碍。独立于政府行政干预的第三方学科评估组织能够独立行使学术专业判断权，有效发挥学科自组织评价的自净功能，遵循学科自身的话语体系，对学科（群）的生长发育情况进行问诊把脉。培育公平正义的第三方学科评估组织需要明确以下三点。

一是明确第三方学科评估组织的法律地位。第三方学科评估组织一旦建立，就必须具有合法的身份，需要国家法律法规的授权，能够独立承担法律责任，具有独立的法人资格，能够以独立的身份行使学科评价权，独立于教育行政部门，不受行政权力的干涉。由于学科评估涉及指导大学学科布局、发展等重大战略部署，属于国家发展高等教育的事权，但又要独立于政府的行政规划，因此需要将其界定为非营利公益法人，确保其公益性、可信性与公平性。学科评估的各项评估指标、评估方式、评估事宜等均需由第三方学科评估机构来协同组织，他们享有法律法规规定的评价权、参与权、指导权，受到大学学术法与国家法的保护。因而，第三方学科评估主体具有基于民主胜任的学科评估话语权，受到法律的保护和社会的尊重，能够独立地行使法律授予的学科评估权力。这也是学术自由的一种法定形式，因为“学术自由使学者独立于公共意见的政治压力之外，他们从而可以从事那些创造和验证专业知识的学科实践”①，高校、社会各界也不能介入第三方学科评估组织活动中。法律法

① ［美］罗伯特·波斯特：《民主、专业知识与学术自由——现代国家的第一修正案理论》，左亦鲁译，中国政法大学出版社 2014 年版，第 67 页。

规赋予的合法性与规范性是保障第三方学科评估组织依法行使学科评估权利、履行学科评估义务的关键，确保第三方学科评估组织独立于其余利益相关者之外，在遵守相关法律法规的基础上维护学科评估的实体正义与程序正义。

二是要着眼于学科“向善”发展的价值目标。亚里士多德定义的理想城邦是一个最有可能提升市民美德的城邦，它将美德变成公共的“善”①。依据这种观点，学科评估应由大学场域中释放的“善”能量所促进并包围，通过“善”理念的传播召唤学科育人立德树人精神的回归。第三方学科评估组织正是基于这一点来考证高校学科（群）的整体发展是否达成了“向善”发展的目标，是否能够真正将学科育人作为实现“向善”发展的目的。人本质上只依赖于自身灵魂的意向、灵魂的内在态度，而学科评估能够通过促进学科的发展实现人本质的回归。作为促进人类灵魂“向善”转向的学科评估，从一定意义上讲，应能够促进人类在知识选择、认知体悟实践以及践行学术价值观等方面实现理性价值转型，并及时解决高校在学科发展过程中出现的目标偏移问题。第三方学科评估组织紧扣学科育人的“善”理，以人的发展观照学科发展，在制定评估标准、选取评估方法、实施评估方案的过程中始终以人为中心，以求通过学科评估促进学科知识的交织融汇和创新变革，达致人内在“善”和学科公共“善”的协同发展。

三是要聚焦社会力量参与学科治理的主体关照。学科评估是学科治理的重要组成部分，蕴含多主体共建共治共享的组织逻辑，依赖社会多方力量形成学科评估的共同合力。治理理论创始人罗西瑙指出：“治理是由共同的目标所支持的，这个目标未必出自合法的以及正式规定的职责，而且它也不一定需要依靠强制力量克服挑战而使别人服从。”② 因而，学科评估不仅囿于政府对评估体制机制的强制性管控，更强调社会力量的民主参与和协商共治。尤其是培育第三方学科评估组织，充分调动其所

---

① ［美］全钟燮：《公共行政的社会建构：解释与批判》，孙柏瑛等译，北京大学出版社2008年版，第153页。

② ［美］詹姆斯N·罗西瑙主编：《没有政府的治理》，张胜军等译，江西人民出版社2001年版，第5页。

特有的中介性、独立性、社会性特质，为社会力量参与学科治理提供有效渠道。第三方学科评估组织作为学科评估的重要主体，不仅发挥着以共同利益促进学科高质量发展的共治功能，还真实反映社会对学科建设的价值诉求，重构学科评估主体的多元化结构。学科评估应充分考量学科组织的复杂性、多样性、特殊性等本质特征，孵化第三方学科评估组织，以柔性力解构学科评估的复杂性，避免出现政府单向度评估的简单化倾向。因而，第三方学科评估组织着重体现了评估主体由参与者到第三方的拓展，为社会力量提供了助力学科治理、推动学科发展的平台和空间。遵循多主体共商共治的治理理念，第三方学科评估组织要确保组织内部成员主体权威性和独立性的同时，更要保障主体的广泛性和民主性，“引导教师、学生、家长和用人单位有序地参与第三方评估活动”①，并加强组织间协作，澄清利益相关者间的主体关系，回应学科评估的多维主体关照。

二　第三方学科评估组织的要素特征

作为一个专业的评估大学学科发展的第三方组织，在学科建设与学科培育过程中扮演着引导者的角色。若要促进学科（群）实现跨界交往、协同发展、知识并包，就要明确这样的评价组织需要哪些关键性要素特征，这些要素在共生互动“和”治环境中怎样交往互动生成缄默的和谐秩序，并最大限度地发挥其客观评价、组织协调与优化整合的功能。具体而言，第三方学科评估组织的要素特征主要包括四个方面。

一是评估主体的共商互动性。第三方学科评估组织中的主体不是某个单原子的个体，而是需要多主体间在共商互动的环境中形成一个相互赏识与承认的多中心学科评估主体，既包括官方授权的学科评估机构、各一级学科根据学科发展特色自发形成的专业性学会，又包括民间注册的非营利、公益性评价机构。正如米尔斯所言：“每个人都会同意科学的发展是逐步积累的：它不是某一个人的创造，而是许多人相互修正和批评，扩充或简化

---

①　徐安琪、孙阳春：《第三方教育评估公信力建设的持续性机理》，《高教发展与评估》2022年第4期。

彼此工作的产物。”① 多中心评估主体在商定、互动的交往空间内对不同学科间的差异化评估标准、评估目标、评估过程以及实施评估后的动态跟踪等事宜达成共识，旨在形成一种协商民主的学科评估商谈氛围。在共商互动的主体关系下，多中心评估主体基于学科共同利益开展互信互动、平等协商的治理活动，第三方学科评估组织中的评价主体要充分听取一线学科教学教师、学科科研人员、学生群体的改革意见，深入现实评价情境并开展积极的主体互动，避免踏上管理主义的神坛。各评价主体应主动沟通、平等交流、充分表达自身诉求，力求在协商过程中最大程度形成价值共识，进而构建科学、合理的学科评估体系，彰显第三方学科评估组织的社会公益性，形成“基于彼此信任、合作共享的评价共同体”②。

二是评估组织的合作契约性。第三方学科评估组织需要实现从身份向契约的关系转向，摆脱传统固有身份的束缚，形成以契约精神为指向的共意合作场域空间。联合国教科文组织发布的报告《一起重新构想我们的未来：为教育打造新的社会契约》指出：“构建一份新的社会契约，意味着我们要探究教育、知识和学习的既定思维模式如何阻止我们开辟新径，迈向憧憬的美好未来。继续发展当前的教育模式不是一条可行的前进道路。”③ 第三方学科评估组织旨在改变原有学科评估模式对个体利益和数据指标的狂热追求，革新原有学科评估组织方式，构建面向人类美好未来的教育社会契约。第三方学科评估组织作为学科评估教育社会契约的关键环节，始终以学科建设的共同利益为前提，形成自主自发、共同遵守、合作共赢的契约责任，淡化对学科排名的工具化追求，打造以学科知识生产、学科育人、学科创新驱动发展为导向的第三方学科评估组织体系。构建学科评估组织的合作契约，需要注重学科第三方评估自组织的内涵建设，关注评估组织内在的运行规律与成员间的契约合作精神，营造充盈契约精神和责任意识的评估场域；组织内的成员需要遵守学科评估的公约，在共商互动的交往语境中履行责任，明确各自的权

① ［美］C. 赖特·米尔斯：《社会学的想象力》，陈强等译，生活·读书·新知三联书店2016年版，第136页。

② 朱景梅：《大学教师学习共同体：内涵、价值及其构建》，《当代教师教育》2022年1期。

③ 联合国教科文组织：《一起重新构想我们的未来：为教育打造新的社会契约》，教育科学出版社2022年版，第11—12页。

利与义务关系，防止出现“虚假治理”的评估陷阱。在契约架构下，第三方学科评估组织内成员遵循必要的关系准则，打造契约精神引领的信任共同体，在参与学科评估过程中各尽其责，从而展现第三方学科评估组织内部的秩序与张力。

三是尊重评估标准的差异性。不同学科有着不同的发展脉络与成长轨迹，若采用统一的量化指标体系来评估不同学科，势必会违背学科生长规律，导致原本各有侧重的学科为了资源和政策红利，不得不按照同一个模式参与竞争。久而久之，“整齐划一”“统一规划”的评估方式便降低了评估的科学性与有效性，甚至使学科建设不求精深、但求齐全，以适应庞大的指标体系，获取尽可能全面的评价得分。因此，第三方学科评估组织需要针对不同学科的特点，制定科际共生、差异化的学科评估体系，不能用一把尺子来衡量所有学科，按不同学科的内部规律和发展趋势设计分类评估标准，如不同门类学科间的跨界交往指数、学科互动效率以及学科知识生产力转化状况等，秉承创新驱动、管评服务的理念，深入落实学科评估的现代化标准，避免“一刀切”与盲目跟风。第三方学科评估组织参与建立与国家创新发展战略相符合的学科分类评估体系，发挥第三方组织的公信力和把控力，能够有效增进学科评估标准的多元化。第三方学科评估组织形成多领域、多学科、跨学科专家团队，分类设立体现了国家战略和社会需求导向的学科评估指标体系及侧重点，以引导各类学科形成自身的特色优势。比如以知识本体逻辑为牵引的纯学科评估，聚焦拔尖创新人才培养和学科知识创新发展的成效；以社会实践逻辑为主轴的应用学科评估，关注应用型人才培养和服务经济社会发展的成效，凸显学科发展的优势和特色。

四是评估文化的共意融合性。“‘文化’指的是一个群组的内在属性与性质。我们经常会说组织的文化或子文化，在这个意义下，文化是一种所有物——一系列成为组织行动大背景的相当稳定的既定前提、共有信念、意义解释和价值取向。”① 第三方学科评估组织需要在共意的组织文化中形成兼容并包、开放共生的评估情怀，内生于学科评估共同体的

① ［美］W·理查德·斯科特、［美］杰拉尔德·F·戴维斯：《组织理论——理性、自然与开放系统的视角》，高俊山译，中国人民大学出版社 2011 年版，第 241 页。

内心之中，体现评估文化的共意融合性。第三方学科评估组织成员在生活世界的默会交往中将创新性的评估理念和价值观念浸润在多方评估主体的实践活动中，凝聚评估活动的主体共识，积极营造和谐融合、共在交往的评估文化环境。同时，形塑缄默的评估秩序交往价值观，通过组织文化承载的既定前提、共有信念、意义解释和价值取向来观照多学科间的协同发展情况，焕发第三方学科评估组织文化的生命力。在全面建设现代化教育强国的背景下，营造学科评估的第三方组织文化氛围，需要在包容和跨学科的基础上拥抱学科建设的共同利益，创造和共享评估组织交往实践的默会知识，将学科评估的价值文化、制度文化、治理文化等内核潜移默化地渗透进每位评估主体的深层认知中，持续生成凝聚多主体共识并包容学科多样性的评估生态。

三　第三方学科评估组织的培育路径

构想学科评估现代化的美好未来，迫切需要将第三方学科评估组织的高质量培育作为总抓手，发挥组织创新的驱动作用以攻克学科评估过程的艰难险阻，增进学科内不同方向的合作、学科间不同知识结构的融合，实现学科的高质量发展。

在推进管办评相分离的进程中，学科评估要想真正实现由学科制度向知识制度的成功蜕变，必须重视评估制度的公信力、公正性与实效性，积极创生第三方学科评估组织的要素条件和特征规律，努力打造第三方学科评估组织，给予其充分的学术专业判断权，释放学术自由的正义能量。

首先，厘清政府在学科评估中的职能与权限。现代大学的发展以及学科建设离不开政府的宏观指导，但这种指导并非事无巨细地操控，而是需要政府明确其权力行使的边界，通过权力清单、责任清单和负面清单的形式来构建新时代政府与大学学科发展之间的良性互动原则与范围。换言之，政府的职能与权限是战略性规划而非战术性指导。事实上知识制度导向的学科评估需要的是自下而上的空间与时间保障，而非程序性的具体安排。基于此，政府需要转变行政职能，着力打造服务型政府，形塑行政权力与学术权力间的层次结构，避免权力结构的交叉与冲突。具体来说，行政权力要注重战略性和方向性把握，制度设计和规则实施重在宏观把握与引领。学术权力则要注重战术性与过程性谋划，制度设计和权责划定要具体明确，并且要建立其学术监督问责及保障的一系列配套支持制度与工作机制。两种权力范畴具有明确的层次划分，前者宏观把控，后者微观实施。政府组织与学术组织之间的工作职责自然明确。如此，第三方学科评估组织实则是在学术权力的框架下履行评估工作职责。二者的具体关系是基于不同层次的互动支持。尊重第三方学科评估组织的专业话语权与评估结果，为培育第三方学科评估组织营造良好的法治环境与自由空间。以各级教育行政部门为代表的政府部门是引导学科评估良善发展的关键力量，能够为培育独立、专业、权威的第三方学科评估组织提供全方位的支持。对此，政府需要给予第三方学科评估组织以政策地位，同时完善、加强第三方学科评估组织的制度设计和安排，基于前述（第一节）的评估价值观，营造健康有序的学科评估生态，赋予第三方学科评估组织合法性的评估自主权，并在资金、技术等方面为其提供实质性的支持，促进第三方组织合理制定学科评估方案、科学开展学科评估活动。此外，政府需要明确其监管职责，协同其他相关组织机构为遴选第三方学科评估组织制定严格的准入标准、考核评价标准与责任追究制度，提高其公信力与权威性。

其次，多方协商、跨界交往推动学科评估转向知识评估。学科评估最终是为了实现学科与学科群间的跨界互动，通过知识集成和对流实现全体学科人的发展。学科评估转向知识评估需要学科打破固定疆界和定势思维，建立多方协商、跨界交往的第三方学科评估机制，促进学科间形成以强带弱、以优促劣的学科集群发展的善态思路①。在具体实践中，我们需要坚持价值判断与事实判断相结合的原则，针对评估方法、评估程序与步骤、评估标准等方面展开多方探讨与交流，确保各评估要素能够在商谈的“生活世界”中达成知识交往共识，并接受社会各方的监督与问询。第三方学科评估组织要在交往环境和自主发展之间尽量保持适当的张力和平衡，在沟通交流中打破量化评估的唯一性与最优性，破除以量化评估结果制定学科发展策略、分配学科发展资源的路径依赖，以

① 龙洋：《基于“双一流”争讨的高等教育发展根植性问题阐释》，《四川师范大学学报》（社会科学版）2018 年第 5 期。

平等的姿态参与学科建设公共利益的协商沟通与平等交流。此外，在实施评估的过程中，第三方学科评估组织应召集多方主体就评估预案、评估中可能出现的突发事件、评估事后的满意度调研等事宜做好论证设计，遵循学科跨界交往的治理逻辑，协同多部门进行多方意见征询与协调。第三方学科评估组织的公信力来自学术共同体内全体成员的共同约束和平等协商，要求多方主体在多元化的组织架构下，汇聚大学学科建设的多方面信息，集合专家学者、学科专业人员、学生等主体的评价意见，通过对学科建设的全面考察，多角度、多渠道、全方位了解学科发展信息并透析学科发展的全貌。

最后，形塑第三方学科评估组织的专业信仰与专业责任。第三方学科评估组织承载的是一种使命与责任，组织内的成员需要明确“知识的分立特性（Division of Knowledge）会扩大个人的必然无知范围，亦即个人对这种知识中的大部分知识必然处于无知的状态”①，这就需要成员在互动合作的实践活动中不断学习与反思学科评估的行动逻辑与生成机理，超越学科评估的机械主义，提升自身参与评估的使命感与责任感，杜绝为了评估而评估的工具主义做法，始终将评估视为实现形塑学科共生发展、融合发展的内在动力，在自生自发的评估秩序中形成“想象”的治理信仰与共在责任。信仰与责任指引着学科评估与学科建设回归初心，避免陷入学科资源争夺、恶性竞争怪圈。正如伯顿·克拉克所批判的，“每一个主要观念的炮制者总要继续阐发出一整套相应的理论，以适应开拓新专业的努力。例如，一个新生学科总是致力于产生出一套新的通用词汇，以便帮助它的成员来界定这一学科，使它和其他学科分道扬镳”②。学科评估中的利益主体应在信仰和责任的关照下，发挥民主自治、沟通协商、自下而上的智慧合力，有机解构大学评价中的指标陷阱。对此，第三方学科评估组织担负强烈的社会责任，应该自觉监督和规范学科评估实践行为，检视现行评估制度，要有彻底改变默认、屈服、附庸于指

① ［德］弗里德利希·冯·哈耶克：《自由秩序原理（上）》，邓正来译，生活·读书·新知三联书店1997年版，第19页。

② ［美］伯顿·R·克拉克：《高等教育系统——学术组织的跨国研究》，王承绪等译，杭州大学出版社1994年版，第220页。

标霸权的创业态度和决心，充分认识到现行量化评估方式是在缺少思考衡量并精准体现大学组织的复杂性、多样性、特殊性等特征的情况下建立起来的。

总之，第三方学科评估组织作为新时代提升大学学科建设能力的中介，承载着对学科（群）生命成长的理解力与判断力，需要遵守不同学科间的建设差异，恪守基本的学术精神与评估道德法则，秉承创新、包容、开放、公平的评估信念，形成以评促建的良性秩序，精准识别学科评估过程中的舞弊、弄虚作假等不端行为，树立正确的评估价值观，避免理性的张扬与人为控制设计。因为过度的设计终将把大学的学科评估推向“现代园艺文化”的牢笼，在“现代园艺文化”的浸染下，学科评估容易按照行政权力所设计的模式或预测的方法按部就班地发展，显然也违背了知识制度的发展初衷。第三方学科评估组织带来的组织创新能够有效改变学科评估过度忽视知识本真和学科价值的基本态度，避免学科评估的失灵与学科育人的失真，全方位推动知识制度导向的学科评估高质量发展。

第三节 学科评估的机制导向

学科是一个组织生命体，它的发育与生长不完全是主观设计的结果，需要在自生自发的秩序空间内进行新陈代谢，不同学科在交往互动的网状结构图谱中相互吸取养料，从而实现学科生命的交替轮回，知识创新的持续发生。“生命进化不是通过各个部分的量的相加而是通过质的不断分化而实现的。因为生命冲动的作用就是在于将不确定性放入物质中，创造确定的形式和内容，使生命体越来越自由，推动生命界不断进化。”① 学科评估与学科建设是大学学科实现生命生长的两大共生体，学科评估有益于为学科建设提供指标参与创新基因，吸收知识的不确定性和复杂性，推动学科从“量变”走向“质变”，形成基于知识协同创新的跨学科群与学科生态系统。学科建设能够参考学科评估的结果对学科（群）进行有序重组与调整，适时优化学科结构与布局。基于此，国家相继出台

① 张之沧、林丹编著：《当代西方哲学》，人民出版社 2007 年版，第 69 页。

《统筹推进世界一流大学和一流学科建设总体方案》《统筹推进世界一流大学和一流学科建设实施办法（暂行）》《关于高等学校加快“双一流”建设的指导意见》等政策，均明确指出以学科建设为基础，构建协调可持续发展的学科体系，完善以社会需求和学术贡献为导向的学科专业动态调整机制。

学科评估在国家宏观政策的引领下取得了一定的成效，为高校开展“双一流”建设指明了方向，进一步推进了中国特色世界一流大学建设的进程，为实现高等教育内涵式发展奠定了基础。但在学科评估的实施过程中也出现了忽视学科本身的价值与存在意义、学科评估的价值导向与释放功能不明确以及学科评估的预期效应未能实现等问题，造成有些高校过度看重学科评估结果，形成以数量论英雄的攀比观，将学科排名作为“称王争霸”的砝码，以便他们能够在招揽人才、申报项目、社会支持等方面获得资源优势。总而言之，学科评估在价值目标、过程跟踪与结果导向等方面尚存认识盲区，未能充分尊重学科本身的生长规律，尚未摆脱量化评估的主导方式，一定程度上窄化了学科高质量发展的价值内涵。2019 年 10 月 12 日，时任教育部党组成员、副部长翁铁慧在中国高等教育学会主办的“2019 高等教育国际论坛年会”的主旨报告中指出，“建设一批实力雄厚的世界一流学科，其中既要涌现一批综合实力强劲的一级学科，也要打造一批在某些方面冒尖的学科方向或学科点，还要形成一批支撑区域经济社会发展的优质特色学科。”一流学科建设既要着力打造综合实力强劲的一级学科，又要观照具有行业特色的二级学科与优质特色学科，从一定意义而言，这对未来学科评估提出了更高的要求，为学科制度向知识制度的转变提供动力和方向。在全面推进世界一流大学建设的关键期，需要真正发挥新一轮学科评估的正向激励作用，打破千篇一律的固化评估思维，在反思交往中明确新时代学科评估的核心要义，扎实推进学科评估现代化进程，推动形成知识制度导向下的学科评估机制。

一　目标引领：形塑学科评估的共识机制

学科评估需要凝聚学科共同体中多元主体在理性互动的环境中达成学科评价体系的共识，共同认可学科评估的育人初心和本质要求，实现全体学科成员共同参与的理性合意表达，汇聚多元化的声音和集体智慧，使之成为回答中国式现代化时代之问的最强音。对此，学术共同体中的成员能够共同发声，将学科评估看作是一种使命与责任，彼此能够在智识生活世界中探寻学科评估“求真务实”“公正客观”的正义取向。学科为人参与的知识的全部活动而存在，学科、知识、学科人相伴相生、密不可分。学科评估的目的是为知识的创造和人的发展提供健康有序的空间秩序，通过客观科学的评价方式促进学科（群）在良性的竞争中形成交互影响的共生体，在以评促建的和谐场域中引导学科（群）走向卓越集群发展的轨道。

然而，从前几轮学科评估现状来看，学科评估的目标不够明确，导致学科评估产生了一系列的副作用。譬如，学科与知识处于割裂状态，评估中未能充分考虑学科发展客观规律，把学科排名产生的外在效应与声誉视为目标，对知识的创造性运用缺乏深刻的内涵式解读和再理解，独创性和首创性知识创新创造乏力。更为重要的是，评估目标的迷失，致使学科建设的目标、知识发展的目标在评估的过程中模糊、偏轨，这样就会导致学科评估与学科建设处于被动盲从的计划状态，严重偏离知识制度的变革轨迹。学科评估必须以新知识生产与创造性运用，激发学术共同体的求知欲望和创新本性，进而以服务国家与社会发展实际需求为目标遵循。功利目标统辖的“唯名次”学科评估把学科排名与资源、利益直接挂钩，造成高校内部学科无序竞争和学科生态失衡的顽瘴痼疾。但是，学科组织功能和具体职能的多样性致使无论评价主体构建何种指标体系，都无法将学科的诸多组织功能数据化为一个个单一化、可测量的量化指标，评价指标难以完全“反映评价目标的整体性，保证评价根据指标科学有效地对评价对象进行正确的价值判断”①。大学评价若仅仅依照静态指标体系进行测量极易使大学丢弃创造本性，进而变得名不副实，最终放弃推动社会发展与文明进步的长周期使命而重点关注具有短期效益的研究，背离大学作为社会前进的“引擎”价值。因此，厘定目标、围绕目标、坚持目标在学科发展和评估的过程中起着把舵定向的重

① 王利利：《省域高校分类评价的现状、问题及改革路径》，《内蒙古社会科学》2022 年第 5 期。

要作用，而这种目标不是某个、某类学科人的目标，要实现对学科建设的目标共识，并且这种共识应该成为某一高校、某一区域甚至某一类别高等教育的广泛深切共识。只有这样才能真正将学科变革的策略和制度贯彻到底、落实到底、执行到底。因此，学科评估要逃脱指标为王的终结性评价体系，建立起学科评估和建设的共识机制，即追求以创新创造、生命生长、交往互动为旨归的发展性目标，超越量化囹圄，形成全面性、多样性、综合性和动态性统一的评价体系，改变“毕其功于一役”的简单量化评价与终结性评价观①。这种共识机制的实现，亟须依据学科和社会发展的新阶段、新形势，不断调整适配、完善改进，在传承与创新中做到以下几点：

第一，要遵守学科与知识生长的自然规律。未来学科评估必须树立正确的学科评价观，尊重每个学科领域的话语权，在宽松自由的评价环境中激发学科生长的原生动力。学科生长原生动力的形成与维护需以知识创新为内核，通过学科他评与自评的方式检验学科发展（学科创新、学科育人、学科声誉）情况，鼓励学者们通过对学术问题的真切探究与觉悟来开展跨学科创新研究，以创新思维推动学科知识更新进程，在学术共同体成员间形成自生自发的学术创新行动自觉，共同维护学科发展规律并相互尊重、包容各学科发展的差异性、多样性。学科评估不能脱离学科和知识的内在规律，否则将失去对学科知识本真的目标追求，沦为管理主义追求控制和效率的工具，因此要“像园丁培植其植物那样，经由提供适宜的环境去促成社会的发展，而决不能像手工艺人打造手工艺品那样刻意地塑造其产品。”②

第二，要达成学科评价共同体的专业判断共识。学科评估并非简单的学科排名统计，也并非技术层面的行政操控，而是对高校目前学科发展情况进行跟踪指导与评价的动态过程。因此，需要同行学科评估共同体与第三方学科评估组织通过多方论证形成对学科发展的要素结构、运

---

① 罗晶：《灵魂·特色·效能：大学教育评价改革的三种取向》，《现代教育管理》2022年第4期。

② ［英］冯·哈耶克：《知识的僭妄——哈耶克哲学、社会科学论文集》，邓正来译，首都经济贸易大学出版社2014年版，第204页。

行机制以及影响因素等评估指标共识，破除“五唯”旧念，规避前几轮学科评估过度看重排名、看重固化指标的功利化价值取向。同时，要逐步完善论文“代表作”评价方法，重点考核高校在学科建设过程中取得的标志性研究成果、师资队伍建设过程中的跨学科创新团队建设、人才培养过程中的高水平拔尖人才的创新培养以及学科声誉的贡献度等，确保能够通过评估与激励的方式促进学科（群）在互享共生的环境中形成协同创新发展的跨界交往新常态，进而通过学科间的强强联合与强弱互补来提升学科服务社会发展的综合能力。

第三，要以知识协同创新作为学科评估追求的目标效应。现代社会，知识“处于不断的更新之中，不断地有所发现、批评和纠正谬误，而已确定的形成的系统一直是稳定的。但要明白：持久不变的既不是对象，也不是对象形成的范围，甚至也不是对象的出发点，或者它们特征化的方式，而是对象可能出现的、自我界限的、自我分析和自我说明的表层的相互关系。”① 学科评估要成为知识更新迭代、循环生成的“推进器”，给予有利于学科自发生长的反馈和建议，实行过程性、诊断性为主的评估，将数据指标与学科现实发展情况相结合，为后续的学科建设提供生成性且全面化的信息。基于知识的变化创新和自由发展，学科评估应全方面了解各学科的优势和不足，构建有助于学科内生发展的治理体系，为学科生态系统中知识的生长与发育提供基础，贯彻学科评估观照学科善态发展的根本目标。

二 过程跟踪：创生学科评估的交往机制

“成熟的学科拥有高质量的知识生产力，其生产知识的方式与成果之所以能够引发持续的创新，是因为它们在创新上拥有共同的人类智力进化特征——想象力。”② 学科评估既来自专业知识经验，也来自行动创新的想象。在前几轮学科评估中，多元主体间的参与度还不够，学科评估对于高校而言仍然是被动的行政指令，缺少基层学术主体的广泛参与、

---

① ［法］米歇尔·福柯：《知识考古学》，谢强等译，生活·读书·新知三联书店2004年版，第51页。

② 李海龙：《高等教育学的想象力》，《高等教育研究》2019年第1期。

讨论的积极性与自由性，学科评估、学科、知识以及学术共同体之间处于分裂状态，久而久之，人们会将学科评估理解成是一种技术预测，或是一套科层技术对学科资源的强制划分与排位。学科评估的过程比结果更为重要，唯有保证过程是正义的、共在参与的，才能真正实现结果的正义。学科评估是学科评价共同体基于实践经验基础上的想象与创新，旨在提升学科的内涵式发展水平以及彰显高深知识的心智品质。同时，学科评估指标体系也需要通过多元共生交往主体在实践场域中建构，这源自前述共识基础上的协作交往精神与交往模式，也是现代大学学科评估与学科建设的必要环节。而不同学科人在不同实践场域和视域维度上建构起来的交往文化与交往模式都具有一定的交往机制，这种交往机制并非强制性制度所规范，而是学科人内在的习惯、道德与精神契约，表现为在学术交往和学术评价中的真理追求，而学科评估作为“指挥棒”和“驱动器”往往要首先生成和建构起这种追求真理和卓越的交往机制，才能真正激发学科生长与探究创新的能力。对此，聚焦学科创新生长过程的持续追踪，创生学科评估的交往空间，是夯实现代化学科评估交往机制的必由之路。具体而言，需从以下三个方面入手：

第一，在学科人的平等协商与共同认可的生活实践中发挥评估想象力。现代社会正经历着从固态的现代性过渡到液化的或流动的现代性的过程，由多样化的事物构成的整体并非牢不可破的状态，而是显现出“脆弱性、暂时性、易伤性以及持续变化的倾向”①。学科作为纷繁复杂的知识组成的统一体，学科内部及不同学科之间的关系亦并非是各自为政、相互割裂的，而是持续变化、共在交往的，纷繁复杂的知识要素在和谐交往的过程中构成学科的发展秩序。基于哈贝马斯的交往行为理论，学科评估实则是一种自生自发的共商秩序，而非人为设计的过度理性行为，需要通过想象来增进学科间的理解力与渗透力，通过想象，学科才能真正探究如何育人、成人，确保彼此在宽松、自由的交往环境中探寻学科生长的内生性机理，在对话中形成缄默的治理共识，告别行政操控抑或绝对化的正义标准。实质而言，学科评估通过对多学科默会交往的动态

① ［英］齐格蒙特·鲍曼：《流动的现代性》，欧阳景根译，中国人民大学出版社 2018 年版，第 4 页。

过程开展监测、跟踪和反馈，助力扫清学科共在、共生、善态的阻碍因素，维持学科间实质自由的交往秩序，使各学科拥有充足的发展空间和实质性的发展能力，贯彻和谐发展、共生共荣、交叉融合的评估理念，全方位发挥学科共在发展的指挥棒作用。

第二，新时代的学科评估是基于民主胜任的一种自下而上的专业判断。通过多元化的专业评价来促进不同门类知识间的平等、互动协作与跨界交往，在这一过程中，多元评估主体需要从多维度强化相关学科知识，提升自身的专业技能与评估能力，确保能够产生知识制度的文化共识，且这种知识制度的发展共识成为学科发展与学科评估所遵循的共同尺度。正如米尔斯所言："学术的共同尺度的一个内在含义即是：人们借此来表达他们最为坚定的信念；而其他方式和反思类型则仿佛仅仅是逃避和晦涩的手段而已。"① 这种具有共在参与、共有认知的学科评估能够为高校间开展跨学科协作研究提供可能和基础，消解学科文化冲突，消除学科霸权的单边压制现象，促进每个学科以及各类知识能够在平等的环境中实现协同发展，促进彼此能够在共同学术尺度中实现知识生产的跨越式发展。从某种意义而言，世界一流大学也是不同门类知识结构和学科在基于共同站位和认知的层面建立协作关系，在共生交往的学术专业判断指引下探寻学科与知识生成与运行的逻辑关系，揭示知识发展的客观规律，进而实现学科评估与学科建设的互利共赢。"因为在合作解释过程中，没有哪个参与者能垄断解释权"，② 为此，需要充分彰显学科评估多元主体的话语权，在共商、共赏的交往环境中营造和谐的学科评估氛围，打造民主、平等的学科评估社会契约，以契约精神和交往文化持续浸润学术共同体和学术评估的主体，从而激发多元主体的想象力和创造力，促进学科评估的现代化更新。

第三，新时代的学科评估蕴含创新发展的内在过程，切实关注学科与社会协同发展的全过程，孵化学科创新和知识创新的集体智慧。知识

---

① ［美］C. 赖特·米尔斯：《社会学的想像力》，陈强等译，生活·读书·新知三联书店2005年版，第13页。

② ［德］尤尔根·哈贝马斯：《交往行为理论（第一卷）》，曹卫东译，上海人民出版社2004年版，第100页。

经济时代，创新知识以及对知识的创新性应用成为推动经济社会高质量发展的内驱力。学科建设紧扣知识创新的内在逻辑，在学科发展的可持续过程中肩负和践行创新创造使命，为社会发展创造新思想、新文化、新技术。学科评估的创新是学科创新发展得以实现的前提，意味着最大限度地发挥创造力和想象力，打破常规和旧传统、敢为人先，走前人未走之路。因而，学科评估需要构建动态优化的过程性机制，调动创新的根本属性，着力推进学科的各要素持久前进、螺旋上升的跃迁过程。

社会的发展与变革不断影响和推进着学科建设的发展过程，为适应社会发展的日新月异，学科评估机制也应在想象力的推动下不断优化调整，完善和优化学术共同体集体智力在学科评价中发挥的重要作用。集体智力是多元主体凝聚合作精神与共同利益，“最大限度地扩大人的潜力，协调开展明智活动”①，这不仅是学科评估创新力的来源，更能在学科发展过程中纾解指标霸权造成的学科评估机制固化危机，消除压制知识创造和学科创新的负面因素，推动学科的高质量发展。

三 结果导向：增强学科评估的激励机制

2020 年 7 月，中央全面深化改革委员会审议通过的《深化新时代教育评价改革总体方案》明确指出，教育评价需要改进结果评价，强化过程评价，探索增值评价，健全综合评价。这一政策旨意为即将来临的第五轮学科评估指明了方向，学科评估应淡化具体分数，避免学科间的盲目竞争。学科评估不是各学科间相互争夺资源的绩效杠杆，也不是高校趋同建设学科的诱惑，而是在“去中心化”的组织环境中充分发挥其指导、警示、服务等正向激励功能，反对一刀切的同质化指标体系，正确理解学科评估的本意。面向智能时代的学科知识发展及生产已逐渐摆脱单一学科的相对守旧、各自为政、闭塞隔绝的束缚，实现学科知识的协同创新与跨界融合已是智能时代大学学科发展、知识生产模式转变的根本诉求。因此，擘画中国式现代化的宏伟蓝图，需要将学科理解成连接学者个体与学科团队间的制度桥梁，通过学科知识的传播来增进学者与

① ［英］菲利普·布朗、［英］休·劳德：《资本主义与社会进步：经济全球化及人类社会未来》，刘榜离等译，中国社会科学出版社 2006 年版，第 343 页。

学科团队的互动，形成独立的批判性学科话语体系，彼此在商谈中形成解决问题的向心力与凝聚力，最终形成多维度、多组分、涵盖学科发展全路径的学科评估机制，正向引导学科建设走向可持续发展的美好未来。

基于此，学科评估最终旨在实现知识应用逻辑与理论逻辑的联结，突破线性思维的惯性，以量子思维观照学科的复杂系统，形成整体协同的学科评估思维，正确发挥学科评估的指导、警示与服务职能。“当代思维就是基于量子科学理论的新世界观和思维方式，强调不确定性、不连续性和整体性。”① 学科本身是学者个体、学科团队整体以及学科知识的自组织系统，富集多元共生的复杂性和不确定性，若想维系与保证学科的持久生命力，尚需对偏离社会现实需要或趋同建设的学科给予警示与提示，制定学科建设整改方案与具体目标，协助这些学科走出发展困境；对于处在上升期或发展关键期的学科，通过召集相关学科的评估专家、学科梯队成员等围绕学科建设改进进行评估与讨论，给予正向的激励与指导。在此基础上，逐步形成以“评估专家—学者—学科—学科团队”为轴心的联动关系体，促进彼此在批判与商谈的多元声音中达成共识，形塑学科间的跨界集群发展，鼓励学者以学科团队为契机，开展交叉学科创新研究，通过学科评估来增强学者的学术向心力与凝聚力。此外，学者个体的身份认同也是在学科评估与学科团队的大环境中形成的，需要在学科团队的带领下践行自身对学科文化信仰的价值观，增强学者对学科团队以及学科（群）的贡献力与决策力，积极维系学者与学科团队间的良性学术交往关系。

现代化的学科评估是事实导向、实战导向的，这样的评估具有极大的公信力和客观性，能够最大可能让高等教育的各个主体清晰自身的短板和差距，认识到自身发展的优势和现存缺陷。这种基于事实的评估导向，最能够激发学科主体的危机意识与生存意识，也能够一定程度上激励学科人对知识制度发展的卓越规划与长远追求。这种激励是基于全部高等教育发展事实的震撼与鞭策，而非一时一域的量化得失，是对先进的鼓励，也是对后进的鞭策，容易引起学科人对自身学科制度体系的深刻反思和努力改进，并推动良性的学科竞争机制，达致学科可持续发展

① 钱旭红等：《量子思维》，华东师范大学出版社 2023 年版，第 167 页。

的最终善态。这种激励机制一方面要深挖自身学科发展的特色优势和良善形态，学科评估应相应给予正向反馈，赋予其更为自由和广阔的发展空间，实现多学科的良性共生。另一方面，评估制度设计要善于引导学者、学科团队形成良性的互动关系，以平等协商解构管理主义倾向下的不对等关系，以尊重包容促进多元性的复归，以量子思维化解科学思维的评价局限，推动共轭学科和共轭能力的发展，以结果导向实现学科的高质量发展。

总之，新时代引领知识制度变革的学科评估发展脉络，需要在现代化的治理理念下形成“目标—过程—结果”一体化的整体性善治思维，以质量引领发展，逐步从经验治理迈向科学治理轨道，遵循学科演化的生长规律，形塑学科评估自生自发的交往逻辑，达成以“共治”求“善治”的现代化评估体系创新共识。在此基础上发挥学科评估自组织的协同共进、互动合作的跨界交往作用，尊重学科评估共同体的主体性，形成评估主体、学科知识、学者以及学科团队间的多元联动，确证学科评估的公权力来源与规范指向，在共商共赏的场域空间内形成协同创新的新时代学科评估生态系统。正如伊利奇批判道：“技术专家治国论教育体系带有自己的等级制度和对专家的崇拜。它与创造性思维不相容，且脱离了人们的直接需要、经验和抱负。”① 新时代学科评估不是技术控制的“专家”霸权话语，更不是行政权力无休止介入学术场域之中的工具，而是凝集以评估共同体共同决策为核心的开放、平等、融合、创新等善意能量，进而形成学科同行以及第三方组织协同参与决策、社会多方监督、外部环境激励的学科评估共在交往格局。

① ［美］艾伦·布卢姆：《美国精神的封闭》，战旭英译，译林出版社 2007 年版，第 217 页。

第五章

知识治理导向的学科治理数智化策略

社会进入了总体上的大数据时代。在这个理论上几乎可以全面掌握全部数据和信息的时代为各类治理提供了前所未有的决策方式，正如《经济学人》杂志将大数据视为“新石油”，是当今“世界上最有价值的资源”。[①] 2020 年，《中共中央　国务院关于构建更加完善的要素市场化配置体制机制的意见》把“数据”视为生产性要素。传统的资本、劳动和土地等生产要素面临与数据要素的“新组合”[②]，生产要素的新格局推动社会物质生产方式发生转变，标准化和规模化生产不能满足个性化和差异化的社会需要，服务质量和个性体验超越产品数量和种类成为人们最大的需求。与此同时，随着知识的实用性地位提升，知识生产的方式正在从模式 1 到模式 2 变革，学科发展也正在经受新的知识生产模式和社会多样性需求带来的挑战。

第一节　大数据时代的学科治理危机

未来，懂得“数据决策”是各行各业现代化治理体系和治理能力的基本条件，而学科治理的现代化核心必然是数据治理能力的现代化。“数据”作为生产性资源在新的时代背景下日益重要，学科治理在大数据社

---

① D. Parkings, “The World's Most Valuable Resource Is No Longer Oil, But Data”, *The Economist*, Vol. 6, 2017.

② ［美］约瑟夫·熊彼特：《经济发展理论》，何畏等译，商务印书馆 1990 年版，第 85 页。

会面临学科知识分而不聚、学科发展空间单一、学科体系模仿西方等问题。这些问题都指向学科治理的深层次、结构化矛盾。要解决学科治理的制度性问题，必须深度了解大数据的技术特点、社会需要与知识场域的关系逻辑，深刻剖析技术带来的社会变革的现实与未来走向，直面大数据背景下学科治理现代化面临的深层矛盾与冲突，才能探索出一条大数据赋能下的适合中国国情和本土特色的学科治理道路。

一　学科知识分而不聚，知识跨领域集成创新乏力

学科制度本质上是人为将知识进行分类的制度，将知识进行分类的目的是更具体和有效地认识客观世界。客观世界是一个普遍联系的整体，学科从不同的问题视角和研究对象入手，引导人们接近客观规律和真理，找到改造世界的方法和工具。但随着信息技术推动的大数据和人工智能技术出现之后，世界从客观存在的现实世界拓展到虚拟世界。虚拟世界的信息和知识流通速度远超现实世界，“它们产生大量的、动态的、多样的、细粒度的关系数据流”①，因此，世界呈现出碎片化表象。如何从大量的、复杂的、变化的以及细粒度高的碎片化表象中找到关联起认知整体世界的线索，成为人工智能背景下新的知识生产制度需要突破的难题。学科制度的育人目标从人对知识深度和高度的追求转为必须重视人对碎片化信息的结构化整合能力。而学科的知识分类传统格局形成的专业意识和专业制度，长期以来固化形成了学科人对知识纵向生产的线性依赖。这种传统知识生产的专业性与独立性成为大学高深学问治理的标志性特征，也形成了学科之间的制度壁垒和学科知识分而不聚的学术生态。由此，知识供给侧的分化格局与知识需求侧的聚合要求形成了高校与社会的发展错位与脱节，高校的学科治理必须推动学科制度解决社会对知识跨学科领域的集成组合与创新需要。否则，高校和生产精英的学科制度将面临被具有知识集成生产和研发能力的社会研究机构（企业和行业研发组织）所取代。实际上，这种迹象已经存在了。21 世纪以来，很多颠覆性创新技术并非由大学和传统的学科组织创造发明，例如华为的 5G 技

① 吴刚：《学科想象与理论生长——兼论计算教育学的错觉》，《教育研究》2021 年第 3 期。

术、电动汽车技术以及人工智能技术等均由大型跨国企业和行业在市场竞争中研发成功。学科知识生产模式和组织知识生产的学科制度都正在面临大数据社会的严峻挑战。

二　学科发展空间单一，知识跨组织合作创新乏力

知识的分科分类分层在学校这个空间不断发展形成了一副庞大的知识分类图谱。尤其在大学，所有的学术组织架构几乎完全依托知识的分科结构建构起来，形成学科—学院—专业—课程这一完整的学科体系。可以确定的是，这个学科体系所涵盖的学科组织都属于大学空间，学科人的学术活动几乎都在这些学术组织中完成。学校长期以来是学科发展的主要空间。但大数据时代通过技术革命推动了工业革命，传统的制造方式正在向智造方式变革，信息技术和人工智能技术作为共性使能的技术正在赋能各个产业和行业，从生产方式的变革推动着人类的生活方式变革。而与此同时，高校与社会的脱节问题愈发严重，突出表现为两种空间对人才的需求标准发生根本性的差异，前者注重理论性知识的掌握，而后者关注实践性知识的习得。理论与实践之间的转化与应用能力培养成为学校空间实现学科治理现代化的重要内容。而这种理论导向到应用导向的学科发展转化触及了学科的传统定义和大学的真理追求。例如，纽曼认为“大学所依据的最高概念是‘真理’”，但他的真理是从一切“普遍知识”的掌握开始，崇尚哲学的知识传授方式。① 弗莱克斯纳提出大学的研究是“纯科学”的研究，“科学只需要思考而不需要对后果负责”，雅思贝尔斯也认为大学之精神是追求真理。概言之，学科在这种“无用之用”的学术精神和文化传统中成长和发展起来，其灿烂的文明成果和社会发展现实也确证了其在工业社会存在的价值。而这里存在一个问题，在大数据时代到来以前的工业社会，也存在不同类型的制度革命，例如蒸汽时代、电气时代等，为何这些技术变革没有引发教育领域尤其是知识生产领域的危机？这其中根本的区别在于，这些技术的产生都源自于从理论知识到实践知识的线性发展和创造，根本上符合前述的学科发展路径和模式。但人类社会在大数据时代面临的很多现实境况和具体

① 张斌贤主编：《外国高等教育名著研读》，高等教育出版社 2010 年版，第 33、73 页。

问题，所依赖的实践知识发生了根本性的转变，解决问题的知识来源更加丰富和多元，从理论到实践这条知识生产模式不能满足一个快速变化的社会结构。与此同时，高校空间的学科因其与社会需要的脱节，引发了一连串的空间壁垒。不仅知识的有机整合困难，更重要的是由知识分化格局形成的学科人、学科组织以及大学组织与行业、市场、社会甚至政府之间形成的合作壁垒较多。包括学术兼职制度壁垒、学科成果的评价制度壁垒、学术组织的成果转化制度壁垒等。概言之，学术空间与市场空间的制度壁垒进一步加剧了知识的独立体系与分化格局，强化了高校的“象牙塔”形象，形成了学科全方位的专业精深和知识领地清晰的学术分裂生态。

三　学科传统源自西方，知识跨文化本土整合乏力

高等教育的学科知识生产制度源自西方，分科教学源自欧洲的教学型大学，知识的分科最初用于知识的传授。19 世纪初，柏林大学拓展了欧洲大学的研究功能，并进一步依托教学型大学的分科体系建立起学术研究组织，在知识分科框架下的学术生产制度延续了两百多年。但欧洲的学科制度体系无论是用于教学还是研究，都以知识理性为原则，追求真理和纯粹的科学研究是学科治理的重要意义。美国大学实行研究生院制度，将学科知识从理论生产拓展为知识的应用转化，走学术资本转化的研究型大学创业之路。因此，以斯坦福大学和麻省理工学院为代表的学科知识的市场化和资本化发展导向推动了美国学科的空前发展。近年来，学界对国内的学科布局和规划在传统的欧洲模式和美国模式之间争论，但无论哪种争论，国外的大学与学科发展的路径和学科文化深刻影响着国内的学科治理方式。显然，中国的传统的知识分类标准与西方的学科分科标准有着本质区别，“近代以来，西方学术分科发展之方向是以研究对象作为划分标准者，因其对象是固定的”，而“中国学术分类的主要特征是在于以研究主体为分派标准（诸子百家），这是与西方学术以研究对象为分科标准最为明显也最为根本的区别。”① 完全沿袭西方的学科

① 左玉河：《先秦分类观念与中国学术分科之特征》，近代中国研究网，2006 年 3 月 10 日，http：//jds. cass. cn/Article/20060310141819. asp

体系则会将我们自身的学术分类体系重新打散，将体系化的本土知识纳入某一个或者拆分成不同的知识领域填装到西方式的分科制度之中。今天，中国传统文化的跨文化传播困难，本质上也是因为中西方的知识分类标准不同，尽管学科组织和大学组织的制度形式与西方接轨，但学科人的文化属性和教育传统仍然具备主体性的分类基因。这就形成了学科制度形式与学科人的内在文化规训之间的冲突，也是外在制度与内在制度之间的冲突。在工业时代，学科发展追求量的提升，对学科的创造性频率和要求并不高，社会以稳定的速度发展，这种冲突处于和缓状态。但大数据社会，学科发展追求质变，学科知识生产的创造性变革要求提升，社会进入前所未有的加速度发展状态，西方以知识为主的学科制度与中国以人为主的知识分类制度形成的学术文化冲突就加剧了。大数据时代的人工智能背景下，对人的个性化、情绪性和体验性需要增加，以知识为主的学科分类制度的规模化优势反而成为劣势。找回以人为主体的知识分类标准，建构起具有中国特色的本土学科体系和治理模式是解决前述冲突的根本途径。今天，国家提出的新发展理念聚焦人的发展需要，满足质变时代的创新源头，尤其提出哲学社会科学要建立起中国特色哲学社会科学学科体系、学术体系、话语体系，这些根本上都是为了建构起中国本土的学科分类标准体系。只有找回本土的学术分类标准，结合本土的知识分类历史和文化传统，将西方的学科知识体系以本土标准加以规范和填装，才能真正建构起具有中国特色的本土学科治理现代化模式。

第二节　信息技术变迁引发的社会变革

数据是人类认识世界和改造世界的起点。“通过对数据进行处理，人类可以建立数据之间的关联，从数据的对比中总结出规律性的结论，并用于回答某些问题，这些从数据中抽象出来的结论被称为‘信息’”。[①] 而那些有用的信息则会被筛选加工成为知识，系统有序组织起来的知识

① 国家制造强国建设战略咨询委员会、中国工程院战略咨询中心编著：《智能制造》，电子工业出版社 2016 年版，第 74 页。

则是学科。从这个意义上而言，学科以知识活动为核心内容，也可以将数据视为学科发展的逻辑起点。这样一来，我们面临怎样的数据社会就决定了我们的学科具备怎样的发展基础。尽管大数据时代与以往的小数据时代都具有前述的数据处理、数据关联和数据分析过程，但“大小之分”本质上决定了两种数据社会的技术手段和工具革新。大数据之所以“大”，源自数据处理技术的划时代革新，它变革了以往的人类生活和生产方式。这种变革必然会和成长于小数据时代的知识传授、知识生产的制度形式产生强烈的冲突，使学科治理面临深层次的结构化危机。要解决前述的学科危机，以数据为切入点是学科治理改革必须深刻了解的现实。

一　大数据技术推动治理方式的变革

步入大数据时代，与传统的小数据时代相比，数据有了大小之分。大数据具有数量大、种类多、流动快、反映真、算法复杂等特性。“大数据的核心特征是‘大’，可以被称为‘大数据’的数据集中包含的数据量超过了常规数据库工具获取、存储、管理和分析的能力”①，这是一个海量信息的数据集合。大数据在数据量、获取速度、数据价值和数据类别上都超越了常规的工具和人力手段，因此大数据的出现必然依靠革命性的技术赋能，即信息技术指数级增长延伸出的互联网技术、数字化技术以及智能化技术等一系列共性使能技术组合。这些技术组合、集成带来了颠覆小数据时代的技术革命和变迁，也变革了小数据时代的治理逻辑。

（一）大数据技术赋能下的治理决策更加整全精准

小数据治理本质上是要通过少部分的数据或者样本数据以预测和估算时代的整体情况，这就对小数据的精准度提出了很高的要求。但这种精准度由于没有整体数据情况（没有技术赋能几乎不可能掌握）的参照和对比，因此小数据的精准度评价只能在众多小数据样本的比较中选取信效度稍高的样本而来。但大数据时代，前述的技术组合能够快速实现人类活动过程的数字化和信息化，即人们的生产和生活活动数据能够被

① 国家制造强国建设战略咨询委员会、中国工程院战略咨询中心编著：《智能制造》，电子工业出版社2016年版，第75页。

动态记录和存储，海量的动态数据能够被迅速存储和提取，数据量足够勾勒出事物和世界的整体样态。人们对整体情况具有更加清晰和明确的认知，数据展现的客观世界更加整全和接近真实。与此同时，由于对全过程和全方位的数据掌控，使得算法可以基于这些海量的动态数据精准到个体的需要，实现个性化服务。例如，今天的电子购物平台会根据个体的浏览记录和购物历史，通过协同过滤算法自动、精准地为用户推荐兴趣产品和服务。正因为小数据的精准和可信度远不及大数据，小数据结论往往只能作为辅助证据协助治理决策。但大数据时代因其数据结论最大限度接近事物的真实状态，而逐渐超越政治权力成为决策的主要依据。换言之，在大数据时代，数据权力改变了传统社会的权力格局，甚至有可能走向“数据霸权”。

（二）大数据技术赋能下的治理削弱了上层设计

小数据时代的治理主要依靠上层设计，这种上层设计在各个领域和行业存在。上层设计的主要特征是目标清晰、过程可控、操作量化。目标清晰并非源自对客观真实状况的深度了解，往往基于对部分现实数据的未来预测，即上层设计的目标本质上是一种假设和预判。这种思维方式与传统学科知识活动的思维方式如出一辙，例如小数据时代学科人的研究总是要基于一定的理论假设，而调查研究和样本数分析往往用于验证这些假设目标，根本上遵循一种因果联系的线性思维。过程可控则是排除一切偏离预设目标的变量和杂音，确保最终的目标实现。这就决定了治理的上层设计具有强烈的目标导向和任务导向，不允许失败的存在。最后的操作量化，则与前述的目标和过程一脉相承，都是确保目标的实现，突出表现为各种量化评价体系的存在，包括学科评价。上层设计本质上遵循的是治理的因果逻辑，假设目标可靠，因为过程对标和操作控制，所以结果可达预期。实践中，很多政策的设计到实施都具有严格程序，但效果却差强人意。但问题的关键是，上层设计的治理逻辑往往无法控制最终的结果，目标—过程—操作并不意味着最终结果与目标的一致。例如基础教育阶段的“双减”政策，从目标到过程到操作都严格按照政策要求落实，但最终的效果却并不理想。结果之所以不能达到预期，根本原因在于一方面从目标的设计开始有可能就存在与真实客观的偏差，而这种偏差在小数据技术环境中是难以知悉的。因为没有对整体事物的客观把握，就没有相对准确的标准确保目标设计的信息和数据基础是否科学合理。另一方面，在操作过程中的很多变量和杂音被排除，而这其中很可能会存在与原始目标不一致但却有用的信息。治理的因果逻辑排除了相关逻辑，但大数据时代数据的关联逻辑往往会产生不一样的创造性成果。例如全球最大零售商沃尔玛公司在对历史交易系统进行整理分析的时候发现，每当飓风来临之前，蛋挞的销售额提升了。尽管不知道蛋挞与季风之间存在怎样的关联，但数据决策使得该公司在每次飓风来临前将蛋挞放在手电筒等飓风用品的旁边。[①] 据此，大数据的治理逻辑是一种关联逻辑，这种关联逻辑不需要提前假设、不需要目标设计，只需要直接进行数据分析和处理，根据下层数据分析得出结论，而不必寻求这个结论的原因。

（三）大数据技术赋能下的治理呈现质效协同

质量与效率（速度）之间在各个领域和行业都存在张力，大数据技术不仅仅将原本不可能的数字化存储的信息进行结构化处理，更重要的是海量的存储能力使得这些数据还可以及时动态更新。换言之，人们动态获取信息和知识的时间成本极大缩小，事物运行的效率极大提高，尤其是重复性和机械性的工作准确率和速度超越工业社会的传统认知。同时，速度的提高并没有消耗更多的资源，反而集约高效推动了问题的解决和事情的进展。这意味着，大数据时代的治理变得更加高效和便捷。但当一般性、重复性和程序性的问题被技术创新所解决时，更高层面的问题会随之产生。例如，经济的结构性问题、复杂的社会性问题、个体的差异性诉求满足等。一方面，大数据解决了治理中的效率问题，但另一方面，大数据又对社会提出更高的质量需求。大数据技术赋能下的治理主体要更加关注复杂问题、系统性问题和个性化满足等人的发展层面和情感层面的需要。从这个意义上而言，大数据要通过技术治理实现人本治理。

---

① 国家制造强国建设战略咨询委员会、中国工程院战略咨询中心编著：《智能制造》，电子工业出版社 2016 年版，第 85 页。

二　大数据技术推动社会结构变革

工业社会的职业形态相对固定，很长一段时间社会的阶层划分几乎是按照人们的职业来划分的，譬如，企业家、工程师、医生、教师、技术工人、服务员等，从这些职业形态上基本就可以确认其所属的社会阶层。整个社会结构也基本上是以职业为标准进行划分的。但大数据技术则打破了这种工业社会结构，“数据”亦成为重要的阶层划分标准之一。大数据技术推动人工智能、物联网、5G、云计算、区块链等赋能传统经济社会，并催生新兴业态，技术快速迭代又持续创造价值，受到决策者的青睐。因此，掌握尽可能多的数据和信息成为一种主流的“治理逻辑”。这样的治理逻辑使得无论是高校、政府还是企业都寻求对数据的控制，政府着力打造“数据谷”“数据园”，高校积极建设“数据库”，企业尽力拓展数据渠道。大数据时代的技术变迁是互联网、人工智能等技术的集成，这些技术成果又需要图像识别、自然语言处理、数据挖掘等一系列技术集成。换言之，要完成对数据的掌握，尤其是大数据的获取存储，并非个体力量所及，而需要大机构、大单位完成。这就意味着，掌握数据资源的机构，必然要具备掌握复杂创新技术的人力资源和物力资源。数据的获取和存储能力成为大数据时代的发展起点和竞争优势，并以此成为重新划分社会结构的重要依据。而这种对数据量的需要同时也蔓延到各个行业。显然，有掌握数据资源的人，则必然有交出数据的人。例如“为了换来免费的电子邮箱，或者为了参加一个小游戏，也许是为了网购，我们亲手把个人信息交给各大企业，从而在不知不觉中交出了自己的数据自由和数据财产”。①大数据时代也日益形成两种对立的阶层，即有数据阶层与无数据阶层。有数据阶层掌握“流量”，而无数据阶层贡献“流量”，这进一步变革了社会的职业结构，工业社会稳定的职业结构在“数据流量”追求下更加多元和多变，传统的职业标准形成的社会结构与新的数据流量标准形成的新兴社会力量共存，并逐步变革了工业社会的生产格局和生活方式。当然，新的社会阶层分化也带来了重要的问题，即数据作为一种日益重要的生产性资源，日益成为核心的竞

① 马拥军：《大数据与人的发展》，《哲学分析》2018 年第 1 期。

争要素。那么，未来人工智能与万物互联的现代化技术成果是否能够为大数据时代的每一个个体所享有，可能会取决于那些数据和算法的掌控者，取决于有数据、有流量的大型机构和组织。因此，大数据与有组织的集中式数据处理（算法）成为追求卓越的“上层逻辑”，被赋予了“高质量”内涵，这其中也包括高等教育的学科治理。

三　大数据技术推动知识生产制度的变革

大数据技术推动治理方式和社会结构变革，教育作为社会的重要领域，其治理方式也面临变革需求。高等教育作为直接与社会接轨的教育层次，受到前述变革的冲击更甚，其自身的变革要求更强烈。学科显然是高等教育的核心竞争力，从某种意义上说，高等教育的治理现代化与学科治理的现代化是高度伴随和休戚相关的，甚至后者在某种程度上可以决定前者。而学科是一个复杂的系统，既包含浩瀚的知识体系，也内含多元的制度结构，学科本身就是一个蕴含多样海量数据的复杂系统，在知识爆炸式增长的社会要掌握完整的学科数据变得越来越困难。但大数据治理的“上层逻辑”和社会普遍的数据导向，往往让学科治理现代化趋向于更全的数据、更强的技术追求。显然，掌握大数据和最优算法的学者和高校，往往拥有较大的学术声誉和较多的学术资源，如同那些掌握“流量密码”的大企业，“一流学科”始终倾向于学科数据流丰富的组织，“一流成果”大多来源于多样化的数据样态和确定性的普遍规律，“一流学者”也普遍掌握更多的数据信息且具有集中式大量数据处理的能力。以至于在大数据时代呈现出一种与小数据时代类似的学科治理困境，即优者恒优，弱者恒弱。换言之，大数据时代并没有因为数字信息技术的发达让更多后发高校和薄弱学科享有平等的数据红利，实现“一流”提升。正如信息技术对人们沟通时间成本的大大缩小并没有使得人类的生活更加悠闲那样，社会因为技术的发展进入了加速状态，而这种加速状态加剧了原本的差距。换言之，高校学科发展的差距并没有因为技术的发展而缩小，反而因为技术的发展而拉大了。这种情况显然是存在的，尤其是大多数中西部高校、地方性高校仍然在“二流”与“末流”之间挣扎，它们在同一个赛道与优势高校的学科差距似乎越来越大。显然，高校要依托学科实现“弯道超车”式的发展越来越难，但这种发展不能仅仅依靠对“数据量”的掌握和技术的盲目信仰。如前所述，大数据技术推动的并非技术本身的变革，而是社会结构和治理方式的整体性变化，这种变化对学科而言不仅仅是对知识的数量和内容的变革，更重要的是生产出这些新知识的制度模式。在大数据时代，学科更多的要从制度维度探索创新渠道和举措，如何通过制度创新获取技术和数据是缩小这种差距的重要途径。对于学科而言，一个重要共识是大数据时代要想真正赋能到不同类别和层次的学者、学术组织，需要把“一流学科”的标准尽可能特色化、本土化、差异化。同时，需要认识到掌握大数据和大算法与掌握小数据和小算法都应该成为大数据时代的学科治理内涵，尤其“在很多应用场景中，出于数据的可获性及其成本、时间乃至人们的认知能力、阅读心理等相关因素影响，人们面对或者能够直接处理的数据往往是有限的、部分的。”① 现实中，学科治理的诸多决策大多源自小数据。小数据是大数据的一个部分，其体积小、易理解、算法简单，且“主要来源是抽样调查、探访、行政记录和实验设计等传统统计方法”。② 它通过透彻的局部数据分析、代表数据转换、个别数据应用能够让学科治理真正触及“活的”问题，“窥视”到大数据难以顾及的“感性体验”，有效互补大数据的计算盲区，推动合作导向的学科制度生成。

第三节 学科治理在大数据时代的小数据价值

学科治理充分利用大数据的信息技术环境，对小数据进行深度挖掘是推动实现学科发展“四个面向”③ 的关键。大数据的“大”，并不止于获取、传输、存储数据的“量”的层面，更重要的是处理这些海量数据

---

① 陈国青、张瑾、王聪、卫强、郭迅华：《“大数据—小数据”问题：以小见大的洞察》，《管理世界》2021 年第 2 期。

② 解明明：《大数据时代“小数据”在政府统计中的作用》，《中国统计》2016 年第 7 期。

③ 习近平：《面向世界科技前沿面向经济主战场 面向国家重大需求面向人民生命健康 不断向科学技术广度和深度进军》人民网，2020 年 9 月 12 日，http：//cpc. people. com. cn/n1/2020/0912/c64094 - 31858846. html。

的计算能力，即“算法为王”[①] 的“质”的环节。从数据视角来解读大师与大学（学科）的成就关系，根本上是学术大师们善于掌握解锁问题的算法（方法），能够有效提取“无用”数据中的“有用”信息，并实现知识与应用的转化。显然，算法的重要性意味着大数据时代学科治理的数据获取和存储（包括学术积累、学术资源、信息对称、平台技术）只是“一流学科”的基本配置。要实现学科内涵式高阶发展，必须深入挖掘不同学科知识、研究范式、培养模式的点数据和条数据等小数据算法，推动形成学科制度的应用性、学术性和社会性治理实效。

一　应用性价值：学科知识交叉关联更加精准

学科长期发展形成的固有意识形态是“有序的知识分类体系”，这种分化的知识格局在以信息和知识关联性增长为主流的大数据社会，难以突破知识领地和学术疆界实现知识聚合与学科集群创新。复杂思维、相关思维和预测思维作为大数据时代超越工具价值推进社会变革的三大思维方式,[②] 其价值不止于技术赋能学科治理，更重要的是利用大数据思维可以打破学科长期以来知识分化的固有意识形态。复杂思维源自大数据社会，使全样数据的获取、存储成为可能，预测思维决定了对现状数据处理分析的根本目标是面向未来决策。前者提供了充沛便利的数据获取技术和条件，是大数据社会的基本底色；后者侧重数据的应用与实用转化，是大数据社会的价值指向。二者之间必然要通过关联思维在夹杂着无效信息的海量数据中提取有效数据集合，即更加精准的“小数据”，才能做出对未来尽可能准确的预测。换言之，这种在海量数据中去粗取精的“小数据”提取过程也是利用大数据万物互联的底层规律推动信息与知识关联集成，将知识信息转化为实际效用和具体行动的应用研究过程。由此可见，大数据时代的关联思维与小数据的实用价值是相互成就的关系，关联方式（算法）决定小数据的实用程度，实用精准的小数据集合

① ［以］尤瓦尔·赫拉利：《未来简史：从智人到智神》，林俊宏译，中信出版社 2017 年版，第 75 页。

② 刘姝：《运用大数据思维盘活“小数据”价值——浅析皮书数据库的大数据应用尝试》，《出版广角》2020 年第 6 期。

在大数据的技术赋能下既独立又互联，并最终推动“块数据”的综合性应用模式生成。基于此，应用导向和问题导向的学科知识交叉关联本质上是学科知识的小数据集合，如果一项学术成果成就是一个点数据，那么同一个研究领域或者学科领域的成果集合则是条数据，点数据与条数据充分交叉关联才能构成一个更加综合集成的块数据，最终不同学科领域的块数据互联融合构成大数据的“万物互联”，生成一个学科集群创新发展的样态。因此，大数据时代学科知识的市场转化和应用研究根本上是以“小数据”为基本单位推进的。那种以数据信息获取数量和信息技术高低衡量学科治理现代化程度的意识行为，仅仅是停留在大数据的“复杂思维”的工具层，并未触及学科知识交叉的算法核心——即有效信息的关联方式探索。掌握“小数据”的提取与转化方法（算法），也意味着一个更加精准的研究问题画像，一个更加独特的研究方法创新。学者对现存问题描述越透彻聚焦，对现实处境越清晰明确，解决问题的具体办法也越加务实有效。实际上，学科交叉与知识对流之所以难以突破学科知识固有领地、学科的分化意识形态之所以难以撼动，直接原因是没有形成一个类似块数据的学科集群。但深一步思索根本上是同一领域和学科内部的点数据并未深度整合，譬如，同一学术机构和学科领域的学者之间的研究数据与阶段性成果并未充分共享。正因如此，学科治理中的跨学科决策和行为更需谨慎，“假如（学者）没有广博扎实的学养，学科不能靠抖小机灵随便‘跨’”①。跨学科交叉一方面是学术文化和思维方式的迁移转化，另一方面是学科知识的集成创造价值发挥。要实现后者，根本前提是对本领域、本学科知识成果的融通理解和深入掌握，这恰恰需要依托小数据的关联方法和实用价值。当学科治理能够充分盘活本学科领域的小数据思维和行动时，离大数据的智慧互联也就不远了。

二　学术性价值：研究方法横纵结合更加理性

学术研究方法从数据治理的角度来看，是一种算法的选择和创新，方法选取的适应度直接影响研究结论的可靠性与客观性。“算法”二字来

---

① 孙歌：《把藩篱变成翅膀——谈谈问题学术的边界》，《开放时代》2022 年第 1 期。

源于《周髀算经》，是解决特定问题的方法[①]，其作为一种解决具体问题的结构化、程序化方案古已有之。最古老的欧几里得算法是典型的符号计算，尤瓦尔·赫拉利则把生物进化归结于算法，认为“每种动物都是各种有机算法的集合，经过数百万年进化自然选择而成”。[②] 学术研究方法本质上也是解决特定研究领域的特定方法，如果印刷技术主导的小数据时代学术研究侧重样本数据与抽样数据的小数据分析，那么人工智能技术主导的大数据时代学术研究则强调全样数据的“强关联”提取。小数据获取和处理得出的研究成果是具有因果关系的线性数据结构，大数据的研究范式是具有多种关联数据集合而成的“树结构”或者“图结构”。后者基于计算机构建的数据模型（计算机算法），数倍于人力计算量，往往对问题和现状描述更加全面和客观，受到当下各种学术组织、学术主体的追捧和热议。

但大数据的局限性也导致关联式算法存在偏差：一是获取的数据并不完整。大数据对全方位数据的搜集只是一种理论上的蓝图预设，即“社会的方方面面均可以被大数据测量和监测，通过计算来解决或优化社会问题”[③]。实际上，一方面可被数字化和网络传输的数据信息并不充分和全面，另一方面一些数字化和智能化整体程度不高的社会、地区抑或行业领域，能够用于实际共享的数据并不完整。在基础数据缺失的情况下，展开数据关联分析而得出的结论自然失之偏颇。学科治理也同样面临这种情况，即便建立起学科知识、学科治理或者学者信息数据库，也只是点式的小数据集合，并不始终全面反映问题与表象，要实现大数据环境下的绝对信息对称和知识有效提取并不容易。对于不同的高校和学科而言，能够尽可能搜集存储学科问题领域的小数据，从“小设计”的理念[④]上开展研究更能够达成地方性和独特性创新。二是获取的数据并不

① 吴及等编著：《数据与算法》，清华大学出版社2017年版，第16页。

② ［以］尤瓦尔·赫拉利：《未来简史：从智人到智神》，林俊宏译，中信出版社2017年版，第289页。

③ 刘永谋、李尉博：《从“大设计”到“小设计”：大数据时代的社会规则之变》，《哲学分析》2022年第1期。

④ 刘永谋、李尉博：《从“大设计”到“小设计”：大数据时代的社会规则之变》，《哲学分析》2022年第1期。

实用。如前所述，并不是每一个组织和个体都能共享数据、提取信息、转为知识。大多高校和学者仍处于“少数据”甚至“无数据”地位。在这些高校，科学研究在掌握政策、获取信息和赢得资源的办法不多，这就决定了通过知识和学科关联的方法取得创造性和传世性成果并不存在优势。盲目跟风大数据的“上层逻辑”，动辄成立跨学科平台，开展复合专业交叉培养，开展学科集群化建设，如果不匹配学科和学校的数据获取和分析能力，即便获得了大量的学术研究相关数据，也只是无用数据。突出表现为这些交叉培养和研究平台的创新动力与持续活力匮乏。早在春秋时期，老子就得出“上必无为而用天下”“下必有为为天下用”的治世智慧，在学术研究基层和前沿，必须将大数据的“抽象愿景”与小数据的“具体方案”结合，关联思维与因果推理结合起来，才能获取更有价值的实用知识。三是获取的数据并不客观。即便数据能够摒除前述的局限，实现全样态、无死角的理想状态，研究者在通过关联式算法提取有效信息的过程中也存在主观意识倾向，数据社会仍然不能违背人的发展意愿。即便是计算机和信息技术已经相当发达，“无意识算法”也不能完全实现。譬如，脑机接口技术，从化学与生物学视角来看，“即使它未来有了飞跃式的进步，也不可能通过脑机接口全面接管和控制人的意识”①。即便在大数据的关联思维主导下，学术研究的方法仍然离不开人的主观算法架构，更何况关联式数据分析只能反映表象和行为，并不能揭示人的深层思维。尤其在社会科学研究领域，小样本数据、个体的访谈实验、阶段性成果这些小数据在具体问题的因果论证上往往因为足够聚焦、问题小、数据精，在人力范围以内的计算也具有可靠性。

三　社会性价值：人的培养自下而上更加合理

小数据的“下层逻辑”有助于学科布局在持续调整和渐进变革中不断优化，推动实现从学科“人才”培养到“人的”培养的学科育人方向转化。大数据技术赋能各个领域和行业已成为普遍期待，“强人工智能”甚至“超人工智能”的未来社会预测也是基于人们对大数据的充分信赖。

---

① 周丽昀等：《人工智能与人类未来的跨学科对话——从交叉到融合》，《哲学分析》2021年第5期。

这种对大数据的迷信是源于人们相信在大数据治理下的社会，一切皆能够被数字化并且通过算法使其呈现出结构化状态，所有的数据结构都能够在技术支持下智慧联结。由此引发了人们对“人机关系”超越人脑，走向“无意识算法”的超人工智能的“终极社会形态”的伦理担忧。事实上，“一切皆可被计算”的大数据认知前提并不成立，因此，基于这个前提对未来社会的预测也并不成立。一方面，人的非理性、非结构化状态是无法计算的。“网络科学家可以测量出你在76%的时间里与6名同事的社交互动情况，但是他们不可能捕捉到你心底对于那些一年才见2次的儿时玩伴的感情”。[①] 数据可以记录人的社会交往和浅层状态，但它不能揭示这些交往背后的深层情感、因果关系与价值观念。换言之，大数据可以表达相关性，却无法给出这种相关关系的因果解释，无法深入个性化、具体化、本土化的学科育人场域之中，难以深度解释“人的”需要。长期以来，学科布局习惯于“育才”为主的知识布局，学科分类格局下的教学体系也格外重视“知识培养”。由于知识可以被编码和计算，有的知识体系（譬如数学、理论物理）本身就是由物相抽象而成，在机器与算法的合力下知识从印刷物上转化为以“‘BB’（brontobyte，千亿亿亿字节）为单位”[②] 的海量数据库。知识爆炸式增长瞬间即可超越人力所及的范围，学科成果的竞争和排名在不断量增的“知识计算”下更加“内卷”。但学科治理的根本宗旨是“育人”，人的成长不只有“知识维度”，还有“情感维度”“价值维度”。精确的知识规划和设计，无法解释并观照人的精神成长，导致缺乏基本是非观念和伦理道德的师生行为滋生。另一方面，即便是可以被量化的事物，也因前述大数据获取的“不完整”“不实用”“不客观”等局限，致使“一切可掌控”“一切可计算”“一切可预测”的认知存在偏差。概言之，大数据治理强调对确定性的掌控，并对目标和愿景十分清晰。小数据治理则不具备强大的计算能力，无法做到对“确定状态”的掌控。正因如此，小数据治理可以在具

---

① ［美］戴维·布鲁克斯：《“大数据”时代，什么是数据分析做不了的?》，《消费日报》2015年6月25日第A02版。

② 唐文芳：《大数据与小数据：社会科学研究方法的探讨》，《中山大学学报》（社会科学版）2015年第6期。

体实践行动中不断对接现实情境来更正算法，持续修正调整局部数据，以应对环境变迁和技术变化的冲击。而现实社会的不确定性是确定的，学科在发展和治理中调整布局、适应人的发展需要是当下的最优算法。此外，从学科育人的知识维度而言，小范围的样本和个案分析能够推进现实的人的深度学习和自主创新。当浅层知识（可编码和计算的知识）可以有多种大数据渠道来源的时候，掌握的小样本数据、针对细节研究、获取高深学问、实现社会价值则成为未来智能社会的育人导向。

学科治理一直以来侧重追求卓越的规划和愿景设计，强调尽可能确定一个完美的发展蓝图，把宏观愿景和规划目标与实际落地之间的过程差距归结于规划的“不合理”。殊不知，这本质上是预设了一个学科发展过程的完美样态，一个能够全方位被精确掌控和计算的学科属性。这是大数据治理“上层逻辑”主导的学科发展架构，其问题在于这种预设并不完美。完美的愿景可以通过大数据描绘，但完美的实施方案只能在差异化的学科治理实践中不断修正而成。换言之，学科治理实效不是预测实现的，而是回望实践过程之后幡然觉醒和总结的，经验和方法总是蕴含在治理过程之中。面向 2035 的学科布局，根本上要从大数据自上而下的“知识布局”导向小数据自下而上的“需求布局”，而学科发展最大的需求是要实现人的全面发展。人作为社会关系的总和，关注人的发展就是关注社会发展。人的社会性发展既包含人的知识积累，也包括人的创造力培养，更需要人的审美、情感、价值、品德的健康成长。围绕“人的培养”的自下而上的多元化学科布局，具有本土化特点、差异化结构、个性化关照，能够推动学科服务师生展开“深度学习实践”和“个性化培养”，推进学科人的全面发展，而这些也是小数据的价值内涵。

第四节　学科制度在大数据时代的小数据困境

小数据价值必须以大数据“万物互联”的社会样态为前提，否则小数据观照特性、深度解释的数据价值就难以融入大数据时代规模化、集中式、高效率、结构化的数据处理进程，也无法建构起高速互联的智慧治理体系。数据管理自人类社会开始就一直存在，数据治理与社会历史进程是高度伴随的，譬如，丈量土地、地租税收以及建造工程等都离不开数据测算。因此，有学者将大数据时代之前的算法和数据管理时代统称为“小数据时代”①。就今天的学科制度而言，分科分类的学术组织、研究体系和培养结构根本上是小数据时代的产物。人们习惯于在有限数据环境下解决问题，习惯于对客观规律和世界的认知方式从局部的、具体的、典型的样本数据和案例切入，学者也习惯于在自己的领域或者实验室独立自主开展工作。学科制度与知识分类成为孪生姐妹，并演变为鼓励竞争、追求确定、强调适应的制度文化。当这种根深蒂固的意识形态和制度文化与大数据更完整、更客观、更多样、更宏阔的数据环境相遇时，小数据形成的学术生产关系已经无法适应大数据时代对知识生产能力的综合性、系统性要求，也进一步导致数据权力分化带来的学科发展失衡的问题。大数据作为新的生产性资源，从数据视角剖析这些问题是从生产关系和生产方式的根源解构学科建设的质量问题。

一　研究成果呈现点数据形态，集群创新匮乏

小数据时代的学科制度根本上是鼓励竞争、弱化合作的，大数据时代预测未知挑战、增强发展韧性、化解系统性风险等复杂问题成为国家现代化过程的新常态，学科制度要从鼓励竞争走向鼓励合作，推动学科集群式互补互联的创新样态生成。小数据时代延续至今的学科制度之所以是竞争性主导的，主要凸显在学科研究成果的点数据样态。具体而言：一是研究成果缺乏纵向合作，有影响力的条数据成果不多。就同一学科领域或者同一问题领域而言，阶段性成果呈现分布式的点数据状态，同一知识域和问题域之间成果共享、数据对流形成体系化的条数据形态并不显著，突出表现在学科“有学少派”甚至“有学无派”。“学派是学者自主形成的学术联盟或共同体”，并“运用相同或相近的理论、方法、术语、概念，就共同感兴趣的主题开展自主的学术研究”。② 一个有话语权和影响力的学派形成，需要同一领域的学者坦诚相见、精诚合作，尤其是学术成果毫无保留地共享交流、互帮互助。譬如，中国理论化学学派

① 马拥军：《大数据与人的发展》，《哲学分析》2018 年第 1 期。

② 黄明东等：《论学派要素培育与大学学术进步》，《教育研究》2015 年第 6 期。

的唐敖庆、卢嘉锡、徐光宪三位理论化学科学家在20年间的互相提携、紧密配合，终于跃升国际舞台，被国际同行称之为理论化学的“中国学派”①。但现行的学科制度模式下，教师评价制度、科研奖励制度、职称晋升制度统统都缺乏实质性的合作导向、集体导向、组织导向。同一学术组织、学科平台的学者之间，存在广泛的个体竞争关系，学术成果关系个体发展利益，学科内部的创见集成、集体公关难以自发形成。学科内部成果零星分布，难以体系化、结构化，学术创新后劲不足、活力不够。二是研究成果缺乏横向合作，集成式创新的块数据空间不多。学科内部的成果难以集成各家创见、接续创新形成体系化的条数据，那么跨越更大的制度壁垒，在学科之间、学术组织甚至学术组织与社会组织、政府组织之间的跨界数据共享与合作，就更加艰难。一方面，学术组织之间存在竞争关系，包括办学资源竞争、学术声誉竞争、招生培养竞争，这些竞争压力往往落到基层学术组织并纳入其学术绩效和工作绩效考核，因此在学术组织之间坦诚的数据交换与成果共享亦不畅通。另一方面，学术评价制度缺乏对横向课题和应用类项目的标准建立，政策要求与具体落实还存在差距。致使学术领域与实践应用领域的数据信息交流缺乏动力，尽管鼓励教师深度参与行业产业和乡村社会工作，积累实践性经验，但缺乏激励机制和保障制度。譬如，有的地方高校收取学者横向研究高昂的管理费，参与实践性课题的管理规则与学术类课题标准一致，导致横向研究水土不服，进一步导致了学术成果向市场和地方转化的平台不多。学科发展缺乏产业和本土支持，就难以形成块数据化的学科集群空间。三是成果交流缺乏共享机制，知识资源获取规则受资本主导。在学术场域内成果共享交流也缺乏共享机制，成果的数据化、数据库、数据网络即便形成大数据系统，但普通学者的使用也需要付费使用。一旦这种成果数据库形成垄断，少数资本控制了海量学科成果数据，学者反而成了无数据阶层。商人和资本掌控了海量的知识数据库，但学术成果在大数据环境下仍然处于小数据的分散状态。近年来，越来越多的学者发起了对这种学术数据垄断的抗议，譬如“赵德馨诉知网案”“山东省女作家唐效英诉知网案”“中科院停用中国知网”等。这些统统表明，大

① 乌力吉：《中国理论化学学派的形成和发展》，《自然辩证法研究》2009年第4期。

数据时代小数据的合作共享仍然步履艰难。

二　学者数据能力两极分化，中坚力量薄弱

大数据时代人们掌握了数据和算法就掌握了社会物质生产方式，学者掌握了学科场域的数据获取和数据处理能力，也就掌握了学术生产方式。大数据时代学者能够快速获取信息、广泛掌握数据、高效完成工作，理论上数据资源冲破小数据时代的技术局限，在更多、更广范围内面向所有学者开放，学者之间的数据能力差距理应缩小。同时，数据获取的便捷度节约了学者开展研究的时间成本，能够用于思考和实验的时间更多，独创性和传世性的成果应该持续产出才对。但事实并非如此，“当所有事情的实效性变短，就意味着社会变迁加速，社会变迁加速必然要求生活步调加速。”① 如此往复循环，社会就进入了哈特穆特·罗萨所批判的“加速社会”②，社会分工越来越细、时间要求越来越紧、工作节奏越来越快。整个社会陷入快速运转的“加速社会”，这反而加剧了学者群体的等级分化和发展失衡：一方面大数据环境的加速特性催生不确定性，致使普通学者追求确定的小数据研究缺乏说服力。大数据技术推动物联网、区块链和人工智能技术发展，技术迭代迅速，同时人们的生活工作方式也迅速更新。尤其是知识结构严密的硬学科领域，大数据环境赋能这些学科领域，推动新科技、新技术、新产品不断更新换代，社会因为加速发展而充满变化，不断应变是大数据社会的运行规律。“学术精英”长期处于资源的高配地位，能够敏锐感知并捕捉最新的学术动向和生产方式，迅速掌控前沿数据并保持学术地位和学科优势。他们能够参与国家政策的制定与决策，或者处于“双肩挑”的学术与行政集权地位，其获取数据的能力和渠道难以被普通学者所模仿，其成果的时效性、客观性和普适性随之增强。与此相反，普通学者缺乏学术地位和声誉，只能依托小数据平台（所在高校、地方）和方法（抽样、访谈等）展开局部

---

① 林小英、刘明：《“处长级教授”：高校“双肩挑”个体的时间社会学研究》，《南京师大学报》（社会科学版）2022 年第 6 期。

② ［德］哈尔特穆特·罗萨：《加速：现代社会中时间结构的改变》，董璐译，北京大学出版社 2015 年版，第 83 页。

和个体研究，尽管成果的确定性较强，但因为大数据环境的加速度变更，追求确定难以适应变化的速度。例如“抽样框不稳定（人员流动、机构变更频繁等），随机取样困难”，“事先设定调查目标”导致结果一旦与目标不一致，“纠偏成本较高”。[①] 小数据的局部性、瞬时性致使学术场域对小数据研究者并不“友好”，一项对 5138 位高校教师的访问研究中，84.5%的高校青年教师认为自己处于社会中下层。[②] 并且其职业焦虑的首因是“学术发表”[③]。另一方面大数据社会的数据集权特性加剧了学者之间等级划分。数据作为生产性资源能够决定权力分配，大数据的数据集中式获取和处理既是数据集中，也是权力集中。大数据的集权特征决定了学者不仅仅要获取数据取得成果，更重要的是他们需要通过新成果、新创造获取学术声誉和社会地位。“学者需要通过发表自己的研究成果来赢得学术声望，领导学术圈子”。[④] 如此一来，学者除知识主体定位以外，往往附加了各种相关背景。这些背景和机构往往是划分学者等级的重要标准。包括学者的“本科及研究生教育背景（毕业机构的声誉和地位）、工作机构声誉与环境、职业流动、学科特点、导师关系等”[⑤] 建构起了学者研究工作的数据来源结构和渠道，也可以视为学者数据权力的来源。显然，这些背景机构和工作经历本身是等级分明的，不同等级的机构、学科、经历、导师声誉决定了学者的数据权力等级。显然，学术声望高的学术机构等背景具有集中处理强大数据的能力，而学术声望低或者无学术名气的组织和个体则只能汇聚小数据。近年来形成的高校学者特有的“青椒”阶层就是这种等级分化最好的印证。这些青年教师缺乏大数据渠道，背靠小数据机构和平台，有的“学术出身”较低，缺乏过硬的数据处理能力，综合各种原因，这类学者的数据权力低下，只有展开小

---

① 朱建平等：《大数据时代下数据分析理念的辨析》，《统计研究》2014 年第 2 期。

② 邹佩耘：《高校青年教师职业倦怠的归因与引导——基于“混合四因素模型”的分析》，《中国青年研究》2023 年第 1 期。

③ 田贤鹏、姜淑杰：《为何而焦虑：高校青年教师职业焦虑调查研究——基于“非升即走”政策的背景》，《高教探索》2022 年第 3 期。

④ ［英］托尼·比彻、［英］保罗·特罗勒尔：《学术部落及其领地：知识探索与学科文化》（重译本），唐跃勤等译，北京大学出版社 2015 年版，第 81 页。

⑤ 阎光才：《学术系统的分化结构与学术精英的生成机制》，《高等教育研究》2010 年第 3 期。

数据研究，甚至干脆“躺平”。譬如，有学者就提及“没有‘大佬’带的‘青椒’，根本不要妄想得到发展，这些年也看透了，也麻木了”[①]。尽管这种认知较为极端，但也是那些生活在学术场域中的小数据、无数据学者的真实反馈。

三　学科育人面临复杂数据，治理效能不高

“育人”是学科的价值原则，人的发展从来都不是抽象的、宏观的、概念化的，而是具体的、个别的、现实的，身处变化的情境和复杂的关系之中。小数据时代的学科制度是通过一般化、标准化和程序化的治理，对高度结构化、规范化的育人数据进行处理。譬如，学生的年龄、分数、竞赛获奖、学历层次以及工作单位等，这些数据通过一张表格就能够完整地存储和精准提取。这种建立在结构化数据处理基础上的学科治理，能够快速读取学生信息、掌握育人成效，很好地完成了小数据时代，尤其是工业化社会要求的学科育人重任。但大数据时代学科治理面临更加复杂的数据结构，“大数据不仅包含结构化数据，更多的是指半结构化的数据和非结构化数据”。[②] 但实际上“全球将近87.5%的数据未得到真正利用，85%以上的是非结构化数据和半结构化数据”[③]，高等教育的学科教育也亟须在大数据时代处理更多的非结构化和半结构化数据，例如学生的发展性评价、课程思政的价值引领过程及成效、学生的心理健康教育与创业创新教育。这些非结构化数据有的难以融入小数据时代沿用的规范体系之中，有的则通过半结构化的方式被粗放纳入各类管理工作之中。例如学生的个人档案在存储其学习经历和社会实践经历的这类数据时，就无法体现出价值追求、情感偏好以及深层动机等内容，能够看到的仅仅是结构化处理的阶段性、结论性数据和资料。即便是这样，学科治理仍然因为大数据社会的加速特征和海量数据，致使小数据处理框架下的学科育人工作成本高筑，效能低下。首先是时间成本投入高。学科

---

① 邹佩耘：《高校青年教师职业倦怠的归因与引导——基于“混合四因素模型”的分析》，《中国青年研究》2023年第1期。

② 朱建平等：《大数据时代下数据分析理念的辨析》，《统计研究》2014年第2期。

③ 秦晓珠等：《大数据知识服务的内涵、典型特征及概念模型》，《情报资料工作》2013年第2期。

治理跟社会运行模式一样都进入了加速反馈驱动的体系，很多难以数字化和结构化的问题必须通过教师和管理者的“多做工作”来完成。这其中最突出的是学生的心理健康问题，管理者和基层教师需要耗费大量的时间和精力去解决不同学生个体的不同问题，而难以通过有效的结构化算法迅速精准提取学生的心理动向，变被动为主动。其次是机会成本投入高。学科教师之所以重教书、轻育人，很大程度上是因为育人面临的是复杂的非结构化和半结构化数据，小数据的处理体系、机构和方法无法及时解决。如果将自身定位为“教育者”，则往往容易失去“科研者”的高回报。基于机会成本的考虑，学科教师不愿意将育人的长期性作为教师的职业责任。最后是人力成本投入高。小数据框架下的学科教育体系主要通过“人力”来完成各类育人工作，基层学科组织和学术机构需要完成上一级学科组织的不同数据统计和处理任务，例如教务数据、科研数据、获奖数据、创业创新数据、心理健康数据、学生党建数据等。这些数据有的可以通过结构化的表格呈现，有的非结构化和半结构化数据只能通过大量的“材料”进行描述。这些小数据处理工作越来越需要更多的人力投入，这也是今天各类高校基层普遍存在的“缺人”“缺编”问题根源。显然，这些成本的投入并未获取理想的效益，学科治理的效能问题仍然是学科制度的痛点和难点。大数据时代如果不能解决非结构化和半结构化数据的处理问题，小数据处理体系和结构的变革仍然步履维艰。

第五节　大数据时代学科制度的小数据治理路径

前述分析尽管立足小数据价值与小数据困境，但却处处可见大数据技术和大数据治理的问题表征与根源。数据“大”“小”之分仅仅是一种阶段性状态，二者的划分只是小数据社会到大数据社会过渡阶段的一种区分概念。随着人们对大数据社会的运行逻辑理解加深，数据的大小之分也就退出了历史舞台。学科本体既身处小数据困境之中，又是解决这种困境的核心力量。学科唯有率先完成从“小数据”到“大数据”的自我革命，才能驱动数据社会的真正转型（完成小数据到大数据的社会过渡）。要完成这一转型不仅是信息科技处理非结构化数据的技术问题，也不能只关注结构化的编码知识如何交叉对流。更要看到在技术问题、知识问题的背后是学科制度维度的创新问题。制度设计层面树立“小共识”合作导向、制度运行抓住“创造者”身份转变，制度载体赋予“生活域”同等地位。以“小”数据关联“大”数据，两种治理方式和治理思维才能共生共促。

一　制度设计围绕“大共识”到“小共识”的合作转向

学科制度最重要的内涵之一是学科规范，它既规范学术组织中的学者关系，也规范学者的学术活动和行为。学科制度的规范又存在两种形式：一是内在的规训权力①，二是外在的政治权力。前者因为共同的学术研究范式、共同的学科领地文化以及共同的学术求真品性决定了学科制度需要对不同知识主体进行不同的学术规范性训练以实现学者的发展和学术的进步。后者则是彰显国家权力的科层体系下学科制度的外力约束和刚性要求，以实现国家和社会的发展。两种权力建构起学科制度的规范体系，并在这一体系下展开学术活动。小数据时代的学科制度从规训权力维度来看，具有典型的“专业化”导向，韦伯就曾评价“学术已经达到空前专业化的阶段，而且这种局面会一直持续下去”，并得出“今天任何真正明确而有价值的成就肯定也是一项专业成就”。② 个人的“灵感”“能力”和“努力”决定了学者在学术群体和组织中的社会地位和学术声誉。所有的学术活动规范是针对个体而非集体的，因为真正意义上自发的集体学术活动鲜少存在，因此传统的学科制度缺乏对学术合作的权力规训。从政治权力的维度来看，几乎所有的学科评价制度、学科奖惩制度等都鼓励学者以自己的学术专业而非整个学科领域进行工作。③ 小数据时代学科制度因为前述分析中数据获取和数据处理等局限，形成了一个竞争大于合作的制度结构。这种制度结构因为大数据时代的加速

① ［法］米歇尔·福柯：《规训与惩罚：监狱的诞生》，刘北成等译，生活·读书·新知三联书店2007年版，第184页。

② ［德］马克斯·韦伯：《学术与政治》，冯克利译，商务印书馆2018年版，第10—11页。

③ 庞青山、陈永红：《试析大学学科制度的功能与局限》，《清华大学教育研究》2005年第4期。

影响，迫使新的学科规训权力和政治权力都要着力走向一个从个体到集体、从竞争到合作的制度结构。而合作的首要前提是“共识”，小数据时代传统学科专业化、个体化、竞争性制度是基于一套标准统一的“大共识”，譬如，统一的学科评价标准、统一的学科研究范式、统一的学者发展路径（学术发表以换取学术职级晋升）。但“学术组织是由一些个性、知识、能力、地位、个人背景等方面存在诸多差异的学者及学科新人组成的，因而存在矛盾、竞争和冲突”①。在大数据社会加速变化、个性突出、需求细化的背景下，学科治理持续务实、高效运转，必须细化（具体化）学术目标、精简学科团队、缩小学科结构。唯有这样，才能在小的时空范围内达成高度共识，形成自发自主合作。因此，无论是学科内在的规训，还是外在的强干预手段都要聚焦“小共识”。在制度设计上表现为：一是学科训练鼓励学术批判和学术争鸣，规训学科“新人”和“老人”敢于质疑“学术权威”建立的“大共识”，培育学术场域对个别观点、局部成果、地方经验等“小共识”的同等尊重。二是学科政策要完善学科治理中“容错纠错”的制度建构和运行。大数据社会的复杂数据结构和信息渠道并存超出人类思维能力，决定了任何制度设计都是通过实践纠偏和循序渐进形成的。需要发挥基层学科组织等小机构、小团队的实践智慧和经验，首要是完善学科治理改革的“容错”和“纠错”制度，降低基层学科治理主体的“试错成本”，激活他们的创新活力、解除他们的后顾之忧。三是率先开展集体合作中的评价改革研究。尊重集体合作中的个体贡献，弱化学术评价中的排名文化，加强对跨学科、跨领域、跨地区的团队支持。改革完善高校人事制度中强化个体竞争的相关政策，譬如“非升即走”。学科治理自上而下的“大共识”标准建立往往牵一发而动全身。仅靠一个决策、一个人、一个机构来完成如此复杂的制度设计，要么制度在运行中因不符实际而失灵，要么治理行动违背制度初衷走向异化，都不能彻底解决小数据社会向大数据社会转型的痛点问题。“小共识”的制度设计理念，根本上认可大数据的不确定性、加速变化等社会特征，以小合作汇聚大力量，完成社会自下而上的复杂社

① 庞青山、陈永红：《试析大学学科制度的功能与局限》，《清华大学教育研究》2005 年第 4 期。

会转型。

二　制度运行聚焦“创新者”到“创造者”的身份转变

基于“小共识”的学科制度更加多元多样，各有各的运行机制和工作程序，研究者、教育者、学习者、管理者等学科人的活动直面更加具体、细致和现实的问题，学科制度需要全面打造学科“创造者”而不仅仅是“创新者”。长期以来，学科制度以“创新”为主流价值导向，亚里士多德在《形而上学》中明确指出“我们应须求取原因的知识，因为我们只能在认明一事物的基本原因后才能说明知道了这事物”①。于是学术发展经历了追求宇宙和人类的“本因”“物因”“动因”以及“终极因”等过程，“追因”以“求真”成为学术追求的本质。与此相辅相成的学科制度的演变发展，也日益强化学科人的创新发现和重大发明。因果推理、大胆假设、小心求证的线性思维既影响研究者本身，研究者也将这种思维方式扩大影响到学科的其他主体中。譬如，学生的知识结构是线性的，因为“因果关系”探索并不以多元复杂思维为核心；教师的教学能力是线性的，因为专业化的知识结构决定了跨界讲授的困难；管理者的管理程序是线性的，因为研究者新的知识生产出来，其“管理绩效”就得以彰显，绩效考核的标准也十分简单清晰，即创新成果是否通过学术发表的方式呈现出来。导致学科制度在这些不同学科主体之间强化线性行为，生成了一个以“创新”为终极目标的运行结构。在这个结构之中，前述的“大共识”标准化评判制度，加剧创新者等级化、创新成果等级化，小数据时代的学科体系更加分裂。有学者甚至感叹学术创新从“手段最终异化为了目的”，“其背后的哲学就是，研究者只负责研究，并写成论文公开发表出来”。② 大数据时代的学科治理不仅要认识世界，更要改造世界和预测世界，以应对加速变化和不确定性带来的现代性危机。要完成现代化的学科新任务，不能以“创新”为唯一运行逻辑，更要强化通过创新创造价值，鼓励学科人成为“创造者”。创新是创造的手段，一个具有创造能力的学科人，必然具备创新能力。但大数据社会并不满足一

---

① ［古希腊］亚里士多德：《形而上学》，吴寿彭译，商务印书馆 1997 年版，第 6 页。

② 王建华：《高等教育的持续变革》，南京师范大学出版社 2019 年版，第 26 页。

时一域的创新，而需要持续创造力，这意味着所有学科主体都要保持终身学习、跨界学习、生活学习等以不断重构更新理论与实践的知识结构，适应新的变化需要。今天，很多学科的改革都指向成果转化、产教融合、校企合作，高校的制度改革也主要指向研究者这个群体来展开，譬如，科研评价制度改革。但学科人理应囊括教师、学生、管理者以及决策者等多种角色，这些学科主体也需要在各自领域不断实现数据资源新组合以持续创造价值，具备“企业家”特质①。一定程度而言，其他学科主体的创造者身份转变决定了研究者的创造环境。从制度运行机制和程序优化来说，重点应加强对管理者的制度（运行机制）创新实践考核评价。学科管理者与研究者所处的个体境遇截然相反，前者是集体导向的，后者是个体导向的。突出表现在高校管理者缺乏对“工作研究”的兴趣和动力，一是因为个体的工作研究是“小数据”研究，缺乏普适性规律，不能为传统小数据学科体系所接受，二是由于工作绩效往往缺乏实质性的奖惩制度，这与研究者“非升即走”“科研奖励”的实质性利益挂钩导致的工作紧迫感截然不同。大数据时代学科数据获取、提取和算法的优化选择，伴随高等教育的普及化和交叉学科、新兴学科的发展，给学科管理者带来了更专业、更快速、更高效甚至更超前的服务要求。高等教育的管理团队理应以专业化队伍的身份投身管理实践研究，既要成为工作的行家里手，又能成为化解制度性问题的创造者。将学科管理者纳入制度创新应用考评体系之中，既激活学科治理团队的治理能力和创造能力，也为拔尖人才培养提供了更高效、更自主的育人环境。

三　制度载体叠加“学术域”和“生活域”的信息关联

制度设计与制度执行者需要在不同性质和结构的制度载体中完成治理。不同学科类别、学科层次、学科文化和学科问题的“小共识”制度设计和创造性管理者共同指向一个关照“具体”和“现实”的制度载体。制度载体有两层内涵，一是组织机构。高校是最大的学科集合机构，二级学院以及研究型平台等，只要在学科制度体系之中的组织机构都属于学科制度的载体。二是运行机制。这是制度落地落细的内在载体，是制

---

① ［美］约瑟夫·熊彼特：《经济发展理论》，何畏等译，商务印书馆1990年版，第89页。

度发挥功能的程序步骤和运转方式。在学科治理现代化改革之中，人们往往倾向于可视化的组织机构这类制度载体创新，譬如，近年来在各个高校兴起了以“复合人才”培养为目标的书院制改革。尤其在较多复合型师资力量不足的地方本科高校，书院的运行机理仍然是各科教师各上各自的专业课，与原有的分科制培养的区别仅在于上课地点的改变和课程的跨度加大。背后的逻辑是——学生的知识增长不是通过教师学习跨学科知识，融合本学科知识，传授跨学科新思维、新知识、新方法而来，而是靠学生本身的悟性和基础，把知识交叉融合的任务转嫁给学生个体。实际上，制度载体的结构化改革不在学术组织机构的新增与整合，而在制度运行的内在程序和机制是否突破了原有分科体系结构的不良束缚。从这个层面来看，小共识制度与创造性管理者需要一个能够联结学术域与生活域的数据关联运行机制。如前所述，小共识的制度设计必然更加关照具体实践和细节，教学管理、学生管理、科研管理等管理者的工作也必然更注重工作研究和制度创新实践。概言之，学科的具体处境和现实情境是学科运行机制的核心关照，正如马克思和恩格斯在判断历史社会形成的前提时，认为“人们为了能够‘创造历史’，必须能够生活”，而生活即“生产物质生活本身”。① 由此可见，这里的“生活”即社会生活、物质生活、经济生活。只有学术活动围绕人类的“生活”展开，这样的学科运行机制才能满足大数据时代人们对美好生活的需要。具体而言：一是创新改革学术人兼职制度。学术人兼职不仅仅是不同学术职业的叠加，也不能理解为“处长级教授”的双肩挑制度，而是要打破学者固化在高校围墙之中发表一域之见的体制束缚。探索学术人走向企业、行业、地方政府机构的兼职制度，并配套建立保障这类学者学术发展的配套制度，让学科研究者投身社会经济发展当中，向一线、向基层、向民生寻找学术新生。二是开放政府企业和行业的横向课题申报制度。当前，政府公布的研究项目往往是通过科研行政管理机构或者教育行政管理机构，经过自上而下的层层筛选申报来完成，容易造成学者在有限资源中竞争加剧，形成两极分化。要做强做大学科的中坚力量和青年队伍，就要帮助拓展这部分人的学术资源渠道。需要地方政府和高校打通交流

① 《马克思恩格斯选集》（第一卷），人民出版社 1995 年版，第 79 页。

合作机制，首要是政府机构和社会机构要建立问题研究机制，针对治理困境和复杂难题，不能通过问题上移和集体投票来决策。建立起面向高校研究者教师开放的工作研究、治理研究、专业研究机制，为高校师生参与“生活”研究提供丰富的资源渠道。三是高校要建立起理论成果与实践成果同等重要的评价地位。首要是职称职级晋升制度需要赋予两种学术成果同等地位，学术评审团队两种成果成员要占据同等比例。要鼓励本校内部的学生进行管理研究、教学管理研究和党建行政管理研究，以实绩实效为评价导向，纳入管理者职级晋升、考核奖励等配套制度之中。

在大数据时代，从国家战略规划和实际问题解决两个层面，都不约而同对中国特色的原创性、本土性理论和制度创新提出了要求。这一要求并非仅仅因为当前的国家地位崛起和人民更加自信自主，更重要的是技术变革带来的世界范围内发展方式的转变。这种转变最大的特征是世界从统一的标准变成了多种标准，从整齐划一的规模化生产变成了多元多样的个性化发展。尊重差异、突显特色成为主流文化，中国道路和中国特色的语境也正是遵循新时代高质量发展规律而提出的。学科制度的起源在西方，与之配套的研究生制度、大学制度以及学位制度等都是在西方分科制度的框架下建构起来的一套完整的学科制度体系。如前分析，中国的知识分类具有主体特征，譬如，以人物、地域为分类标准，具有高度的历史地理特征。西方知识分类标准，则聚焦研究对象。由此可见，中国的知识分类标准难以形成固定的学科分类，因为以人物和地域为标志建立起的不同的理论学派在知识结构上不具备十分严密的体系，处于动态变化的状态。而以研究对象为标准进行的分类，则十分稳定，不容易变化。小数据时代，国家处于量增阶段，以西方学科分类展开的人才培养和知识生产模式相对稳定和清晰，有利于推动实现工业的规模化和标准化生产，也更有利于财富的积累和增长。但大数据时代，个体化的发展需要和追求生活生产质量的发展轨道决定了知识分类需要一个动态的、变化的、与时俱进的知识分类标准。相反，稳定的知识分类结构不仅无法适应大数据时代的发展范式，还进一步制约了发展。

在这种背景下，中国传统的知识分类具备两大特征：一是知识结构的可变性。从春秋时期“诸子”为分类标准的百家之学，在各个时期都经历了不同学者的再阐释、再发展。例如就儒学而言，孔子的儒学重“礼”、孟子重“仁”，到了汉代作为国家主流意识形态的儒学更重“秩序”，宋明时期朱熹和王阳明则分别在古典儒学基础上发展出“理学”和“心学”。由此可见，源自同一理论基础的学派内部在不同时期具有不同的理论方向，以个体主张为标准的中国式知识分类，随个体的认知差异具有可变性、动态性。这种可变的知识分类，看似缺乏西方学科分类的科学性和严密的结构逻辑，但却具有特定时期、特定区域、特定人群的实用性。在追求个性化和差异化的大数据时代，这正是追求个体美好生活和体验价值的中国特色的学科知识分类途径。二是知识应用的个体性。以人为主体的知识分类来源于人对现实世界的主观信念，是对人与人的关系的解构，崇尚的是“入世哲学”。它与西方知识分类以揭示自然规律和宇宙奥妙为追求的“出世”目标不同，强调人的发展，重视全体人的美好生活，具有强烈的现实导向和应用倾向。在大数据时代，这样的知识分类标准对学科的应用发展和观照人的社会性需要具有重要的理论基础。由此可见，大数据时代与中国传统的知识分类格局具有内在规律与理论联系，提倡在大数据时代走出一条具有中国特色的学科发展道路也必然要关注小数据在大数据时代发挥起多样性、局部性和本土性的功能性价值。由此，大数据、小数据、学科与中国道路之间具有内在紧密的逻辑关联，理应系统整体推进到新时代的学科治理之中。

参考文献

一　中文专著

陈亮：《法理与学理——大学学术不端行为问责研究》，西南师范大学出版社 2021 年版。
邓正来：《学术与自主：中国社会科学研究》，北京大学出版社 2008 年版。
高兆明：《制度伦理研究——一种宪政正义的理解》，商务印书馆 2011 年版。
葛兆光：《中国思想史导论——思想史的写法》，复旦大学出版社 2004 年版。
官有坦等主编：《第三部门评估与责信》，北京大学出版社 2008 年版。
陆雄文主编：《管理学大辞典》，上海辞书出版社 2013 年版。
钱旭红等：《量子思维》，华东师范大学出版社 2023 年版。
石中英：《教育哲学的责任与追求》，安徽教育出版社 2007 年版。
司汉武：《制度理性与社会秩序》，知识产权出版社 2011 年版。
王建华：《学科的境遇与大学的遭遇》，教育科学出版社 2014 年版。
王建华：《高等教育的持续变革》，南京师范大学出版社 2019 年版。
王莉君：《权力与权利的思辨》，中国法制出版社 2005 年版。
王伟赟：《高校学科知识管理与发现研究》，电子工业出版社 2014 年版。
吴鼎福、诸文蔚：《教育生态学》，江苏教育出版社 1990 年版。
吴及等编著：《数据与算法》，清华大学出版社 2017 年版。
吴康宁：《教育社会学》，人民教育出版社 1998 年版。
吴伟：《面向创业时代的研究型大学转型发展研究》，人民出版社 2014

年版。
项飙、吴琦:《把自己作为方法——与项飙谈话》,上海文艺出版社 2020 年版。
辛鸣:《制度论——关于制度哲学的理论建构》,人民出版社 2005 年版。
徐康宁:《产业聚集形成的源泉》,人民出版社 2006 年版。
张车伟主编:《中国人口与劳动问题报告 NO. 18——新经济 新就业》,社会科学文献出版社 2017 年版。
张贵等:《创新生态系统:理论与实践》,经济管理出版社 2018 年版。
张之沧、林丹编著:《当代西方哲学》,人民出版社 2007 年版。

二 中文论文

陈亮:《学科治理能力现代化:一流学科建设的逻辑旨归》,《高校教育管理》2019 年第 6 期。
陈亮:《新时代学科治理的发生机理》,《高校教育管理》2022 年第 2 期。
华东师范大学量子思维项目组:《量子思维宣言》,《哲学分析》2021 年第 5 期。
李海龙:《高等教育内涵式发展的挑战与突破》,《江苏高教》2021 年第 9 期。
王建华:《什么是高等教育高质量发展》,《中国高教研究》2021 年第 6 期。
宣勇:《大学学科建设应该建什么》,《探索与争鸣》2016 年第 6 期。

三 中文译著

[德] 阿诺德·盖伦:《技术时代的人类心灵:工业社会的社会心理问题》,何兆武等译,何兆武校,上海科技教育出版社 2003 年版。
[法] 阿尔贝特·施韦泽:《文化哲学》,陈泽环译,上海人民出版社 2013 年版。
[美] 伯顿·R·克拉克:《高等教育系统——学术组织的跨国研究》,王承绪等译,王承绪校,杭州大学出版社 1994 年版。
[美] 伯顿·克拉克主编:《高等教育新论——多学科的研究》,王承绪等译,浙江教育出版社 2001 年版。

［美］彼得·德鲁克：《巨变时代的管理》，朱雁斌译，机械工业出版社 2018 年版。

［加］查尔斯·泰勒：《自我的根源：现代认同的形成》，韩震等译，译林出版社 2012 年版。

［美］丹尼尔·贝尔：《后工业社会的来临》，高铦等译，江西人民出版社 2018 年版。

［美］亨利·埃茨科威兹：《国家创新模式——大学、产业、政府“三螺旋”创新战略》，周春彦译，东方出版社 2014 年版。

［德］黑格尔：《小逻辑》，贺麟译，世纪出版集团、上海人民出版社 2009 年版。

［德］哈贝马斯：《认识与兴趣》，郭官义等译，学林出版社 1999 年版。

［德］哈尔特穆特·罗萨：《加速：现代社会中时间结构的改变》，董璐译，北京大学出版社 2015 年版。

［加］贾尼丝·格罗斯·斯坦：《效率崇拜》，杨晋译，南京大学出版社 2020 年版。

［英］杰勒德·德兰迪：《知识社会中的大学》，黄建如译，北京大学出版社 2010 年版。

［德］卡尔·雅斯贝尔斯：《什么是教育》，童可依译，生活·读书·新知三联书店 2021 年版。

［法］卢梭：《社会契约论》，何兆武译，商务印书馆 2003 年版。

［德］马克思·韦伯：《学术与政治》，冯克利译，商务印书馆 2018 年版。

［法］米歇尔·福柯：《知识考古学》，谢强等译，生活·读书·新知三联书店 2004 年版。

［英］梅因：《古代法》，沈景一译，商务印书馆 2011 年版。

［德］乌尔里希·贝克：《风险社会：新的现代性之路》，张文杰等译，译林出版社 2018 年版。

［德］约翰·塞克斯顿：《据理必争：教条主义时代中的大学》，刘虹霞等译，赵中建译校，华东师范大学出版社 2021 年版。

［美］约翰·S·布鲁贝克：《高等教育哲学》，王承绪等译，浙江教育出版社 2001 年版。

［美］约翰·杜威：《民主主义与教育》，王承绪译，人民教育出版社

2001 年版。

［美］约翰·杜威：《评价理论》，冯平等译，上海译文出版社 2007 年版。

［美］约瑟夫·E. 奥恩：《教育的未来：人工智能时代的教育变革》，李海燕等译，机械工业出版社 2018 年版。

［美］约瑟夫·熊彼特：《经济发展理论——对于利润、资本、信贷利息和经济周期的考察》，何畏等译，张培刚等校，商务印书馆 1990 年版。

［英］约翰·齐曼：《真科学——它是什么，它指什么》，曾国屏等译，上海科技教育出版社 2002 年版。

［日］竹内弘高、野中郁次郎：《知识创造的螺旋——知识管理理论与案例研究》，李萌译，高飞校译，知识产权出版社 2006 年版。

四　外文专著

Cole J. R. , Smelser N. J. , Searle J. R. , et al, *The Research University in a Time of Discontent*, Baltimore: Johns Hopkins University Press, 1994.

Freier P. , *Pedagogy of the Oppresse*, *Ramos et al Trans*, New York: The Continuum Ineternational Publishing Group Inc, 2005.

Klein J. T. , *Interdisciplinarity: History, Theory, and Practice*, Detroit: Wayne State University Press, 1990.

Kuhn T. S. , Hacking I, *The Structure of Scientific Revolutions*, Chicago: University of Chicago Press, 1970.

Talcott Parsons, *The Social System*, London: Routledge, 1951.

五　外文论文

Aeberhard A. , Rist S. , "Transdisciplinary Coproduction of Knowledge in the Development of Organic Agriculture in Switzerland", *Ecological Economics*, Vol. 4, 2009.

Bammer G. , "Key Issues in Co-creation with Stakeholders when Research Problems are Complex", *Evidence and Policy: A Journal of Research*, Vol. 3, 2019.

Baptista B. V. , Rojas-Castro, "Transdisciplinary Institutionalization in Higher Education: A two-level Analysis", *Studies in Higher Education*, Vol. 45,

No. 6, 2020.

Callon M. , "The Role of Lay People in the Production and Dissemination of Scientific Knowledge", Science Technology & Society, Vol. 1, 1999.

D. Parkings, "The World's Most Valuable Resource Is No Longer Oil, But Data", *The Economist*, Vol. 6, 2017.

Etzkowitz H. , Leydesdorff L. , "A Triple Helix of University-Industry-Government Relations , *Industry & Higher Education*, Vol. 12, No. 4, 1998.

Etzkowitz H. , Leydesdorff L. , "The Dynamics of Innovation: from National Systems and 'Mode 2' to a Triple Helix of University-Industry-Government Relations", *Research Policy*, Vol. 29, No. 2, 2000.

Herberg J. , Vilsmaier U. , "Social and Epistemic Control in Collaborative Research-Reconfiguring the Interplay of Politics and Methodology", *Social Epistemology*, Vol. 4, 2020.

Ramadier T. , "Transdisciplinarity and Its Challenges: The Case of Urban Studies", *Futures Guildford*, Vol. 4, 2004.

W. Graham Astleyet al, "Central perspectives and Debates in Organization theory", Administrative Science Quarterly, Vol. 28, 1983.

后　记

时光如白驹过隙。转眼间，我已博士毕业六年，完成了从学生向教师身份的转变。随着时间的推移与沉淀，在与学术前辈们交流与探讨的过程中，我逐渐对高等教育基本原理与高等教育政策产生了浓厚的研究兴趣，明确了教育学学术研究的真正价值与范式创新，并逐渐形成了聚焦性的研究意识。我本科是教育学专业，研究生攻读的教育经济与管理专业，博士攻读的是教育法学专业，整整十年的青春都沉浸在教育学领域之中，应该算作是教育学科班出身。博士毕业后，我一直从事着与高等教育相关的教学与科研工作。怀着对高等教育学本身的研究情怀，我在教学与科研过程中努力探究高等教育改革中关于形而上层面的理论建构与形而下层面的知识生产之间的关系，关注高等教育学智识层面的批判性，在学术性与应用性之间寻找高等教育作为知识生产与知识创造价值的平衡点。2017 年来到陕西师范大学教育学部工作后，我有幸加入教育法治研究中心，随后在陈鹏教授的邀请下，进入教育部与陕西师范大学共建的教育立法研究基地，成为基地的研究人员，开展前瞻性的高等教育政策研究。借助单位提供的高端智库研究平台，加之个人的研究兴趣驱使，多年来伴随着对学术经典的阅读，吸取了多学科的理论养料，陆陆续续撰写并发表了一系列关于高等教育政策与高等教育基本理论方面的学术论文。在这样不断“磨合”探索的写作与投稿过程中，我品尝到了做学问的酸甜苦辣。

在这种五味杂陈的思索进路与不断否定之否定中，我逐渐找到了方向感与学科归属感，有幸主持完成了两项教育部人文社会科学青年基金项目，锁定了高等教育政策与基本原理的研究领域，在原有博士阶段的研究基础上进行了拓展与延伸，对学术不端问责的法理性质、责任认定以及机制构建等内容展开了论证。随着研究的不断推进以及时代的变迁，回应国家现实重大战略需求、推动创新发展已成为新时代高等教育高质量发展的核心要义。将主动创新、面向需求、瞄准“卡脖子”问题作为学科高质量发展的内驱动力，融入国家经济社会发展大局，为国家竞争力储能、赋能、提能，强化学科的集群共生意识，形成卓尔不群的学科交叉群落，也是当下高等教育研究的热点话题。基于这样的政策导向、问题导向与理论导向，我逐步将研究聚焦在学科治理层面。非常有幸，我能够在主持完成两项教育部人文社会科学项目后，于 2021 年 7 月，又申请获批了国家社会科学基金教育学青年项目。本书是此项国家社会科学基金“十四五”规划 2021 年度教育学青年课题“新时代科学治理现代化的要义证成与实现机制研究”（项目编号：CIA210269）的最终研究成果，非常感谢全国教育科学规划办公室的领导、工作人员以及课题评审专家们的支持，承蒙他们的大力支持，才能让本书顺利完稿并如期出版。

我始终坚信，教育研究是探究人之为人的研究，揭示人的生命生长过程的研究，拓展人的实质自由、张扬人之为人的精神想象力和智识创造性。雅思贝尔斯指出：“大学的生命在于人与人之间的关系，在于教授传递给学生合乎其自身境遇的思想以唤醒他们的自我意识。”基于这种理念，我选择了将学科比作为生命，探究学科治理的价值与现代化要义。学科作为大学组织形成与发展的重要生命体，其生长与发育有其内在的生命节律与进化法则，需要在自生自发的交往秩序与生活世界中汲取营养，助力大学形成学科自治的生命重生格局。学科存在的价值在于为大学组织内学术共同体生命发展奠基，为其反思、内省以及自由成长注入活力，学科生长的过程就是生命不断积淀、否定和发展的过程。然而，技术宰制时代，教育封闭了通向灵魂的大门，学科建设失去了原初状态与应有的生命价值，离生命的原点越来越远。由 2022 年 QS 全球教育集团发布的《QS 世界大学学科排名》可知，中国有 87 所大学的 719 个学科进入全球前 500 名，100 个学科进入全球 50 强，但仅有 4 个学科位居全球前 10。这从一个侧面也可以看出，中国虽然在学科建设中取得了一定的成绩，较多学科达到了国际水准，但“高峰”学科群尚未形成，学科间的卓越集群效应不突出，学科创造传世价值的效果不显著，学科发展的综合实力有待于提升。我们不禁会问：为什么中国推进学科建设三十余年，却在世界一流学科的综合评价中相对乏力？一流学科建设是不是仅仅通过扩充学科经费、增补师资队伍、制定精细的学科规划就能奏效？若想回答好上述这些问题，就必须观照高等教育基本原理与学科治理发生机理的内在逻辑关系，从内源性角度找到学科治理存在的合法性价值。

学科作为大学发展的生命体，与人的发展具有相似性，始终处在由未成熟状态走向自我突破与实现的发展状态，是富有生命感召力的“人”，需要及时在大学生态系统中摄入养料，以便能够在与外界交往的过程中调整自我适应的能力，形成自我反思力与创新力。根据生命体生长的特点与生态系统的运行规律，一流学科生命生长是一个持续进化与自我调节的过程，也是多学科组群按照生命的节律进行发育、衍生与茁壮成长的逐步成熟状态，同样具有多重联动性、非总加性与交互性特征。一方面，一流学科作为学科集群发展的重要脉络，是以组群的方式存在，生命体需要与外界环境产生交互作用，吸收多元能量，在能量交替与信息共享中养成良好的习惯，这种习惯是内外互推的结果。另一方面，学科作为大学的组织细胞，履行着大学组织的服务职能，学科发展引领大学理性精神。学科在成长的过程中需要以知识为立足点，在问题情境中获取新的生长点，形成具有应变能力、响应国家需求的学科群落。在此基础上，学科生命体能够通过自组织的自我调节系统去适应外部环境的变化，增强抵抗外敌的自我防御能力。

从认识论与政治论共生的角度来看，学科是人们在认识客体过程中形成的一套系统有序的知识体系，当整套知识体系被完整集成、传授并创新发展以后，学科就会表现为一种学术制度。因此，可以断定，学科是知识属性与制度属性的集成，本书从知识与制度结合的视角来审视学科治理现代化进程中的时代变革与历史积弊。知识与制度的结合生成社会文明的核心系统——知识制度，它决定社会文明的性质、进程与方向。“信念、真理、确证”是知识的三大要素，这三大要素指向知识的“求真”本质，而“求”与“真”的本质则是作为学科而言探究高深学问的逻辑前提，制度更是作为高深知识的真理能够得以被探索的保障，减少环境变量，增加确定性，削弱“求真”的阻力。知识与制度的结合具有内在的合理性，二者联通的中介是“求”的过程和方法，也就是知识的生产过程和生产方式。因此，知识制度本质上是知识的生产制度，即以什么样的方式来组织知识的生产。从制度哲学的观点来看，制度具有三个重要的本质特征，即历史性、关系性和规范性。知识制度本质上也应具有这三个范畴。沿着这样的逻辑，本书围绕知识与制度的三大范畴渐次展开，详细探讨了知识生产与学科制度的冲突、学科治理的多维关涉与制度考量、从学科制度到知识制度的逻辑遵循、学科治理到知识治理的变革策略、知识制度导向的学科评估改革以及大数据时代学科治理现代化的中国道路等问题。

能完成这项成果，特别要感谢我的博士生导师陈恩伦教授、博士后合作导师陈鹏教授。两位先生都是教育政策领域德高望重的学术大咖，能够师从两位先生也是此生幸事。在两位先生的指引下进入了高等教育政策与高等教育基本理论的研究，并开始发表论文。恩师的学术情怀、为人处事的风格慢慢沁入我的内心，内化于心外化于行的感染力与感召力成为我前进的方向盘。

行稿至此，已在 CSSCI 来源期刊上发表 16 篇关于学科治理研究的学术论文。在这里要特别感谢《社会科学战线》《南京社会科学》《甘肃社会科学》《教育发展研究》《高校教育管理》《现代大学教育》《大学教育科学》《江苏高教》《研究生教育研究》《南京师大学报》（社会科学版）《西北师大学报》（社会科学版）《吉首大学学报》（社会科学版）等杂志刊发本课题相关的学术研究成果，感谢其中的外审专家对稿件提出的宝贵修改意见以及编辑老师们的辛勤付出。我还要感谢靳玉乐教授、游旭群教授、胡钦晓教授、李立国教授、周海涛教授、刘振天教授、王建华教授、王兆璟教授、李森教授、兰继军教授等学术前辈们对我的指导与提携，正是由于他们在百忙之中对我的无私帮助与指导，给本书注入了满满的思想精华，才能让本书的写作顺利进行。此外，我还要感谢我的几位硕士生，他们分别是叶明裕、商一杰、杨娟、许姝燕，他们花费了大量的时间通读书稿、校对文字、排版、统整书稿，大大降低了书稿的出错率。同时，我也要感谢课题组主要成员倪静女士，她为本书的研究工作做出了重要贡献，承担了关于知识制度变革的整体论证与材料撰写等工作，没有她的鼎力相助，本书也很难顺利完成。此外，我还要感谢中国社会科学出版社的赵丽女士，在她的帮助下，书稿才能得以顺利出版，也向她严谨的工作态度致敬。同时，我还要感谢陕西师范大学教育学部、社会科学处、教师教育处、教师发展学院等部门领导和同事的支持。本书同时也得到了陕西师范大学“研究阐释习近平总书记在庆祝中国共产主义青年团成立100周年大会讲话精神专项项目”（项目编号：2022zdpy001）资助。

我要感谢我的家人。感谢我的父母和岳父母对我们小家庭的帮助与支持，他们默默承担了很多家务工作，原本应是享福的时候，他们却放弃了很多属于自己的时光，来到陌生的城市帮我们照顾小孩。我亏欠他们太多！时间有限，如不及时抽时间陪家人，将终身遗憾！感谢我的妻子廖婧茜博士，在承担繁重的教学和科研任务同时，还毫无怨言地操持着整个家，默默付出，让我能够有更充裕的时间投入到科研工作。宝贝女儿的降生，给我带来了诸多好运。如今小女已19个月，天资聪慧、秀外慧中，在牙牙学语、蹒跚学步阶段表现出极强的模仿能力、探索未知世界的敏锐洞察力。今后我会抽出更多时间来陪伴孩子和家人。

最后，感谢全球化加速的知识变革时代，让我们有变革教育的勇气，将个人的努力与社会责任联结在一起，形成社会正义、尊重生命与人的尊严以及人类社会的可持续发展观。我们需要重新打造新的教育社会契约，重新构想面向2035高等教育现代化的美好未来。

陈亮

2023年4月2日